Die Ghaselen des Qāsem Anwār

Die Ghaselen des Qāsem Anwār

In der Überlieferung der Handschrift in der Mamier-Kulturstiftung

Ediert und mit einem Nachwort versehen
durch Khosro Kiyanrad

Übersetzt von Sarah Kiyanrad

2015

Harrassowitz Verlag · Wiesbaden

Dieses Buch wurde mit freundlicher Unterstützung der *Mamier-Kulturstiftung* realisiert.

MAMIER
KULTURSTIFTUNG

Bibliografische Information der Deutschen Nationalbibliothek
Die Deutsche Nationalbibliothek verzeichnet diese Publikation in der Deutschen Nationalbibliografie; detaillierte bibliografische Daten sind im Internet über http://dnb.dnb.de abrufbar.

Bibliographic information published by the Deutsche Nationalbibliothek
The Deutsche Nationalbibliothek lists this publication in the Deutsche Nationalbibliografie; detailed bibliographic data are available on the internet at http://dnb.dnb.de.

Informationen zum Verlagsprogramm finden Sie unter
http://www.harrassowitz-verlag.de

Gedruckt auf alterungsbeständigem Papier.
Druck und Verarbeitung: Memminger MedienCentrum AG
Printed in Germany

ISBN 978-3-447-10378-7

Für Gisela Mamier, Gründerin der *Mamier-Kulturstiftung*

Mit freundlichem Dank an Peter und Gerlinde Huber von der Huber-Stiftung,
ohne die dieses Buch nicht hätte realisiert werden können.

Inhalt

Persischer Text

[1]

تو محبوبِ جانی و جانِ جهانی   فدای تو صد عمر و صد زندگانی
به نورِ هدایت چراغِ زمینی   به‌رفعت فزون‌تر زِ هفت آسمانی
تو سلطانِ جودی و شاهِ وجودی   به نورِ جبین رهبرِ کاردانی
علیه‌الصلوتی علیه‌السلامی   امینِ زمینی امانِ زمانی
چو شوق تو دیدم فراموش کردم   جمالِ جوانی سماعِ اغانی
تو ساقیِ حقی که جان و جهان را   ز فیضِ تو باشد شرابِ معانی
ز سیر و سلوکِ تو جبریل واماند   که با تو نیارد کسی هم‌عنانی
امانِ دیاری شریعت و ثاری   طریقت تو داری حقیقت تو دانی
شریعت چه گوید حقیقت چه جوید   معانی المبادی مبادی المعانی
جمیلی جزیلی کریمی کفیلی   تو را قاسمی بندهٔ جاودانی

[2]

ای صبحِ سعادت ز جبین[1] هویدا　　آن حسن چه حسن است تقدس و تعالی
من بندهٔ آن بادهٔ نابم که دمادم　　در هر نفسی تازه کند جودت ما را
از عربدهٔ ما درِ خم‌خانه نبستی　　جان بنده حسنِ تو زهی حسنِ مدارا
از کعبه و بت‌خانه مگویید به عاشق　　از جنت و فردوس مگو مستِ لقا را
امروز اگر مرد شدی مردِ خدایی　　فردا مطلب نسیه مجو عاشقِ فردا
دانند رفیقان که ره دور و دراز است　　از کوچهٔ مقصود به بازارِ تمنا
در کوی تو هستیم زهی منصب عالی　　با روی[2] هستیم زهی مقصد اقصا
چون نسبت ما با تو درست است مگوییم　　دیگر سخن از مرتبهٔ آدم و حوا
ای هادی جان و دل و دین رحمت عامت　　بر قاسم بیچاره ز لطف[3] تو ببخشا

1 MS Maǧlis: Nach ǧabīn: tō.
2 MS Maǧlis: Nach ruyi: tō.
3 MS Maǧlis: bar Qāsem-e bīčāreh tō az loṭf bebaḫš.

[3]

بس به مساجد شدیم بهر تولا — مسجد اقصی کجاست مسجد اقصی
مسجد اقصای ماست بلده طیب — مسجد اقصای ما دنی فتدلی
مسجد اقصی ظهور قدس تجلی — مسجد اقصی حضور مولی و مولا
مسجد اقصی ماست کنه معانی — مسجد اقصای ماست خاطرِ دانا
ای دل اگر طالبی و ره‌روِ راهی — عشق طلب کن مگو حدیث تمنا
دم مزن از کفر و دین که هر دو حجابند — خرقه بسوزان مگو حدیث مصلا
گر تو کلیمی کجاست قدرت موسی — ور تو مسیحی کجاست صفوت احیا
نیست جهان بحر لیک بهره ما شد — خود نبود بحر جز به‌واسطهٔ ما
قاسمی آن یار ظاهرست چو خورشید — دیدهٔ بینا که‌راست دیدهٔ بینا

[4]

بسوخت آتش عشق تو زهد و تقوی را / به باد داد ورق‌های درس و فتوی را
ز عاصفات قضا بحر قهر موجی زد / نهنگ عشق فرو برد طور موسی را
غرابتست نظر بر مهوشی که ندید / میانِ جلوهٔ صورت جمال معنی را
به غیرِ دیدهٔ مجنون کسی نیارد تاب / اشعهٔ لمعاتِ جمالِ لیلی را
نسیمی از سر زلفت وزید در عالم / هوای خلدبرین داد دار دنیی را
سواد زلف زِ رخسار برفشان و بگو / به ماهتاب چه حاجت شب تجلی را
بلای عشق به‌دعوی قدم گمان کردست / که داشتم به همه عمر این تمنی را
اگرچه زار و نزارم ولی به‌دولت عشق / کسی چو من نکشید این کمان دعوی را
به پیش قاسمی از زهد، رندی اولی‌تر / به کاهلی نتوان کرد ترک اولی را

[5]

ساقی ز کرم پُر کُن این جام مصفا را　　آن روح مقدس را آن جام معلا را
روزی که دهی جامی از بهر سرانجامی　　یک جرعه تصدق کن آن واعظ رعنا را
خواهی که به‌رقص آید ذرات جهان با[4] تو　　در رقص برافشانی آن زلف چلیپا را
ناصح برو و بنشین افسانه مخوان چندین　　از سر نتوان بردن این علت سودا را
گفتی که ز خود گم شو تا راه به‌خود یابی　　تفسیر نمی‌دانم این رمز و معما را
هر بار که من مردم صد جان دگر بردم　　احصی نتوان کردن اعجاز مسیحا را
قاسم نشود عاشق هرگز به هوای دل[5]　　لیکن چه توان گفتن آن مالک دل‌ها را

4 MS Mağlis: az.
5 MS Mağlis: ẖōd.

[6]

هر صبحدم پیغام خودگویم به زاری باد را   تا عرضِ حالِ دل کند آن سرو حوری‌زاد را
پیشِ درش افتاده‌ام بر خاک ره چون بیدکان   زین باب دیدم در شرف اسباب پیش‌افتاد را
گر رفت اشکم در زمین از تربیت‌های غمش   آخر رسانید این دلم تا آسمان فریاد را
خواهم که بر بنیاد دل بنیاد صبری افکنم   عشقش به هم بر می‌زند بنیاد این بنیاد را
ما[6] ذکر آن لب ورد من شد در میان هر سخن   شیرین و خوب و مختصر می‌خواند این اوراد را
دم زد ز آل لعل او چشمم به اثبات نسب   آرد گواه اندر نظر این اشک مردم‌زاد را
از چشم مستش قاسمی دارد دلی در موج خون   رحمی نشد بر صید خود آن دل‌سیه صیاد را

6 MS Mağlis: tā.

[7]

مست از شراب عشق کن این عقل دوراندیش را　　از تو گدایی می‌کند چیزی بده درویش را
ای نور ایمان روی تو وی جمله احسان خوی تو　　ای کعبهٔ جان کوی تو چیزی بده درویش را
دست و دلی دارم تهی وز بار غم خواهم بهی　　درویشم و شیلّهی چیزی بده درویش را
این جمله دل‌ها ریش تو افتاده سرها پیش تو　　ای جان ما درویش تو چیزی بده درویش را
ای هر دو عالم جود تو وی نفس ما خشنود تو　　ای بود ما از بود تو چیزی بده درویش را
ای شاهد فردای حد وی مالک ملک ابد　　امید می دارد خرد چیزی بده درویش را
دل با تو دارد حالتی خواهد ز وصلت شربتی　　بر جان او نه منتی چیزی بده درویش را
غایت ندارد آن کرم قاسم گدا شد لاجرم　　ای پادشاه محتشم چیزی بده درویش را

[8]

وقتی[7] آن شد که میِ ناب دهی مستان را — خاصه من، بیدلِ شوریدهٔ سرگردان را
قدحی چند روان کن که جگرها تشنه است — تا ز خود دور کنم این سر و این سامان را
شیشه خالی و حریفان همه مخمورانند — مگر از ساقی جان واطلبم تاوان را
در میخانه چو بستند بده جامی چند — تا بهم درشکنم این در و این دربان را
کل یوم هو فی شأن صفت سلطان است — گر شوی واقف اسرار بدانی شأن را
جان من کشتهٔ آن غمزه مستانهٔ تُست — چه محل باشد در حضرت جانان جان را
قاسمی زاهدِ ما در دوگناه افتادست — می ننوشید بسی طعنه زند مستان را

7 MS Mağlis: waqt.

[9]

ساقی به من آور قدحِ پیرِ مغان را　　تا تازه کند جودتِ او جوهرِ جان را
یک جام به من بخشَ از آن خُمِ قدیمی　　زان مِیِ که کند مستَ زمین را و زمان را
زان باده که در نشاء او آبِ حیاتَ است　　زان باده که او جلوه دهد عین عیان را
زان باده که تابان شد از او طلعت خورشید　　زان باده که سرمست کند سرو جوان را
قومی که از این باده چشیدند درین حال　　گفتند به مستی همه اسرار نهان را
ما را سخن از بار[8] قدیم‌ست درین راه　　زین بیش مگویید حدیثِ حدثان را
قاسم همه یارست به‌جز یار دگر نیست　　روشن بود این نکته حریفِ همه‌دان را

8 MS Mağlis: yār.

[10]

دمادم می‌دهد ساقی لبالب ساغر جان را   یک دم به رقص آرد سبک روحان عرفان را
مرا سامان هشیاری نخواهد بود حمدالله   که مستِ بادیه[9] وحدت نه سر داند نه سامان را
رقیبِ ما مسلمان شد به‌نو اما نمی‌داند   بدین باور نمی‌دارند قول نو مسلمان را
اگر خواهی براندازی ز عالم شیوهٔ تقوی   برقص آی و برافشان طرهٔ زلفِ پریشان را
چه محرومی و مهجوری که از راه یقین دوری   زِ روباهی نمی‌دانی کمال شیرمردان را
خوش است این باغ و این بستان خوش است این گنبد گردان /
خوش است این تن خوش است این جان چه‌گویم جان جانان را
بیا ای ساقی مهوش بیار آن جام پر آتش   ز رویت شعشعانی کن سجنجل‌های ایمان را
درآ در وادی ایمن نترس از حیلهٔ دشمن   ز فرعونان چه غم باشد دل موسی عمران را
از آن مشهور شد شیطان به لعنت‌های جاویدان   که خالی دید از مردانِ حق میدانِ سلطان را
نه خاقان بینی و قیصر نه فغفور و نه اسکندر   به غربال ار به‌بیزی خاک ایران را و توران را
مگو نقل متین دارم مگو عقل امین دارم   یقین دان مردم دانا نباشد سخره شیطان را
مگو من از مرید خاص آن سلطان بسطامم   چو طیفوری نمی‌دانی[10] طلب کن شاه فرغان را
تو ترسا شو اگر خواهی که نفست رو به‌دین آرد   مگر نشنیده[11] هرگز حدیث پیرِ صنعان را
همه ارواح مکتوبند ازین عالم بدان عالم   تو مکتوب خداوندی طلب کن سرِّ عنوان را
ز قاسم بشنو ای مقبل برآور پای خود از گِل   در این وادی مکن منزل ببین این موج و طوفان را

9 MS Mağlis: bādeh.
10 MS Mağlis: nemī yābī.
11 MS Mağlis: našenideh-ī.

[11]

بلبل به‌وقت صبح به‌درگاه کبریا | فریاد عشق زد که منم عاشقِ خدا
زار و نزار و شیوهٔ تجرید هم رهست | در حالِ من نگر ز سر لطف ربنا
مجروح و خسته‌ایم به‌ما مرهمی فرست | چون مرهم رسید صفا در پی صفا
آواره بود دل ز غمِ عشق در جهان | چون روی تو بدید لقد سر من رآ
یادِ تو روح ماستَ جمالت فتوح ماست | ما با تو بوده‌ایم درین دیر سال‌ها
واقف شوی و غیب نماند نهج حال | گر تو علیِ وقتی از سرِّ لافتی
ای مدعی ز حالتِ قاسم سخن مپرس | غرقیم در وصال و فناییم در فنا

[12]

هر چه آن می‌رود از حد سمک تا به سما — فاعلش را نتوان گفت که چون‌ست چرا
نوبت هجر مطول شد وز اندازه گذشت — گر درین حال بماند دلِ من واویلا
من ازین آتش سوزنده که در سر دارم — همچو شمعم همگی محو کند سر تا پا
آخر ای یارِ دل‌افروز چه بودست و چه شد — نظری کن به‌سوی بندهٔ خود احیانا
نظری[12] تُست که گویند حیات طیب — نفسِ تُست که گویند که یحی الموتی
تا به‌کی تیر ملامت رسد از هر سویی — تیر پیداست ولی شست و کمان ناپیدا
قاسمی را چه غم از سرزنش دشمن و دوست — عشق‌بازی زِ ازل گشت نصیبِ دل ما

12 MS Mağlis: naẓar.

[13]

خوش‌خاطرم که یار مرا گفت مرحبا
همراهِ مرحباست صفا در پیِ صفا

سافی[13] شدست شیشهٔ دل از صفای می
ای لطف مرحبای تُرا جان و دل فدا

زاهد مگو محال که از عشق توبه کند
من دردِ عشق را چه‌کنم چون برم دوا

تقلید گفت توبه و تحقیق گفت عشق
مغلوب شد حکایتِ تقلید غالبا

چون شد یقین که غیرِ خدا نیست فاعلی
تلقین ما رمیت بگو اذ رمیت را

جانم ز قصه‌های مکرر ملول شد
ای جان بیا به ما رهِ توحید وانما

دل دولتِ وصال تُرا رایگان نیافت
از باده‌ها لبش که بنوشید بارها

بیرون ز شاه‌راهِ موحد سخن مگو
این بود ابتدا و چنین‌ست انتها

چون واردیت نیست مگو قصه از گزاف
بر شاه‌راهِ عشق بخوان رمزِ هل انی[14]

چندین مگو که خونِ دل از دیده ریختم
فرزندِ حال باش و گذر کن زِ مامضی

قاسم سخن مگوی که زِ هجرانِ جان گذار
در ظلِ عاشقی شو و بگذر ز ماجرا

13 Im Manuskript steht sāfī, es muss aber ṣāfī gemeint sein.
14 Richtig: Hal atī.

[14]

شراب آتشین آمد ز دستِ ساقی جان‌ها
بنوش این جام آتش را توکلنا علی المولا

شراب ارغوان درکش مترس از آبُ از آتش
به‌رقص‌آ یک‌زمان خوش‌خوش ببین در جودت صهبا

کمالات تو از خود جو که بحرِ وحدتی جویی
تویی ناموس این صهبا تویی قاموس این دریا

تو آن شاه جگرسوزی که سلطانی و فیروزی
کمینه جرعه‌ات دریا کمینه پشه‌ات عنقا

مترس از حیلهٔ دشمن قدم در عشق محکم زن
درا در وادی ایمن که من پیمودم این صحرا

ز من بشنو سخن آسان تو فرصت را غنیمت دان
ز عاشق یادگیر این[15]جان مکن امروز را فردا

تو جانِ جانِ جانانی زِ چشمِ خلق پنهانی
برون آی از درِ خانه که بربستند محمل‌ها

به‌هر جایی که آن یارست منَ سرسبز و دلشادم
و کنا حیث ما کانو و کانوا حیثما کنا

همیشه قاسم مسکین به تو امید می‌دارد
تویی حاضر تویی ناظر تویی پنهان تویی پیدا

15 MS Mağlis: Ey.

[15]

گریبان می‌درم هر دم که دامن درمکش از ما 	که ما مشتاق دیداریم و رند و عاشق و شیدا
به‌چشمِ مست مِی‌گونت بگو ای ترک یغمایی 	که آخر چیست مقصودت ز چندین غارت دل‌ها
از آن خَورشید رخسارت سواد زلف یکسو کن 	که مشتاقان به‌روز آیند از تاریکی شب‌ها
چنان در عشق یکروییم که گر تیغم رود بر سر 	به روز امتحان باشم چو شمع استاده پابرجا
ز سر تا پا همه جانم که غرق عشق جانانم 	همه عشق‌ست ارکانم ز پا تا سر ز سر تا پا
ز زلفت دل پریشان‌ست گفتم گفت عاشق را 	شراب لعل می‌باید علاج علت سودا
ز قاسم عشق می‌بارد ز واعظ زهد و رعنایی 	که بعد المشرقین آمد میان شیخ و مولانا

[16]

از حد گذشت قصهٔ درد نهان ما   ترسم که ناله فاش کند راز جان ما
جایی رسید ناله که از آسمان گذشت   با او هیچجا نرسید این فغان ما
ما گم شدیم در طلب حی لایموت   از سالکان ره ندهد کس نشان ما
نادیده‌گرد هر نفس از لطفِ عیب‌پوش   چندین جفا که دید ز ما دل‌ستانِ ما
نی همدم خوشی‌ست که تا روز رستخیز   با دوستان حدیث کند داستان ما
در آتش تو منتظر آب رحمتم   ساقی بیار جام می ارغوان ما
بی‌حکمت[16] غریب و حدیث[17] عجیب نیست   شادی یک زمان و غم جاودان ما
همت نگر که از همه عالم فراغتند   دردکشان[18] کوچهٔ دیرِ مغان ما
بسیار سعی[19] کرد و ندانست شمه‌ای   در لطف آن دهان خردِ خُرده‌دانِ ما
گفتم که قاسمی چه‌کَس است ای مرادِ جان   گفتا که رندِ زنده‌دلِ کَس مدانِ ما

16 MS Mağlis: ḥekmatī.
17 MS Mağlis: ḥadīṯī.
18 MS Mağlis: dordī-kešān.
19 MS Mağlis: fekr.

[17]

زهی شوق زهی سوز زهی عشق و تمنا　　زهی عشق جهانسوز زهی حسن و تولا
زهی لطف و کرامت زهی خوش‌قدوقامت　　زهی روز قیامت زهی نور تجلا
زهی یار زهی یار زهی مونس احرار　　زهی معدن اسرار زهی منصب اعلا
زهی نور زهی نور زهی رایت منصور　　زهی آیت مشهور[20] تقدس و تعالی
زهی طالع مسعود زهی حامد و محمود　　زهی واجد و موجود زهی حضرت والا
زهی ذات معلا زهی نور مزکی　　زهی روح مصفی زهی مولی و مولا
ز سوز تو کبابیم سر از سوز نتابیم　　همه مست و خرابیم از آن جام مصفا
زهی فتنه‌برانگیز زهی شهد شکرریز　　زهی روح[21] دلاویز زهی زلف سمن سا
گهی فتنهٔ جانی گهی شور جهانی　　گهی امن و امانی گهی کانِ خطرها
گهی قاضی شهری گهی شحنهٔ قهری　　گهی چشمهٔ نهری گهی موجی و دریا
تویی کاشف اسرار تویی قاسم انوار　　تویی سالک اطوار تویی اسم و مسما

20 MS Mağlis: mašhūd.
21 MS Mağlis: ruyi.

[18]

ای آسیا ای آسیا سرگشته‌ای چون ما جرا از ما مپوشان راز خود با ما بیان کن ماجرا
در چرخ خود مستانه‌ای در دور خود فرزانه‌ای از ما چه‌ها داری خبر کز ما برقصی دایما
از کان جدا ماندی جدا زان در نفیری ای رجا با ما بگو ای بوالوفا از اقتضای مامضی
داری سلوکی بس عجب در حالت و وجد و طرب در یک‌نفس طی می‌کنی از ابتدا تا انتها
از آب دارد جان ما در رقص‌ها چون آسیا ای عقل دوراندیش ما آخر کجا رفتی بیا
گم شو و لیکن گم مکن اسرار عشق من لدن هم تو نوی هم تو کهن هم کوه و هم بانگ صدا
هم جان تویی هم تو جهان هم جود[22] هم آبِ روان هم آسیابانی بدان هم گندمی هم آسیا
ای عشق بس جادوستی هم دشمنی هم دوستی در مغزی و در پوستی فی‌الجمله یا شاه و گدا
ای محرم اسرار تو ای جعفر طیّار تو ای قاسم انوار تو ای مسِ جان را کیمیا

22 MS Mağlis: ğuyi.

[19]

کل من رام تف بوجه سما رجع التف بوجهه ابدا
چند از این جهل را پرستیدن تا به کی پی‌روی نفس و هوا
گر تو مردی بگو که چندین چیست نفی مستان حق علی العمیا
پادشاهان عرصهٔ ملکوت شاه‌بازان قرب او ادنی
در بحر محیط کن فیکون جان مقصود و مقصد اقصی
ره‌بران خرد به‌راه نجات سالکان طریق صدق و وفا
باده‌نوشان جام لم یزلی ماه‌رویان احسن الحسنی
حد ما نیست وصف این شاهان ربنا عافنا و ارحمنا
حیف باشد که بازنشناسی جوهر جان ز صخرهٔ صمّا
نشناسد ز جهل زاهد شهر مهرهٔ خر ز لولو لالا
قاسمی هرچه هست ارادت اوست سیدی ربنا توکلنا

[20]

گر صفات خدا کنی به‌سزا	وصف او گوی ربنا الاعلی
گر تو صدیق اکبری دانی	صفت صدق چیست صدقنا
جز ازو نیست در سرای وجود	از خدا خواه دیدهٔ بینا
کس ز مجنون سوال قرآن کردْ	گفت اسری به‌عبدهٔ لیلی
عقل چندان که چاره‌سازی کرد	از سر ما نرفت این سودا
دل ببردی و رو نهان کردی با که	گویم این شکایت‌ها
قاسمی در خیال مغرور است	که نداند صباح را ز مسا

[21]

ای پرتوی جمال تو را بنده آفتاب	وز پرتوی جمال تو فرخنده آفتاب
چون دید از آن جمال که یک لمعه بس نیست	از شوق نور روی تو زد خنده آفتاب
تو آب زندگانی و جان‌ها گدای تُست	از آفتاب روی تو شد زنده آفتاب
اندر سماع در همه‌جا پرتوی تو دید	این بُد سبب که جست پراکنده آفتاب
تو پادشاه حسنی و حسن تو لم‌یزل	با تیغ حسن تو سپر افکنده آفتاب
تا آفتاب روی تو دید سجده کرد	در پرتوی جمال تو شرمنده آفتاب
قاسم نثار مقدم آن شاه دل‌فروز	جیب و دهان خود به‌زر آکنده آفتاب

[22]

ای از جمال روی تو تابنده آفتاب   وی آفتاب روی تو را بنده آفتاب
تا آفتاب روی تو به‌فروخت جان خرید   از دولت تو گشت فروزنده آفتاب
ما حسن روی خوب تو را طالب آمدیم   ما طالبان حسن و فروشنده آفتاب
چون آفتاب روی تو در ذره‌ها بدید   شد پیش ماهِ روی تو شرمنده آفتاب
تا آفتاب بر در و بام تو اوفتاد   گشت از فروغ روی تو رخشنده آفتاب
چون آفتاب روی تو را دید بندهٔ شد   از اشتیاق روی تو دل‌زنده آفتاب
قاسم هوای روی تو دارد به روزوشب   چون هست از جمال تو تابنده آفتاب

[23]

ای از جمال روی تو تابنده آفتاب   وز آفتاب روی تو خورشید در حجاب
فریادِ دورباش برآمد ز هر طرف   جان از در تو دور نگردد به هیچ باب[23]
اندر میان پردهٔ عزت نشسته   در آرزوی روی تو مردند شیخ شهاب[24]
تا در هوای عشقِ تو رقصان چو گرم[25]شد   مرغ دلم رهید ز سودای خاک و آب
تو آفتاب حسنی و ما سایهٔ توایم   ای آفتاب حسن ازین سایه رو متاب
گویی که عاشقان نرسیدند در وصال   چون از تو شد حجاب بگوییم در عتاب
ما قبلهٔ جمال تو جوییم جاودان   چون الصلاه یار خطابیست مستطاب
گویند منکری سوی دوزخ روانه شد   گفتند عاشقان که ذهاب بلا ایاب
ما بندهٔ توایم چه بیم از امید و بیم   ما عاشقِ توییم اگر عفو اگر عقاب
عالم چو قشر آمد و عاشق لباب اوست   گر عاشق لبی واقف شو از لباب
تیره است وقت ما که نداریم بادهای   قاسم زِ خُم یار طلب کن شرابِ ناب

23 Bildet in der MS Mağlis den fünften Vers.
24 MS Mağlis: šeyẖ wa šāb.
25 MS Mağlis: gard.

[24]

ای رخ زیبای تو رشک مه و آفتاب — روی تو و جام می عکس گل اندر شراب
جمله جهان انتظار در طلب روی یار — تا که به‌بینند به‌خواب روی تو را بی‌نقاب
در حجب[26] عزتی در تتق وحدتی — چون همگی حیرتی مستِ تو شد شیخُ شاب
تو ز من از باده پرس، از می آماده پرس — آمد ایام وصل رفت زمان حجاب
قصهٔ جانانه پرس وز می و می‌خانه پرس — از دل ویرانه پرس گنج بود در خراب
ساقی ما باده داد بادهٔ آماده داد — برد دلم را ز من نالهٔ چنگ و رباب
قاسم دیوانه شد چون که بدید و شنید — روی تو چون جام می بوی تو چون مشک ناب

26 MS Mağlis: ağab.

[25]

شب همه‌شب به‌هوایی چنین مست و خراب
بانگ عشق تو به‌گوشم رسد از چنگ و رباب

نفسی بیش نماندست ز بیمار غمت
آخر ای جان گرامی نفسی اندر یاب

ما که سودای تو داریم نگوییم ز زهد
نکند بلبل شوریده‌دل آهنگ غراب

خانهٔ آب و گل خویش چه معمور کنیم
کعبهٔ جان و دل ما چو خراب‌ست بیاب

این چه رسمی‌ست که بر روی نقاب اندازند
چهره بگشای و برانداز ره و رسم نقاب

تا یقین تو به‌اخلاص مقارن نشود
قشر باشی برِ مستانِ حقیقت نه لباب

قاسم ار صحبت جهال کنار[27] باید
که ندانند بد از نیک خطا را ز صواب

27 MS Mağlis: kenārī.

[26]

عاشقم خسته‌ام خراب و بیاب
غرق دریای حیرتم دریاب

عاشقان در جهانِ سرمستی
همه لبند و دوست لب لباب

توبه کردم ز عاشقی چندی
توبه از توبه کردم ای تواب

لیس فی الدار غیره و موجود
چنگ می‌گوید از زبان رباب

نیک و بد را بمان و با حق باش
تا شوی فارغ از عقاب و عتاب[28]

ما و جور فراق و درد حبیب[29]
سخن مشکل‌ست اندر یاب

گر تو خون دلم همی‌ریزی
آخر ای جان شتاب چیست شتاب

عالمی غرق بحر نور شوند
گر از آن روی بیفکنی جلباب

هر کسی رو به روی آوردند[30]
قاسمی رو بیار بادهٔ ناب

---

28 MS Mağlis: ṯawāb
29 MS Mağlis: mā wa dard-e ferāq wa ğūr-e raqīb.
30 MS Mağlis: āward-(a)st.

[27]

یار همسایهٔ تو شد دریاب　　همه این‌ست خیر ما فی الباب
هستی خود مبین و دوست ببین　　هم بدین ختم گشت فصل خطاب
یک زمانم مجال می‌باید　　قصهٔ کهنه و شبِ مهتاب
یار ما دربه‌در به ما نزدیک　　وقت از دست می‌رود دریاب
بوی آن یار می‌رسد ز نسیم　　افتح‌الباب ایهاالبواب
توبه از عشق کرد زاهد شهر　　از چنین توبه توبه یا تواب
بر دل و جان قاسمی بگشا　　درِ وصل ای مفتح‌الابواب

[28]

سخنی می‌رود به‌وجه ثواب   همه قشرند و دوست لب لباب
دوست در پرده می‌نماید رو   دل ما چاک می‌زند جلباب
ماه دل‌دار[31] خوش نشسته به‌هم   اغلق‌الباب ایهاالبواب
از خدا رحمتی‌ست پنهانی   دل بیدار و دیدهٔ بی‌خواب
هرچه آید از آن حبیب قلوب   جمله وحی است یا ورای حجاب
در شادی و دیدن دیدار   بگشا یا مفتح‌الابواب
قاسمی این مقلدان کورند   ره نه‌بینند در خطا و صواب

31 MS Mağlis: mā wa deldār.

[29]

اسمعوا منی یا اولی‌الالباب همه لبند و دوست لب لباب
همه در وقت آشکار و نهان این حکایت کنند چنگ و رباب
هرچه بشنید در میان آورد به همان وصف عود از مضراب
جز تو کس نیست در ظهور و بطون به همین شد تمام فصل خطاب
ما به محبوب راز می‌گوییم اغلق الباب ایها البواب
سخنی می‌رود ز شوق درون این سخن را به ذوق جان دریاب
سخن از رو و زلف او گویم قصهٔ روشن و شب مهتاب
هر زمانی ندا رسید از غیب دل مبندید در رباط خراب
قاسمی روی بر زمین دارد روی ازین خستهٔ فقیر متاب

[30]

لن ترانی می‌رسد از طور موسی را جواب[32] چون خطاب از دوست باشد[33] سر بنه گردن متاب
گر ز حق ترسیده‌ای فریاد یاربی بزن تا دمادم بشنوی از حق خطاب مستطاب
چنگ می‌گوید اغثنی یا ودود از سوز دل[34] گر تو فانی گشته‌ایی این‌ست در بانگ رباب
جام می مینوش و از نزدیک ما دوری مکن آخر ای نادان مگو نشنیده‌ای من غاب خاب
مدتی لبیک سعدیکی بزن در راه دین تا ترا لبیک آید از خدا اندر جواب
دل به دلداری[35] بده تا زنده مانی در جهان این سخن مشهور باشد در میان شیخ و شاب
تا تو در بند حجابی غافلی بی‌بهره‌ای قاسمی گر مرد راهی وارهان دل از حجاب

32 MS Mağlis: ḫaṭāb.
33 MS Mağlis: āyad.
34 MS Mağlis: ešq.
35 MS Mağlis: delbandī.

[31]

به یادت زنده‌ام این‌ست مشرب   مدامت بنده‌ام این‌ست مذهب
جمالِ جان‌فزایت را به شادی   همه امید می‌داریم یا رب
چو پیدا گشت اسرار اناالحق   شب اندر روز گم شد روز در شب
اگر تو سالک راهی به‌تحقیق   ز غیر او تهی کن قلب قالب
لبم خشک‌ست و جانم تشنه دایم   بیار ای ساقی آن جام لبالب
قبول کن مرا در شور آور[36]   جهان شیرین کن[37] از آن چاه غبغب
مر[38] از خواب خوش بیدار کردند   به عکس روی خود آن ماه نخشب
جمال دل‌ربا بنمای از دور   روان قاسمی را کن مقرب

36 MS Mağlis: āward.
37 MS Mağlis: šod.
38 MS Mağlis: marrā.

[32]

لب عالم منم چه لب لب‌لب	منکر این سخن مباش فتب
عقل و جانم ربود و حیران ساخت	این بود شان عشق و نشاء حب
گر به جایی رسیده‌ای ای دل	سخن از ماه گو چه جای شهب
گر ترا آه آتشین باشد	درد می حاصل‌ست رفع حجب
ذات او در احاطه چون نیست[39]	در گذر از نشان مگو ز نصب
چون یقین شد که از یقین دوری	در طریق یقین درآ فاطلب
قاسمی وارهان به دولت عشق	یوسف جان ازین غیابه حب[40]

39 MS Mağlis: ẕāt-e ū rā eḥāṭeh čū nīst.

40 MS Mağlis: ğobb.

[33]

ای مظهر جمال تو مرآت کاینات		وی جنبش صفات تو از مقتضای ذات
هرجا که هست لمعهٔ روی تو لامع است		گر کنج صومعه‌ایست و گر دیر سومنات
چون ظاهر از مظاهر ذرات عالمی		ظاهر شد از ظهور تو اسم تنزلات
اشباح انس صورت ارواح قدس شد		ارواح قدس صورت اعیان ممکنات
هر صورت[41] یقین که خاص‌ست و در وجود[42]		محوست نقش غیر و نشان تعیّنات
مشکل ز حد گذشت در آن عقدهای زلف		ای پرتوی جمال تو حلال مشکلات
قاسم شد از شراب ازل مست و لم‌یزل		هل من مزید می‌زند از بهر باقیات

41 MS Mağlis: ṣūratī.
42 MS Mağlis: har ṣūratī yaqīn ẖāst dar woǧūd.

[34]

مرآت اوست جملهٔ ذرات کاینات | یا عاشقین قوموا حیو اعلی الصلات

درکوی عشق او با ادب رو که گفته‌اند | در طور عاشقی حسنات‌ست سَیِّئات

ای آرزوی جان چه‌کنم من دوای دل | بی‌تو نه خواب دارم و نی صبر و نی ثبات

جان مست روی تُست که آن روی دل‌افروز | صبحی‌ست از سعادت و روزی‌ست از نجات

زار و نزار تُست دلم هر کجا که هست | جان دوستدار تُست اگر موت اگر حیات

بسم الله ار بخون دلم مایلی بگو | روز مبارک آمد و شب لیله‌البرات

گفتند[43] قاسمی ز هوای تو جان نبرد | در خنده رفت یار و چنین گفت مات‌مات

43 MS Mağlis: goft.

[35]

دلم را برد عشقت فات مافات   کجا یابم دلم[44] هیهات هیهات
چنان گشتم ز حیرانی و مستی   که نشناسم دو بیتی از تحیات
چه‌گویم شکر ساقی را که جامی   به‌جان بخشید و وارستم ز تهمات
ز مستی زار[45] می‌گوییم و گویی[46]   چه افتادش که می‌گوید خرافات
ادب‌ها را نگهدارید زنهار   که موسی مست شد اندر مناجات
خدا را گفت یارب فتنه از تُست   چو شد شوریده موسی وقت میقات
نه تنها قاسمی مست از میِ تُست   که از جامات تو[47] مستند[48] ذرات

44 MS Mağlis: degar.
45 MS Mağlis: rāz.
46 MS Mağlis: gūyand.
47 MS Mağlis: ū.
48 MS Mağlis: hastand.

[36]

ستته ایام گفت سبع سموات ثم علی العرش استواست نهایات
حضرت حق را عروش نامتناهی است فاش بگویم عروش جملهٔ ذرات
بر سر هر ذره مستوی‌ست باسمی چون بشناسی رسی به‌نیل مرادات
هرچه که گویم فقیه گوید هی هی هرچه که گوید فقیه گویم هیهات
هر که شراب خدا ز جام محمد نوش کند وارهد ز عشوه و طامات
نعرهٔ مستی مزن که مستِ هوایی غایت عمیا بود به جهل مباهات
قاسمی و صحبت فقیه مقلد فاتحه خوانیم بهر دفع بلیّات

[37]

عشق ما را هزار فن آموخت عشق ما را هزار حله بدوخت
عشق ما را هزار بار خرید بار دیگر هزار بار فروخت
عشق ما را هزار عالم ساخت عشق در ما هزار عالم سوخت
دین و دنیا بسوخت جان و خرد عشق چون آتش فنا افروخت
هر کس آموخت در جهان هنری قاسمی عشق و عاشقی آموخت

[38]

معراج عاشقی که فنا در پیِ فناست
در طور عشق شیوه مستان کبریاست

با عقل کم نشین که مقام تحیرست
همراه عشق شو که فنا در پی فناست[49]

عشق‌ست هرچه هست بگفتیم و گفته‌اند
عشقت به وصلِ دوست رساند به‌قرب راست

گوید ملامتی شو و رسوای خاص و عام
آری به عشق روی تو کان نور و الضحاست

هرچیز کز تو آید بر جان ما خوش است
گر لطف و قهر باشد اگر جود اگر جفاست

دی یار می‌گذشت رقیب از عقب رسید
گفتم که عمر می‌رود و مرگ در فناست

قاسم مباش منکر مستانِ راه عشق
همراه عشق باش که همسایهٔ لقاست

49 MS Mağlis: keh ṣafā dar pey-e ṣafā-st.

[39]

خورشید منور ز جمال تو هویداست	در مشرب عذب تو چه‌گویم که چه سرهاست
عارف نکند منع من از عشق تو آری	مجنون چه‌کند کین کشش از جانب لیلی‌ست
عمریست به‌سر می‌برم اندر سرِ کویَت	در سایهٔ زلف تو که آن مایهٔ سوداست
ناصح ز سیاهی دل خون ندان‌ست	کان زلف سیه‌کارِ تو غارت‌گرِ دل‌هاست
ای جان[50] همه‌کس طالب یارند فاما	تا بخت که را آید و دولت ز کجا خاست
از بوی می عشق تو شد مست جهانی	زاهد به خراباتِ مغان آمد و مِی خواست
گویند که آن باز[51] ز قاسم نکند یار[52]	این نیز هم از طالعِ شوریدهٔ شیداست

50 MS Mağlis: del.
51 MS Mağlis: yār.
52 MS Mağlis: yād.

[40]

ای دوست دلم را هوس بادهٔ خمرست	زان بادهٔ حمرا که درو نور تجلی‌ست
مستان خرابیم سر از پای ندانیم	این حیرت و دهشت همه از جودت صهباست
خواهی لقبش خضر کن و خواه مسیحا	عشق‌ست به هر حال که او محیی مولی‌ست
ای خواجه اگر معرفت[53] نیست محالست	گر معرفتی هست نصیب دل داناست
تا کی به لب جوی ز حیرت‌زدگانی	از جوی گذر کن که درین سوی تماشاست
از عشق جهانگیر که عالم همه مستند	گر عشق و سلامت طلبی مایهٔ سوداست
قاسم ز سر کوی تو هرگز نشود دور	چون نور تجلی ز جبینِ تو هویداست

53 MS Mağlis: maʿrefatī.

[41]

چون نور رُخت از همه رو ظاهر و پیداست ذرات جهان را به ولای تو تولاست
آن زلف دلاویز بران روی دل‌افروز آشوب جهان آمد و سر فتنهٔ غوغاست
دل را ز جهان هیچ تمنای دگر نیست جز دولت دردِ تو که آن مقصدِ اقصاست
بالات چو دیدم دل از دست به‌دادم دل را چه گناهست که این فتنه ز بالاست
صد خرقه به یک جرعه دهد صوفی صافی از جام می عشق تو کان باده مصفاست
چون شاهد مشهود یکی دیدم و دانست در مذهب من اسم همه عین مسماست
ای جان تو اگر طالب یاری به حقیقت با درد درآمیز که آن عین مداواست
از ضعف دل و زردی رخساره میندیش در عشق قدم زن که ز معشوق مددهاست
زان حسن دل‌افروز و ز شوق دل قاسم چون شرح توان داد که ناید به‌صفت راست

[42]

از لطف دوست سکهٔ دولت به‌نام ماست — اقبال یافتیم و سعادت غلام ماست
بحری که موج او ز سمک تا سما رسد — آن بحر جرعه‌ای ز می لعل فام ماست
این سبز خنگ چرخ به‌میدان کن فکان — هرچند توسنی[54] ست به‌عون تو رام ماست
شوقی که جان هر دو جهان خوش‌دلند ازو — آن شوق نیز پاره‌ای ازین سیامِ ماست[55]
از حق رسید هرچه به‌هر کس رسیده است — ما مست جام دوست جهان مستِ جام ماست
گویی که عشق چیست چه‌گویم که عشق چیست — اقبال و دولت و شرف مستدام ماست
قاسم کمال عشق کسی بود که او — در میکده مجاور بیت‌الحرام ماست

54 MS Mağlis: tūsan.
55 MS Mağlis: ān šauq nīz bāre-ye zarīn-e setāme- mā-st.

[43]

شور جهان ز شکران آن دلستان ماست / دل ارغنون و روی تو چون ارغوان ماست
من در تو خود کجا رسم ای یار نازنین / کانجا که آستان تو آن آسمان ماست
بی‌نام و بی‌نشان نبود در بسیط دهر / هرجا که هست قصهٔ نام و نشان ماست
ما همرهان و عشق دلاویز دل‌افروز / هرجا که می‌رویم عنان در عنان ماست
با یار باش قصهٔ آن یار را بگو / از خود سخن مگو که زیان در زیان ماست
ما عاشق توایم به‌صد جان و صد روان / اینک گواه ما رخ چون زعفران ماست
گفتند قاسمی همه شکر فروش شد / گفتا بلی که شکر او از دکان ماست

[44]

به آفتاب جمالت که نورِ دیدهٔ ماست　　　که آفتاب جمالت ز ذره‌ها پیداست
میان باغ جهان از زلال وصل ای دل　　　نهال جان مرا صدهزار نشو نماست
فراغت‌ست دل از فکر جنت و دوزخ　　　مرا که جانب جانان هزار عشق و هواست
اگر جهان همه دشمن شوند و طعنه زنند　　　به‌هیچ‌رو نخورم غم چو دوست جانب ماست
مزن تو سنگ به جامم که اوست در پس جام　　　بدان که منزل جانان سراچهٔ دل ماست
چه جای جام و صراحی که در طریقت عشق　　　کمینهٔ جرعهٔ رندانِ دیرِ ما دریاست
هزار تیغ جفا از تو بر جگر آمد　　　مرا که هر سر موییِ هزار حسن وفاست
به جان تو که ز اغیار دل مبرا کن　　　بدو سپار دلت را که مالک دل‌هاست
به پیش قاسم بی‌دل قیامت‌ست این عشق　　　بلا و مرگ و مصیبت فذلک منهاست[56]

56 MS Maǧlis: menhāt.

[45]

در خاکدان دهر دل شادمان کجاست / آن دل که فارغ‌ست ز غم در جهان کجاست
در داروگیر فتنهٔ دوران بسوختم[57] / داری خبر بگوی که دارالامان کجاست
در صومعه چو جرعه‌ای از درد نیست / راهم نشان دهید که دیر مغان کجاست
چون ارغنون ز درد خماریم در نفیر / ساقی بیار جام می ارغوان کجاست
آن دارد آن نگار که آن‌ست هرچه هست / هرچند ظاهرست که گنج نهان کجاست
در نوبهار عمر چو سرسبزی نماند / ای باغبان بگویی که باد خزان کجاست
با آن‌که یار در همه اعیان عیان شدست / مخفی‌ست در ظهور که عین عیان کجاست
قاسم بر آستانهٔ عشق تو بار یافت / دانست سجده‌گاه سرِ عاشقان کجاست

57 MS Mağlis: besūḫtīm.

[46]

در همه روی زمین یکدل هشیار کجاست | تا بگویم به یقین منزل آن یار کجاست
همه مستند و خرابند ز غفلت هیهات | دل و جان[58] که بود حاضر و هشیار کجاست
دل عشاق سراسیمه و فریادکنان | یار کو خرمن ما سوخت سبکبار کجاست
چندگویی خبر از دارجنان ای واعظ | دل ما را خبری گویی که دلدار کجاست
همه جان‌ها متحیر که کجا رفت آن یار | گنج بی‌مار کجا شد گل بی‌خار کجاست
یار را بر سر بازار جهان یافته‌ام | باز می‌جویمش اندر بُن بازار کجاست
قصه سربسته بگفتیم وزین روشن‌تر | گر تو خواهی بطلب کلمهٔ عطار کجاست
عارفی را که به‌توفیق خدا بینا شد | همه اقرار شود معنی انکار کجاست
در جمال تو عجب واله و حیران شده‌ام | قاسمی عقل کجا دانش بسیار کجاست

58 MS Mağlis: ǧānī.

[47]

جان گنه‌کارست و محرم[59] رحمت جانان کجاست
قصهٔ طغیان ز حد شد شیوهٔ غفران کجاست

محو گرداند گناه عالمی را درد می
یارب آن موج کرم وان بحر بی‌پایان کجاست

قصهٔ فرعونیان از حد گذشت ای پیر عقل
طالب جان را خبر کن موسی عمران کجاست

ظلمت بوجهل بگرفتست عالم سربه‌سر
درد بوذرها کجا شد صفوه سلمان کجاست

عالمی اخوان شیطانند با هم متفق
آخر ای دانا نشانی ده نشان، انسان کجاست

از عطش جان‌ها به لب آمد درین دریای ژرف
ساقی باقی شناسد چشمهٔ حیوان کجاست

عشق سرمست‌ست و می‌گوید به آواز بلند
ما به جانان واصلیم و عقل سرگردان کجاست

طاعت بی‌درد را هرگز نباشد چاشنی
نالهٔ مستان سرگردان بی‌سامان کجاست

قاسمی از دیومردم نفرتی دارد عظیم
صولت غولان ز حد شد صدمت سلطان کجاست

---

59 MS Mağlis: moğrem.

[48]

رنگرز رنگ خمی کرد و نیامد خم راست — گنه رنگرزست این و تو گویی خم راست
رنگرز کافر امارهٔ آواره بود — فعل و قولش همه در راه خدا رو و ریاست
گر تو در رنگرزی عاقل و دانا باشی — جنس با جنس درآمیز که آن نور و صفاست[60]
رنگ جان رنگ لطیفی‌ست درآمیز درو — که همه نور هدایت ز جبینش پیداست
نفس امارهٔ تو مایهٔ کفرست یقین — چون که برخاست همه کفر و ضلالت برخاست
این همه گفت و شنیدیم ولی هست یقین — کار با زاهد خودکام نمی‌آید راست
جان به هجران تو آخر چه الم‌ها که کشید — دل به درد تو درآمیخت که آن عین دواست
دل و جان را به تو دادیم و فراغت گشتیم — قاسمی در ره تحقیق فنا عین بقاست

60 MS Mağlis: keh nūr-(a)st wa ṣafā-st.

[49]

مقصود ما ز ملک جهان وصل یار ماست ‌ ‌ ‌ ‌ این کار اگر برآید پس کار کار ماست
ما در میان نار محبت به‌سوختیم ‌ ‌ ‌ ‌ بعد از فنا مراد دل اندر کنار ماست
شادی اگر بما نرسد یار حاکم است ‌ ‌ ‌ ‌ آن مرغ زار ماست که از مرغزار ماست
هر بلبلی به‌گلشن ما راه کی بَرَد ‌ ‌ ‌ ‌ با غم به‌سر بریم که او یار غار ماست
زاهد به‌روز[61] حرفک و جربک به‌دار دست ‌ ‌ ‌ ‌ راه تو مظلم آمد و نور تو نار ماست
گر پر شود یمین و یسار جهان ز غم ‌ ‌ ‌ ‌ ما را چه غم ز غم که غمت غم‌گسار ماست
منصور گفت بر سر دار از صفای عشق ‌ ‌ ‌ ‌ این دار دار نیست که دارالعیار ماست
باغ ارم که مثل وی اندر جهان نبود ‌ ‌ ‌ ‌ بی‌پرتو جمال تو دارالبوار ماست
گفتم که کیست احمد گفتا که شاه جان ‌ ‌ ‌ ‌ گفتم بلیس گفت که او پرده‌دار ماست
گفتم که عقل گفت که قاضی کن فکان ‌ ‌ ‌ ‌ گفتم که عشق گفت که میرشکار ماست
گفتم که کیست قاسمی اندر طریق گفت ‌ ‌ ‌ ‌ بی‌اختیار ماست ولی اختیار ماست

61 MS Mağlis: degar ze.

[50]

مهربان یار وفاپیشه کجا رفت کجاست　　　که جمالش همگی نور دل و دیدهٔ ماست
من بدان یار گرامی برسیدم دیدم　　　که همه نور تجلی ز حسش[62] پیداست
یار خوش چون بنشست قیامت بنشست　　　باز آن یار چو برخاست قیامت برخاست
در وفا کوش و صفا کوش که جان می‌داند　　　کین متاعی‌ست که در ملکِ تو آن مستوفاست
حالت رو و ریا شیوهٔ سرمستان نیست　　　کمترین شیوهٔ این زاهد ما رو و ریاست
صوفیان جمله پیِ خرقه و تسبیح شدند　　　غیر آن صوفیِ ما کان زِ میان مستثناست
قاسمی جمله جهان مردهٔ غفلت گشتند　　　غیر آن زنده‌کن مرده که حی الموتی‌ست

62 MS Maǧlis: ḥosnaš.

[51]

چون صبح سعادت ز جبین تو هویداست ما را به تو صد گونه تولا و تمناست
تو ساقی جان‌هایی و جان‌ها به تو شادند در ده قدح باده که هنگام تولاست
در مجلس مستان خدا وقت سماع‌ست چون عشق مزید آمد و چون حسن هویداست
هر قصه که در وصف جمال‌ست حلال‌ست تا فکر زیادت نکنی نسبت سوداست
آنجای که جسم‌ست به‌کلی همه اسم است وآنجای که جان‌نیست نه اسم و نه مسماست
با عشق خدا باش که در صورت و معنی چون کار تو عشق‌ست همه کار مهیاست
قاسم چه‌کنی گر نکنی روی بدین بحر کین کثرت امواج هم از لجهٔ دریاست

[52]

و هو معکم گفت ازین معنی چه خاست[63] یعنی جان‌ها در بقای حق فناست
این معیّت چیست باری فی‌المثل جان جان‌ها صوت و این معنی صداست
منتهی هرگز نگردد سرّ عشق سرّ ِ عاشق منتها در منتهاست
بی‌حلول و اتحاد آن شاه عشق لایزال و لم‌یزل مهمان ماست
گفتمش بنشین و بنشان فتنه را خاست واندر خاستن صد فتنه خاست
صدهزاران نامه دارد شاه عشق در طی هر نامه ما را نام‌هاست
قاسمی طالب ز فرط اشتیاق چون گذشت از جان ز جانان مرحباست

63 MS Mağlis: ḫwāst.

[53]

دوست در مجلس جان آمد و محفل آراست / شیوه‌ای[64] کرد که هرگز به‌صفت ناید راست
باده‌نوشان و غزل‌خوان و صراحی در دست / هر کجا رفت بدین شیوه قیامت برخاست
گر تو را دیدهٔ دل روشن و صافی باشد / پرتوی نور تجلی ز حسنش پیداست
باده‌ام دادی و گفتی که ز ما شاکر باش / گر همه شکر شوم شکر تو نتوانم خاست
عشق سلطان وجودست جهان بندهٔ اوست / علم[65] عشق معربد ز سمک تا به‌سمات
زهد و تقوی و ورع جمله مقامات نکوست / همه عالی‌ست ولی عشق مقام اعلاست
دید در عشق که آشفته و حیرت‌زده‌ام / گفت کین حیرت و دهشت همه از بهجت ماست
چون خلاص دو جهان از نظر سلطان‌ست / درد جانم همه یا سید و یا مولاناست
فرد را باش مگو نسیه که فرصت نقدست / فرد و عاشق نشود هر که رهینِ فرداست
آفرینش به‌طریقی که نهادند نکوست / نظر هر که خطا دید هم ار عینِ خطاست
قاسمی در ره مقصود به جان باید رفت / گر بلایی رسد آن لام بلا عین عطاست[66]

64 MS Mağlis: šīweh-hā.
65 MS Mağlis: ʿālam.
66 MS Mağlis: gar balāʾī resad ān ʿeyn-e balā lām ʿaṭā-st.

[54]

دستم به‌دست گیر که دل توبه‌کار تُست　　جان را نگاه‌دار که جان یار غار تست

بر جان و بر دلم نظری کن ز روی لطف　　جان را هزار منت و دل شرمسار تست

اندر مغارهٔ تنم ای جان نازنین　　تو پادشاه روح و دلم پرده‌دار تست

الطاف می‌نمایی و احسان ز حد گذشت　　جان شرمسار عاطفت بی‌شمار تست

گفتم که سوز دارم و آتش چه حالت‌ست　　گفتند روشن از دل آتش نثار تست

گفتم که عقل گفت که قاضی کن فکان　　گفتم که عشق گفت که دارالعیار تست

گویند قاسمی که دم از عاقلی مزن　　همراه عشق باش که یار و دیار تست

[55]

گر دل به‌رفت مسکن جان‌ها به‌کوی تست
گر عقل رفت جرعهٔ ما از سبوی تست

در جان ما ز بحر صفا شبنمی نماند
ما خوش‌دلیم که آب سعادت به‌جوی تست

تا دل جمال روی ترا دید لایزال
در فکر خود نماند چو در فکر روی تست

عمری به آرزوی تو گرد جهان بگشت
تا هست و بود و باشد در جست‌وجوی تست

گفتی فناشو از خود و یک‌دم به‌ما نگر
ای آرزوی دیده مرا آرزوی تست

قاسم شرابِ جملهٔ خم‌خانه‌ها کشید
محتاج قطره‌ایست که اندر کدوی تست

[56]

شفای جان مرا چیست گر من آزردست کنون که خون دلم ریخت جان و دل بردست
فغان من همه زین‌ست کان حبیب قلوب هزار پرده درید و هنوز در پردست
بگو به فاضل عالی‌جناب مفتی شهر چه سود لقلق‌های زبان چو دل مردست
عظیم مست و خرابم ندانم ای ساقی که جام بادهٔ من جنس صاف یا دُردست
ز ابر عالم تقلید برف می‌بارد از آن سبب نفس زاهد آن چنین سردست
به جان و دل نفسش را قبول باید کرد کسی که در ره تحقیق گرم و دل‌رندست[67]
بساز قاسم بیچاره با جفای حبیب که جان و دل به بلاهای عاشقی پروردست

67 MS Mağlis: del-zendeh-st.

[57]

دیده‌ام تا بر رخ آن گل‌عذار افتاده است — اشک سرخم بر رخ زرد نگار افتاده است[68]
هر کسی را اختیاری هست در عالم مرا — عشق او بر هر دو عالم اختیار افتاده است
مست و حیران و خرابم از کمال حسن یار — تا دو چشم نرگسینش در خمار افتاده است
گفتمش عمر عزیز آخر خرابم از غمت — زاتش عشق توام در دل شرار افتاده است
از کمال کبریا محبوب سویم ننگریست — گفت ما را چون تو هرجا صدهزار افتاده است
گفتم آخر جز پریشانی ندارم هیچ کار — تا مرا با زلف مشکین تو کار افتاده است
گفت قاسم بر سر خاک مذلت پیش من — چون تو بسیاری پریشان روزگار افتاده است

68 MS Mağlis: āb-e češmam bar roẖ-e zard āškār oftādeh ast.

[58]

جاودان هر که تو را دید به‌عالم شادست عاشق روی تو از هر دو جهان آزادست
دل درین قاعدهٔ دهر نبندد[69] عاشق زان که این قاعده سست آمد و بی‌بنیادست
همه با عشق سخن گویم و از وی شنوم شادم از عشق که این قاعدهٔ معتادست
همگی روی تو را مقصد اقصی دانم زهد و تقوی و ریاضت صفت زهادست
ملک آفاق به‌پیمودم و غایت دیدم هرچه جز ذکر تو بودست به عالم شادست[70]
عشق گویند به هرحال حدیث‌ست صحیح عقل گویند ولی آن خبر آحادست
خسرو از صحبتی[71] شیرین به‌مرادی برسید این همه جور و جفا بر جگر فرهادست
دایما جور و جفا بر دل مسکین کردی گر فراموش کنم جمله همینم یادست
قاسمی را ز تو پرسند کجا شد بر گو که درین گوشهٔ این دیر خراب‌آبادست

69 MS Mağlis: nabandad.
70 MS Mağlis: bād-(a)st.
71 MS Mağlis: ṣoḥbat.

[59]

ما پیش شمع روی تو پروانه‌وار مست   جان در سماع عشق ز معشوقهٔ الست
پیدا ز نور روی تو گشتیم در جهان   ما ذره‌ایم و روی تو خورشید انور است
بنما به ما جمال و برافکن نقاب را   کان روی دل‌افروز تو جان‌بخش عالم‌ست
از رو و زلف غارت دل‌های خسته کرد   این‌ست کار عشق اگر روز اگر شبست
از عاقلان اگر چه نصیبی نیافتیم   با عاشقان رویم که آن‌جا[72] کرم کم است
می‌خواست نفس خاتم شاهی ز من بَرَد   خاتم ز دست نفس کشید به‌ضرب دست
قاسم مجال نیست سخن را شتاب کن   تا پیش آن جمال ببازیم هرچه هست

72 MS Mağlis: īn-ğā.

[60]

از ما خبر برید بر آن عاشقان مست پیمانه پر کنید که پیمان ما شکست
صورت نبست شیوهٔ زهد و صلاح ما با عاشقان مست نشینیم می‌پرست
ماییم و جام باده و مستی و عاشقی تا عاقبت شویم برین در چو خاک پست
با ما سخن ز باده و ساقی و جام گوی کآزاده است از دو جهان رند مِی‌پرست
هر جان به آرزویی و هر دل به مقصدی ماییم و جام باده و معشوقهٔ الست
در راه عشق حاضر و چالاک ره‌روند هرجا که فتنه‌ایست در این رهگذار هست
قاسم سخن مگوی به خامان‌سخن بدان جام سخن‌شناس چو کبریت احمر است

[61]

آن را که قبله‌اش رخ خورشید انورست   اعراض اگر کند به همه روی کافرست
عاشق به یار واصل و عاقل بهانه‌جو[73]   صوفی به زعم واصل و چون حلقه بر درست
واعظ مگو که عشق روا نیست در طریق   پنداشتی که ملک دو عالم مسمرست
زین بیشتر عداوت با اهل دل مورز   شرعی معین آمد و عشقی مقررست
آن را که عشق نیست درین راه غافل‌ست   سنور راه ماست اگر خود غضنفرست
زاهد به زهد مایل و صوفی به اعتقاد   عارف درین میانه چو کبریت احمرست
جان در سماعِ عشقِ تو مست‌ست و چاره‌نیست   شوقی مول آمد و عشقی قلندرست
باد صبا چو بویِ تو آورد در چمن   جان‌ها فدای رایحهٔ روح‌پرورست
بر جان قاسمی نظری کن ز روی لطف   زانجا که آفتاب ضمیر منورست

---

73 MS Mağlis: bahāneh-ğūyi.

[62]

از هرچه هست ذکر جمال تو خوشترست — حسن تو مظهر آمد و عشاق مظهرست
هرجا که باد بوی آرد به عاشقان — جان‌ها فدای رایحه روح‌پرورست
ذرات در هوای تو در رقص حیرتند — اما سماع عشق تو را شور دیگر است
در آرزوی روی تو آریم زیر پا — از فرط اشتیاق اگر بحر اگر برست
چندین مگو که لاف کرامات و جام می — عزت نگاه‌دار که این سر از آن سر است
زاهد که دم ز حور و قصور و جنان زند — لاغر شکار ماست اگر خود غضنفر است
با ساکنان دیر و صوامع بگو که کار — بر صورتی که هست همین[74] شیوه در خورست
تا چند طعنه بر سخن عاشقان زنی — دل جمع دار کین سخن از جای دیگرست
قاسم عنایت‌ست درین راه هرچه هست — جرأت نمود زاهد و چون حلقه بر درست

74 MS Mağlis: hamān.

[63]

گر زاهدست جانم اگر رند و مِی‌پرست / با روی تُست روی دلم هر کجا که هست

جانم فدای ساقی دردی درد او / کز نیم جرعه توبه و ناموس ما شکست

ذرات کاینات به رقصند لایزال / قومی ز باده مست و گروهی ز باد مست

انصاف راه راست نبود آن‌که واعظان / گفتند می بدست و گرفتند می به‌دست

از دل رسید هر چه به‌رویم رسید و من / دل را به دوست دادم واز درد دل‌پرست

از یار اگر مراد نداری طلب رواست / شوخی مکن که مصلحت کار از آن سرست

ارنی مگو ز هست لن کاندرین مقام / سر درکش است عاشق و معشوق سرکش‌ست

گر پرتوی جمال تو از روی بت ندید / رهبان دیر ما ز چه رو گشت بت‌پرست

بگشا پرده از رخ اسرار قاسمی / در حال می‌فروش سر خم باده بست

[64]

امروز به هر حال به از دی و پریرست عالم همه بر عنبرِ سارا و عبیرست
آفاق عبیر پر شد آخر چه ظهورست با نور تجلی که سلطان نصیرست
در جملهٔ ذرات جهان مخفی و پیداست در جمله صفت شاهد بی‌مثل و نظیرست
زنهار دل از غیر نگهدار که آن یار در هر نفسی واقف اسرار ضمیرست
جان و دل آفاق به یک جلوه ببردی خوش حالت صیدی که به دام تو اسیر است
ای طالب دیدار برو دیده به دست آر چون واقف اسرار شدی خیر کبیرست
قاسم به[75] خطا رفت بپا سجدهٔ سهو آر کان لطف و کرم توبه ده و عذرپذیرست

75 MS Mağlis: čū.

[65]

هلاک عاشقان در انتظار است
حیوة[76] صادقان با روی نارست

کسی کو نزد جانان تحفه جان برد
هنوز از روی جانان شرمسارست

خرامان می‌رود آن شاه خوبان
سرش مست‌ست و چشمش در خمارست

به‌کلی جان و دل‌ها صید کردست
که میرعاشقان میرِ شکارست

رُخَش اندر میان جعد گیسو
چو رومی در میانِ زنگبارست

بیا یک دم به حال من نظر کن
دلم پر خون و چشمم اشکبارست

بکن چندان که خواهی جور بر من
که جان مرد عاشق بردبارست

بیا با عاشقان دستی برفشان
که شادی در میان غم برکنارست

نظر بر روی جانان دار قاسم
که دارالملک عالم بی‌مدارست

76 MS Mağlis: ḥayāt.

[66]

یحبهم و یحبونه چه اقرارست   به‌زیر پرده مگر خویش را خریدارست
دو عاشقند و دو معشوق در مکن و مکان   ولی تصور اغیار محض پندارست
هزار جان گرامی به یک کرشمه خرند   میان عاشق و معشوق این چه بازارست
مدام چون به سر تُست شاه را سوگند   چنین شریف سری را چه فکر دستارست
هزار جان و دل و دین برای یک غمزه   به داد عاشق مسکین که بس گرفتارست
خطاست این که فلانی چنین روایت کرد   بیا به دیدهٔ بینا که وقت دیدارست
مرید جمله ذرات کاینات شود   دلی که جلوهٔ خورشید را طلبکارست
به‌جان دوست کزین راست‌تر حدیث[77] نیست   که هر که عشق نورزید نقش دیوارست
برون ز حد وصفت قاسمی جمال تو دید   جمال روی تو را جلوه‌های بسیارست

77 MS Mağlis: ḥadīṯī

[67]

اگر در مغز اگر در پوست یارست | به هر جایی که هست آن یار غارست
تو را گر روی دل با روی حق نیست | به هر روی از همه رو شرمسارست
دلا گر عاشقی بگذار و بگذر | که عاقل در میان گیرودارست
اگر تو نقش‌خوانی نقش برخوان | همه عالم پر از نقش و نگارست
مگو اسرار حق با نفس جاهل | که نی اهل نظر اهل نظارست
ز خود بیرون مرو تا گم نگردی | که آن یار گرامی در دیارست
مرا هر کس که بیند مست گوید | که قاسم مست چشم پرخمارست

[68]

من اگر توبه شکستم کرمش موفورست	پیش دریای کرم توبه من محصورست
جرم بخشیدن و الطاف نمودن کرمست	چه توان گفت که این واعظ ما مغرورست
یار از یار جدا نیست چه شاید گفتن	زاهد شهر ازین قصه به‌غایت دورست
هر که او بانگ اناالحق زدم[78] یار شنید	شاه عالم شد و بر هر دو جهان منصورست
گر به شمشیر غمت کشته شوم باکی نیست	هر که شد کشتهٔ شمشیر غمت مغفورست
عالمی را همه آشفته و حیران بینم	همه در کار تو گر مخلص اگر مزدورست
قاسمی سجدهٔ اخلاص کن اندر به ریا	هیچ شک نیست که طاعات چنین مسرورست

78 In vielen MS steht *zadam*, doch *zadan* muss richtig sein.

[69]

دلم از غصهٔ هجران تو اندر شورست / ذوق جان دارد و خوش در طلب مسرورست
تو حبیبی و یقین با دل و جان نزدیکی / آن رقیب‌ست که از جملهٔ دل‌ها دورست
عاشق تُست اگر خسرو اگر شیرین‌ست / بندهٔ تُست اگر سنجر اگر فغفورست
عشق نزدیک‌تر از ماست به ما می‌دانم / این حدیثی‌ست که در هر دو جهان مشهورست
من اگر مستم اگر نعره‌زنم باکی نیست / عشقم اندر نظر و موسی جان بر طورست
دو جهان نور شد و نور شدم سر تا پا / هر که خود نور شود هر دو جهانش نورست
نظری از تو اگر بر دل قاسم آمد / قاسم سوخته هم ناظر و هم منظورست

[70]

بگذار ره صومعه کان دور و درازست   بنشین به درِ میکده کان خانهٔ رازست
چون بانگ نمازی نشنیدی تو درین کو   گر گوش تو بازست همه بانگ نمازست
از خرقه و زنار وز سجاده و تسبیح   مقصود نیاز آمد و دیگر[79] همه نازست
هرجا که بود حسن بود عشق ازین رو   محمود پریشانِ سرِ زلفِ ایازست
احصای ایادی تو هرگز نتوان کرد   عاشق همه اوقات به‌درگاه نیازست
من بازِ سفید توام ای مقصد و مقصود   چشمم همه اوقات به دیدار تو بازست
ای خسرو خوبان نظری کن ز سرِ لطف   قاسم ز غم عشق تو در سوز و گدازست

79 MS Mağlis: bāqī.

[71]

گر دیر سومنات بود گر صوامعست　　هرجا که هست لمعهٔ روی تو لامعست
ذرات کاینات که آیات حسن تُست　　مجموع در صحیفهٔ انسان جامعست
وصف جمال تُست غزل‌های بلبلان　　مست‌ست ازین سماع کسی را که سامعست
هر ذره ناطق‌ست به اوصاف آن جمال　　ذکر جمیل تست که ورد مجامعست
پر شد کنار و دامنم از دُرِ شاهوار　　از بحر دل که از صدف دیده دامعست
بنیاد صبر و طاقتم از بیخ برفکند　　هجران جان‌گداز که تلخست و قامع ست
قاسم وصال خواهد و مرگ رقیب هم　　یارب تو عالمی که فقیرست و طامعست

[72]

در مذهبِ ما باده مباح‌ست حلال‌ست   این باده ز خمخانهٔ اجلال حلال‌ست
این یار چه اِشنید که در ماتم هجرست   آن خواجه چه دیدست که سرمست وصال‌ست
جز عشق خدا هر چه دلت را برُباید   گر نیّر شمس است که در عین زوال‌ست
هرگز به خدا ره نبری تا تو تو باشی   این فکر خیال‌ست و خیال تو محال‌ست
این‌جا سخن از عاشق و معشوقه و عشق‌ست   این‌جا سخن از منشاء آن بحر زلال‌ست
ما بیشتر از آدم و حوا و جهانیم   از ما سخن سال مپرس این چه سوال‌ست
در شیوهٔ شیرین تو حالی‌ست که قاسم   سرگشته و حیران شده کین حال چه حال‌ست

[73]

ره بیابان‌ست و شب تاریک و پایم در گِل‌ست عشق و بیماری و غربت مشکل‌اندرمشکل‌ست
این چنین ره را به دشواری توان رفتن مرا هم‌رهم عمرست و عمر نازنین مستعجل‌ست
سخت حیران‌ست و سرگردان ولی دارد امید دل بدان لطفی که ذرات جهان را شامل‌ست
زاهدان گر قصه‌های عشق را منکر شوند آشنا داند که ما را این سخن باقابل‌ست
صوفی خلوت‌نشین را کز محبت دل تهی‌ست گر به‌صورت می‌نماید حق به‌معنی باطل‌ست
ناصح از درد دل کی خبر دارد که ما در میان موج دریاییم و او بر ساحل‌ست
گفتمش جان و دل و دین باختم در کار تو در تبسم گفت قاسم صبرکن کار دل‌ست

[74]

دلم از عشق تو مست‌ست و جان مست جهان مست و زمین مست و زمان مست
همه عالم خراباتِ تو آمد جهان اندر جهان اندر جهان مست
گلستان دیدم اندر عشق رویت گلی اسفید و زرد و ارغوان مست
طلب کردم به‌هر جایی رسیدم ز شوق تو مکان و لامکان مست
چو اندر صومعه رفتم بدیدم همیشه از تو وقت[80] صوفیان مست
سفر کردم به شهر جان رسیدم که فانی مست و ملک جاودان مست
چه شورش خاست در عالم سبکبار درین ره کاروان در کاروان مست[81]
ز کعبه تا در می‌خانه رفتم همه ره مست بود و ره‌روان مست
جهان را سربه‌سر پیمانه‌ای داد[82] همیشه جرعه مست و جرعه‌دان مست
همیشه قاسمی ذرات مست‌ند ز حد لامکان تا کن فکان مست

80 MS Mağlis: ğān.
81 MS Mağlis: ʿağab šūrī fetād andar ḫarabāt/ hameh-ye deldādegān bā delestān mast.
82 MS Mağlis: dān.

[75]

تو ساقی جان‌بخشی و عالم همه جام‌ست — وز بادهٔ نوشین تو عالم همه‌جا مست
از جام تو یک جرعه به ما ده که زمین را — گر زانک نصیب‌ست هم از کاس گرام‌ست
هرچند که ما عامی عشقیم درین راه — بر جملهٔ ذرات خدا لطف تو عام‌ست
واعظ که به‌رقص‌ست پسِ پرده پندار — سودش نکند پند که در بندِ عمام‌ست
در دور رخش یکدل هشیار ندیدیم — آن کس که نه مست‌ست درین دور کدام‌ست
در کشتن عشاق به شمشیر چه حاجت — یک غمزه از آن نرگس مخمور تمام‌ست
گفتی که سلامی بفرستیم به قاسم — از ذوق سلامت دل من دارالسلام‌ست

[76]

موسی‌صفتان را که برین طور مقام‌ست   از درد تو مست‌ند گروهی ز دوا مست
آن خال سیه جانب آن زلف دلاویز   وصفش نتوان گفت چه دانه‌ست و چه دام‌ست
هرجا که تو باشی سخن از شاهد و می گو   زیرا که ترقی همه از ذکر مدام‌ست
از چهرهٔ زیبا تتق زلف برانداز   چون نور هدایت همه از رفع ظلام‌ست
زاهد ز می ناب همین نام شنیدست   زعمش همه این است که بر خوان گرام‌ست
از مطبخ جان بوی طعامی نشنیده‌ست   او مست خیال‌ست نه سرمست مدام‌ست
یک نام شنیدست از آن یار گرامی   زان نام گمان برده که سلطان انام‌ست
یک بوسه نگویم که یک غمزه از آن چشم   انعام کن ای دوست که انعام تو عام‌ست
قاسم سخن از ساقی و می‌خانه و می گو   زیرا که ترقی همه از ذکر دوام‌ست

[77]

دلم از شوق تو چون‌ست، ندانم چون‌ست — در درون شوق وصالت ز بیان بیرون‌ست
دیده‌گریان و جگر خسته و خاطر غمگین — سینه مجروح و دل آشفته و جان محزون‌ست
جمله ذرات سراسیمه و سرگردانند — به هوای تو اگر لیلی اگر مجنون‌ست
در دلم شوق تو هر روز فزون می‌گردد — دل شوریدهٔ من بین که چه روزافزون‌ست
همه در خاک سر کوی تو دید این دل مست — هرچه در خاصیت باد صبا مکنون‌ست
سرخی‌گونه ز وصل آید و زردی ز فراق — خم عشق‌ست که رنگش همه‌گوناگون‌ست
قاسمی دولت وصلش به دعا خواهی یافت — به اجابت نفس سوختگان مقرون‌ست

[78]

شریعت در طریقت مستعین است　　شریعت راه فخرالمرسلین است
شریعت شیوهٔ مردان مردست　　شریعت شاه‌راه مستعین است
شریعت حکمت مردان راه‌ست　　شریعت قصه حبل‌المتین است
شریعت از امور اعتدال‌ست　　شریعت شارع علم‌الیقین است
طریق شرع را خوف و خطر نیست　　و گر باشد هم از دزدان دین است
به‌استحقاق بیشی کن درین راه　　تو را گر فکر روز واپسین است
ز قاسم این سخن را یاد گیرد　　دلی کو راست‌دان و راست‌بین است

[79]

ترک خم کردم و دریا پس ازین جام منست منت از دوست که این جام سرانجام منست
گفتمش جان و دلم از غم تو خرم شد گفت دلدار مشو غره که انعام منست
گفتمش عقل و دل و دین زکفم شد هیهات گفت او نیز هم از شیوهٔ اکرام منست
دل و جان را به تو دادم نه دلم ماند نه جان اندرین قصه خدا عالم و علام منست
حی جاویدی و من از دم تو زنده شدم گوی بُردم ز جهان یار چو هم‌نام منست
قصه ما بر صوفی نتوان گفت دگر زانکه این صوفی ما عام کالانعام منست
قاسمی حاصل جان و دل و دین را به تو داد سود عشقت به جهان حاصل ایام منست

[80]

بنده را هست سوالی و نه آن حد منست — که چرا لعل لبت رشکِ عقیقِ یمن‌ست
حد من نیست ولی عشق سخن می‌گوید — چون همه عشق شد این‌جا همه‌چه[83]جای منست
هم به تو راه توان برد[84] به نیل مقصود — بوی مشک از ختن و بوی اویس از قَرَن‌ست
مست‌مان کرد به حدی که نداریم خبر — تا ز مستی نشناسیم که او در چه تن‌ست
در ره عشق و فنا گر خطری پیش آمد — چاره از پیر مغان جوی که او موتمن‌ست
چند گویم علیکم به رفیق الا علی — خواجه در لذت جان نیست که در فکر منست
چند گویی که نهان‌خانه آن یار کجاست — خلوت یار گرامی همه در انجمن‌ست
شیوهٔ عشق به آسانی[85] نتوان ورزیدن — عشق در آتش غم سوختن و ساختن‌ست
قاسمی بوی تو بشنید دل از دست به‌داد — بانگ بلبل همه از شوق گل و یاسمن‌ست

83 MS Maǧlis: hameh-ǧā.
84 MS Maǧlis: yāft.
85 MS Maǧlis: beh āsān.

[81]

آن ماه دل‌افروز که محبوب جهان‌ست
با تست ولی در پسِ صد پرده نهان‌ست

خواهم صفت[86] گویم از آن زلف معنبر
دل در خفقان ست و زبان در دوبان[87]ست

در کوچه ما یار گرامی گذری کرد
جان‌ها نگران نعره‌زبان جامه‌دران‌ست

هرگز به تجلی الهی نبرد پی
بیچاره دلی آن که رهین حدثان‌ست

آن خواجهٔ ما هیچ ندانست چه حاصل
گر شاه‌نشین آمد وگر[88] شاه‌نشان‌ست

از جام وصال تو به هر کس که رسد می
چه جای فریدون که سلیمان زمان‌ست

قاسم به ثنای تو غزل‌خوان و فصیح‌ست
هرچند فصیح‌ست ولی کلّ لسان‌ست

86 MS Mağlis: ṣefatī.
87 MS Mağlis: rang.
88 MS Mağlis: agar.

[82]

بهگوش سرو چه گفتی که پای کوبان است | بهگوش عقل چه گفتی که مست و حیران‌ست
مرا مگوی که آهسته باش و دم درکش | فغان من همه زان چشم مست فتان‌ست
بیا به‌کوی خرابات عشق تا بینی | ز شام تا به سحر نعره‌های مستان‌ست
دگر به ما ز جفاهای یار قصه مگو | که خلق او همه لطف‌ست و عین احسان‌ست
هنوز فکر سر و جان خویشتن داری | ز کوی عشق گذر کن که جای شیران‌ست
بیا به مجلس عشاق بی‌نقاب ای دوست | از آن‌که روی تو شمع است و عقل پروانَ‌ست
چو مرگ هیچ‌کسی را امان نخواهد داد | خنک کسی که دلش با حریف و پیمان‌ست
به خرقهٔ خلق و روی زرد ما منگر | کمینه جرعهٔ ما قلزم‌ست و عمان‌ست
مرو به پی‌رو دیوان که راه تاریک‌ست | بیا که عشق خدا خاتم سلیمان‌ست
ربود جان و دل عاشقان مسکین را | تو را که سرمه به چشم‌ست و زلف در شان‌ست
قلم به رندی قاسم زدند روز ازل | بیا بگو که قلم رفته را چه درمان‌ست

[83]

صبا چه گفت به گوش چمن که خندان‌ست میان صحن گلستان خروش مستان‌ست
چه حالتی‌ست سمن را که سرگردان شده است چه بود سرو سهی که پای‌کوبان‌ست
چه حالتی‌ست که نرگس پیاله می دارد چه حکمتی‌ست که غنچه به‌شکل سکان‌ست
چه بود لالهٔ سیراب را که سرمست‌ست بگو که زلف سمن را چه‌رو پریشان‌ست
شراب حب ازل بخشند بر عالم فروغ باده ز ذرات کون تابان‌ست
به‌صورت دو جهان سر عشق ظاهر شد کنون به‌رتبت انسان رسید ازین‌سان‌ست[89]
چه باشد انسان مجموعه اصول و فروع چه باشد انسان مقصود کان و ماکان‌ست
چه باشد انسان خم‌خانه می ازل‌ست چه باشد انسان سلطان ملک عرفان‌ست
چه باشد انسان آهستهٔ[90] خدای نمای چه باشد انسان مرات کفر و ایمان‌ست
بیار ساقی از آن بادهٔ سبک‌روحان که مرهم دلِ ریش است و راحت جان‌ست
مگو[91] به ناصح ما پیش ازین محال مگو که قاسمی به همه حال مست و حیران‌ست

89 MS Mağlis: ensān-(a)st.
90 MS Mağlis: āyineh-ye.
91 MS Mağlis: begū.

[84]

امشب شبِ آدینه و فردا رمضان‌ست — تن در دوبان آمد و جان در طیران‌ست
بربند ره لقمه و بگشا ره دیدار — تن طالب نان آمد و جان طالب جان‌ست
آن خواجه عزیزست و لطیف‌ست و شریف‌ست — آزاده و حی نیست که صیدی[92] حدثان‌ست
خورسند از آن است که بر سفرهٔ رزاق — هرچند که نانش نرسد بر سر خوان‌ست
من بندهٔ شوقم که بُراقی‌ست سبک‌رو — پروانهٔ عشق‌ست ولی شمع جهان‌ست
چون جمله تویی غیر تو کس نیست به‌تحقیق — هرجان که شناسا شود این‌جا همه‌دان‌ست
کوری تو شد مانع راه تو وگر نه — چون ماه شب چارده روی تو عیان‌ست
گر زان که شراب از خم توحید کنی نوش — در دیر جهان قاسم ما پیر مغان‌ست

92 MS Mağlis: ṣeyd.

[85]

در نهان‌خانهٔ وحدت قمری پنهان‌ست / که همو جان جهان است و همو جانان‌ست
هیچ‌جا نیست و زو هیچ محل خالی نیست / عقل حیرت‌زده در شیوهٔ او حیران‌ست
پیش ما قاعده این‌ست مسلم داریم / هر گدایی که ز کوی تو رسد سلطان‌ست
دلم از دست ببردی و به هجران دادی / داستان من شوریده ازین دستان‌ست
گر به‌صد نامه نویسم صفت مشتاقی / اشتیاقم به ملاقات تو صد چندان‌ست
رسم آشفتگی و وصف پریشانی‌ها / بی‌خطا چینِ سر زلف تو را در شان‌ست
قاسم از شیوهٔ سودای تو شوریده دل‌ست / دل سودازده با زلف تو جان در جان‌ست

[86]

مرا پیوند او پیوند جان است — دریغست آن جمال از ما نهان‌ست
نگویم جان جان تنها چه باشد[93] — نه تنها جان که او خود جان جان‌ست
ز امید وصال یار مستان — در این ره کاروان در کاروان است
بیا گر عاقلی تا باز بینی — درین ره[94] کآسمانِ لامکان است
عجایب دولتی دارم که دایم — دلم با دوست سر بر آستان‌ست
دلم را برد و جان می‌خواهد از من — یقین است این که سرّی در میان‌ست
مرا تنها مبین در راه توحید — دل قاسم جهان اندر جهان‌ست

93 MS Mağlis: nagūyam ğān tanhā ğān nabāšad.
94 MS Mağlis: delam rā.

[87]

مرا چون عاشقی دارالامان‌ست	دلم با دوست سر بر آستان‌ست
ز سبحان الذی اسری به‌مقصود	همه ره کاروان در کاروان‌ست
همه گم کرده‌اند این راه اما	چو وابینی همه با همگنان‌ست
چو می‌داند به جانش دوستدارم	ازین هم نیز با من سر گران‌ست
مگر ای ساربان محمل روان شد	جرس‌ها را فغان اندر فغان‌ست
کلید گنج معنی را به‌دست آر	وگرنه گنج عرفان جاودان‌ست
دلت از یاد حق چیزی ندانست	همه میل دلت با چینه‌دان‌ست
اگر رومیِ رومی در حقیقت	چرا میل دلت با زنگیان‌ست
نیارامد دل قاسم به‌جز دوست	درین احوال سرّی در میان‌ست

[88]

ای بی‌خبران مصلحت کار در آن است	جامی به‌کف آرید که عالم گذران‌ست
هر کو قدحی خورد ازین جام دل‌افروز	سلطان زمین‌ست و سلیمان زمان است
در مجلس عشاق همه شور و قیامت	در محفل زهاد همه امن و امان است
این نوبت شادی‌ست گهی[95] لطف و کرامت	آن خواجه ندانست و ندانم[96] که ندان است
خود با که توان گفت که این ماه دل‌افروز	هم ره‌زن جان آمد و هم رهبر جان است
هرکس که ورا دید ندانست به‌تحقیق	مرد همه‌بین آمد و شاه همه‌دان است
هر گه که ز من یاد کند آن گل سیراب[97]	با دوست بگویید که قاسم نگران است

95 MS Mağlis: keh.
96 MS Mağlis: nadānad.
97 MS Mağlis: mīrāb.

[89]

مرا هوای تو اندر میانهٔ جان‌ست ❊ مگو حکایت سامان چه جای سامان‌ست
اگر ز جام تو جانم به جرعه‌ای برسد ❊ هزار جور و ملامت کشیدن آسان‌ست
سعادت سر کویِ‌َت به‌وصف ناید راست ❊ اگر به کوی تو سلمان رسد سلیمان‌ست
اگر چه پیش تو خارست یا خسک چه عجب ❊ به پیش دیدهٔ عارف جهان گلستان‌ست
گر تو عاقل[98] دانا دلی یقین می‌دان ❊ که غیر عشق خدا جمله مکر و افسان‌ست
شبی به‌خلوت عشاق خوش درآ و ببین ❊ ز شام تا به‌سحر نعره‌های مستان‌ست
دلت به آتش غم سوخت قاسمی خوش‌باش ❊ که هرچه دوست کند حاکم‌ست و سلطان‌ست

98 MS Maǧlis: ʿāšeq.

[90]

به هر آینه حسن دوست پیداست / همیشه جان جاهل در گمانست[99]
دل آهن بترسد از جدایی / جرس‌ها در نفیر و در فغانست
جرس را این فغان و ناله از چیست / که در محمل ز جانان صد نشانست
درآ در صدر محمل تا ببینی / که صدر محملش سقف جنانست
اگر وهمت پشیمان سازد از عشق / ازو مشنو که دزد کاروانست
تو از خود در حجابی ورنه آن یار / عیان اندر عیان اندر عیانست
به هر جا عاشقی بینی درین کوی / سبک روحست اما سر گرانست
گر ازکان آگهی ورنه یقین‌دان / که هر شأنی که می‌آید ز کانست
گدا و شاه و درویش و توانگر / کسی کو شد امین اندر امانست
به‌غیر از عاشقی در دین قاسم / همه عالم فسونست و فسانست

99 In der MS Mağlis beginnt dieses Gedicht mit dem folgenden Vers, der hier fehlt: Hameh-ye ṣaḥrā gol-(a)st wa arġawān-(a)st/ beh har ǧāyi az ān ǧānān nešān-(a)st.

[91]

آن ماه شب‌افروز که در پرده نهان‌ست
در پرده نهان‌ست ولی پرده دران‌ست

روشن نتوان گفت که سر چیست که آن یار
با نام‌ونشان آمد و بی‌نام‌ونشان‌ست

مشکل همه این‌ست که در عالم تمیّز
آن را که دوا دانی[100] درد تو همان‌ست

با خواجه حکایات نهایات مگویید
کو عاشق جان نیست ولی عاشق نان‌ست

دردا ز فنا فکر اقامت نتوان کرد
کین ملک قدیم‌ست[101] که شهر حدثان‌ست

در راه خدا مرد امین باش که هر جا
چون مرد امین آمد در عین امان‌ست

قاسم به‌حقیقت دل خود هر که بداند
در مذهب عشاق بصیر همه‌دان‌ست

100 MS Mağlis: ḫwānī.
101 MS Mağlis: qadīm.

[92]

ای ساقی جان‌بخش که در جام تو جان‌ست پر کن قدح باده که دل در خفقان‌ست
آن سرو روان رفت به هر جای که دل داشت جان و دل ما در پی آن سرو روان‌ست
آن شاه دل‌افروز که سرمایهٔ حسن است هرجا که روان شد دل وجان‌ها نگران‌ست
دل‌ها همه گلشن شد و جان‌ها همه روشن آن ماه دل‌افروز مگر شمع جهان‌ست
دل خواست که با عشق برآید به‌تجلی هر چند که کوشید ولیکن نتوان‌ست
جام دل ما را بشکست آن مه روشن گر جام شکست‌ست ولی دوست همان‌ست
ساقی بده آن جام و ز شفقت نظری کن قاسم گذران‌ست و جهان در گذران‌ست

[93]

باد صبا برگرفت[102] پرده ز رخسار دوست   جملهٔ ذرات را عربده و های‌وهوست
حاضر دلدار باش واقف اسرار باش   فتنه چه[103] دیدی بدان پیش‌روِ فتنه اوست
قاعدهٔ کار بین شیوهٔ دلدار بین   این همگی مغز نغز وآن همگی بوست پوست
در نظر یار باش حاضر و هشیار باش   واقف اسرار باش سرِّ خدا در سبوست
چیست سبو جان ما باده شراب خدا   جام می کبریا هر نفس[104] نوبه‌نوست
عشق چو بالا گرفت عالم غوغا گرفت   غیر به‌خاطر مدار زانک غیورست دوست[105]
سر ز محبت بدار در طلب یار غار   خرقه به‌صد پاره شد خواجه چه‌جای رفوست
عشق حریف‌ست مست جام لبالب به‌دست   باده مجویید ازو زانکِ عجب شدخوست[106]
بوی محبت شنید شد به جهان ناپدید   قاسمی اندر طلب دربه‌در و کوبه‌کوست

---

102 MS Mağlis: bar-(a)fkanad.
103 MS Mağlis: čū.
104 MS Mağlis: nafasī.
105 In der MS Mağlis wechselt dieser Halbvers seinen Platz mit dem zweiten Halbvers der folgenden Zeile.
106 MS Mağlis: šād-ẖū-st.

[94]

بوی جان می‌آید از باد صبا این بو چه بوست / مشک را این حد نباشد نکهت گیسوی اوست

چیست بو واقف شد[107] از سر محبوب ازل / آن‌که چون با ذرات آینه عالم روبه‌روست[108]

جملهٔ عالم به ما پیداست ما آیینه‌ایم / گر نباشد آینه شاهد چه داند کو نکوست

باده تا جانان ما واصل نگردد مست نیست / باده را مستی ز جان ما نه از جام سبوست

حدِ این سر نیست او را سجده کردن لاجرم / سر به پیش افکنده‌ام بیچاره من از شرم دوست

منِ ز غم‌های کهن هرگز ننالم چون مرا / دولت تشریف غم ساعت‌به‌ساعت نوبه‌نوست

جان به‌پیش دوست دادن دولتی باشد عظیم / قاسمی را در دو عالم خود همین یک آرزوست

107 MS Mağlis: šodan.

108 MS Mağlis: ān keh čūn āyineh bā ẕarāt-e ʿālam rūbehrū-st.

[95]

عاشق به مرگ مایل و عاقل بهانه‌جوست　　غازی قتیلِ دشمن و عاشق قتیلِ دوست
هر کس به‌قدرِ همتِ خود راه می‌رود　　این یک به‌مغز می‌رود[109] آن دیگری به‌موست[110]
واعظ به‌روزِ مستیِ عشاق دم مزن　　مستی ما ز بادهٔ بی‌جام و بی‌سبوست
راهی ز خلق با حق و راهی ز حق به خلق　　یک راه دیگرست که از دوست هم به‌دوست
امیدوار باش که او کانِ رحمت‌ست　　عزت نگاه‌دار که آن شاهِ شدخوست
حجت مگو که از همه اسرار واقف است　　حیلت مجو که با همه ذرات روبه‌روست
قاسم جناب وصل نیابد به‌هیچ حال　　هر دل که او مقیدِ آزست و آرزوست

109 MS Mağlis: mīkešad.
110 MS Mağlis: pūst.

[96]

دلِ ما به صد جان طلبکار اوست　　ولی در حقیقت طلبکارِ دوست[111]
زهی روی روشن که در روی‌ها　　ظهوراتِ خوبی زِ انوارِ اوست
به یک جو فروشند صد جان به‌شهر　　چو گویند بازار بازارِ اوست
تو شادان به عشقی و رو عشقِ شاد[112]　　تو غم‌خوار اویی و غم‌خوار اوست
تو بلبل‌صفت مانده‌ای زارِ گل　　ولی بی‌خبر زانکِ گلزارِ اوست
به‌رقصد ازین حال ذراتِ کون　　که هر ذره مرآت دیدارِ اوست
نشاید که آزار جویی دگر　　دل قاسمی را که دلدار اوست

111 MS Maǧlis: ū-st.
112 MS Maǧlis: tō šādān ze ʿešq wa z-ū ʿešq šād.

[97]

در سویدای دلم سودای اوست
در دل و جانم تمناهای اوست

نیّرِ اعظم که شمع عالم‌ست
پرتوی از چهرهٔ زیبای اوست

من نمی‌دانم ز حال دل که چیست
این قدر دانم که دل مولای اوست

چون مقلّد با طریقت ره نبرد
در حقیقت خار ما خرمای اوست

هر که فانی شد ز طبع آب و خاک
این قبای عشق بر بالای اوست

بوی جان می‌آید از باد صبا
نکهتی از عنبر سارای اوست

قاسمی چون واقف اسرار شد
خاک کویَت جنه‌الماوای اوست

[98]

قمری دارم کین جسم نهان‌خانهٔ اوست	دل و جان عاشق آن نرگس مستانهٔ اوست
من از آن یار چه‌گویم که عجب دلداری‌ست	شمع جان است و جهان عاشق و پروانهٔ اوست
قصهٔ عشق غریبی‌ست نشاید گفتن	در دو عالم همه‌جا قصه و افسانهٔ اوست
دو جهان مست خرابند ز جام ازلی	دو جهان درد و جهان ساقی می‌خانهٔ اوست
جام آن یار من از حد و نهایت بگذشت	ز سمک تا به سما ساغر و پیمانهٔ اوست
ما به غیر از تو ندیدیم به عالم دگری	زلف دلدار گرامی‌ست که در شانهٔ اوست
گر بپرسند ترا عاشق و فرزانه کجاست	قاسم سوخته‌دل عاشق و فرزانهٔ اوست

[99]

نمی‌توان خبری دادن از حقیقت دوست | ولی ز روی حقیقت حقیقت همه اوست
بیا که وصفِ جمال تو می‌رود بشنو | بیا که قصهٔ صاحب‌دلان زو چه نکوست
به ابرویت نتوان کرد اشارتی که مدام | ز ترک چشم تو ترسم که مست و عربده‌جوست
کمینِ جرعهٔ رندان ما دریاست | ز حد گذشت حکایت چه جای جام و سبوست
جهان اگر همه لب گردد از کرامت وقت | نصیب جنس مقلد نباشد الا پوست
ز جور دشمن و طعن رقیب و سوز فراق | مرا که جامه به‌صد پاره شد چه جای رفوست
به وقت رفتن قاسم مگو دریغ و بگو | که می‌رود به علی‌رغم خصم دوست به دوست

[100]

برآمد آفتاب طلعت دوست — که ذرات جهان را رو بدان روست
اگر نفست از این‌جا رخنه جوید — ازو مشنو که آن دارو نه هندوست
غلام روی آن خورشید حسنم — که عالم لمعه‌ای زان روی نیکوست
چه خوش می‌نالد آن چنگ معربد — که شور عاشقان از نالهٔ اوست
اگر صوفی ندارد عشق قاقاست — اگر ملا نباشد مست قوقوست
به کوی عاشقی کمتر گذر کن — که هرجا فتنه‌ای بینی درین[113] کوست
تو هر جوری که خواهی کرد بر من — مرا جور تو بردن عادت و خوست
ز حسنت قصه‌ای در باغ گفتند — همیشه فاخته در بانگِ کوکوست
بیا قاسم شرابِ ناب بستان — بنوش و سجده‌کن در حضرت دوست

---

113 MS Mağlis: dar ān.

[101]

سربلندی بین که دایم در سرم سودای اوست قیمت هرکس به قدر همت والای اوست
لن ترانی می‌رسد از طور موسی را جواب این همه فریاد مشتاقان ز استغنای اوست
بندهٔ آن چشم مخمورم که از مستی و ناز در میان شهر در هر گوشه‌ای غوغای اوست
ای دل اندر راه عشق از خوردن غم غم‌مخور مایهٔ شادی عالم خوردن غم‌های اوست
عقل اگر در بزم مستان لاف هشیاری زند با وجود چشم می‌گونت که را پروای اوست
گر به جای مرهمی همّی رسد زان هم مپرس در فنا تسلیم شو کان هم ز مرهم‌های اوست
از تو تنها ماند قاسم کز تو تنها کس مباد لاجرم غم‌های عالم بر تن تنهای اوست

[102]

بی‌یاد دوست در دل مستان سرور نیست / بی‌روی او به کعبه و بتخانه نور نیست
هرچند قدس ذات ز اسماء[114] منزه است / در هیچ ذره نیست که حق را ظهور نیست
زاهد ز من بر او مگو قصهٔ منبری / بگذر ازین مقام که جای حضور نیست
چون آفتاب حسن جهانگیر جلوه کرد / این جلوه را به‌بیند هر کس که کور نیست
جان را حیات داد دل و دیده را جلی / این عشقِ چاره‌ساز کم از نفح صور نیست
زاهد به زهد و توبه و تقوی مرید نیست / چون نیست نیست نشاء او بی‌غرور نیست
در راه آشنایی و اسرار معرفت / جانی که غیربین بود این‌جا غیور نیست
در عاشقی گریز که دارالامان هموست / کانجا همه عنایت حق‌ست و زور نیست
قاسم بهشت حضرت حق را به‌جان طلب / کان جلوه‌گاه جور و مقام قصور نیست

114 MS Maǧlis: ašyāʾ.

[103]

از تو به مقصود ره دور نیست　　گر دل و جان غافل و مغرور نیست
در همه ذرات جهان ظاهر است　　یار اگر دیدهٔ دل کور نیست
جام من از خم قدیم خداست　　بادهٔ ما بادهٔ انگور نیست
ذوق مناجات نیابی به‌دل　　موسی جان چون به سرِ طور نیست
مفتی ما فهم نکرد این سخن　　لقمهٔ باز از پی عصفور نیست
لاف انا الحق مزن ای مدعی　　نشاء تو نشاء منصور نیست
تا رُخ چون ماه تو شد در نقاب　　هیچ دلی نیست که مهجور نیست
هیچ دمی نیست که از شوق تو　　در دل و جان عربده و شور نیست
قاسمی از درد تو دارد نصیب　　بی‌رخ زیبای تو مسرور نیست

[104]

از دولت دیدار تو دل را غم جان نیست   جان را ز غم عشق تو پروای جهان نیست
در کوی تو گم شد پی عشاق سبکبار   آن‌جا که تویی از دو جهان نام و نشان نیست
زاهد[115] مگویید که ما از همه بهتر   گر زانک کم آیند کمال[116] به از آن نیست
صوفی که کشد بادهٔ صافی به صبوحی   مست‌ست ولی در صف ما دردکشان نیست
در چارسوی عقل غمِ سود و زیان‌ست   در حلقهٔ عشاق به‌جز امن و امان نیست
بستان حق خود را ز جهان خواجه فلانی   زان پیش که آوازه برآید که فلان نیست
گفتم سر من خاکِ درت گفت که هیهات   قاسم سرِ خود گیر که ما را سرِ آن نیست

115 MS Mağlis: zohād.
116 MS Mağlis: kamālī.

[105]

بی‌جمالت بوستان عیش ما را نور نیست
بی‌وصالت خاطر مهجور ما مسرور نیست

دور ماند از دولت جاوید و از بخت بلند
هرگزا[117]اندر سر از سودای او صد شور نیست

زاهدی را کاعتقادی هست با مستان راه
گر بسی دورست جانش لیک بس بی‌نور نیست

عارفی گر آشنای دوست باشد لایزل
گاه‌گاهی که دم از دوری[118] هم دور نیست

خواستم دادن نشان[119] از کمال حسن یار
لیک جان‌ها از آن جان جهان دستور نیست

ای فقیه از ما مرنجان[120]
جام سرمستان حق از بادهٔ انگور نیست

با رقیب ما مگو از صفوت جام شراب
این چنین مرآت روشن لایق آن کور نیست

زاهد ما قصهٔ تقلید می‌گوید به عام
گرچه عذر لنگ می‌آرد ولی معذور نیست

بیت معمور است جان قاسمی ناصح بدان
بیت معمور تو همچون بیت ما معمور نیست

---

117 MS Mağlis: har keh rā.
118 MS Mağlis: nach dūrī: zanad.
119 MS Mağlis: nešānī.
120 MS Mağlis: Ey faqīh az mā marangān del agar mey mīḫōrīm.

[106]

عاشقان در جمع با یارند و این بس دور نیست
پیش دوران طریقت این سخن مشهور نیست

رمز مستان معانی را نداند عقل دون
صید بازان حقیقت در خور عصفور نیست

عشق مست‌ست و به تیغ تیز می‌گوید سخن
پیش مستان حقایق این سخن مستور نیست

گر تو صد دفتر بخوانی از حدیث عاشقان
عشق و نام نیک هرگز مثبت و مسطور نیست

من ز اسرار خدا هرگز کجا گویم سخن
یوسفم در قید زندان موسیم بر طور نیست

عاشقی را همتی باید به‌غایت بس بلند
عشق‌بازی در خور آن زاهد مغرور نیست

قاسمی سرّ خدا با جان سرگردان مگو
کین سخن‌ها در خور کیخسرو و فغفور نیست

[107]

چو رویت تازه گل در بوستان نیست | چو مویت سنبل بر ارغوان نیست
به‌دار آیینه بر رو تا ببینی | که چون روی تو رویی در جهان نیست
چو رویت آفتاب عالم‌افروز | طلب کردیم در کون و مکان نیست
به زیبایی نظر کن تا بدانی | که زیبایی چو تو در بحر و کان نیست
تو شاه جان مایی در حقیقت | چو تو شاهی میان انس و جان نیست
مشو خوش‌دل به آزار دل من | که آزار از طریق دوستان نیست
میان ره‌روان راه قاسم | به‌غیر از عشق چیزی در میان نیست

[108]

بی‌جام عشق عیش دل ما تمام نیست — فوزالنجات ما به‌جهان غیر جام نیست
نادیده ذوق لذت مستی و عاشقی — بر عاشقان ملامت رسم کرام نیست
با آن که مفلسیم و گدا بس فراغتیم — از دولتی که عاقبتش مستدام نیست
جور حبیب و طعن رقیب و جفای خلق — ما را بگو کزین همه محنت کدام نیست
هرگز به جان جان نرسد هر دلی که او — در میکده مجاور بیت‌الحرام نیست
بدنام باش و اهل ملامت که در طریق — بدنام هر کسی که نشد نیک‌نام نیست
بر بادپای عشق سوار است قاسمی — تندست و توسن‌ست ولی بدلگام نیست

[109]

پیر ما جامیست اما در خور این جام نیست باده‌ٔ صافی نوشد اما رند دردآشام نیست
از شرابات خدا مست‌ند ذرات دو کون لیک هر جان در جهان در خورد این انعام نیست
پیش مستان طریقت این حکایت روشن است دردنوشان خاصِ درگاهند و این می عام نیست
باز ما ز آغاز کرد آن یار و جان می‌پروریم لطف دیگر آن که این آغاز را انجام نیست
دایما در وصل آن جان جهان مستغرقیم در چنین وصلی که گفتم حاجت پیغام نیست
آفرین بر ساقی ما باد و بر مستی که او گرچه جام می کشد بدمست نافرجام نیست
قاسمی در پیش این کوران مگو اسرار فاش هرکجا فهمی نباشد جای استفهام نیست

[110]

در صومعه و دیر مغان هیچ سری نیست — کز آتش عشق تو در آن سر شرری نیست
ذرات جهان آینهٔ اسرار[121] آله‌اند — در کوچهٔ ما عاشق صاحب‌نظری نیست
در مجلس زهاد خبر جستم از آن یار — گفتن خبر این‌ست که ما را خبری نیست
در وادی تاریک جهان مرد به زاری — آن را که دلیلش رخ همچون قمری نیست
جایی نتوان یافت که از عکس جمالش — بالا شجری دل حجر لب شکری نیست
اسرار خدا فاش مکن تا که نگویند — در روی زمین هیچ‌کس از وی تبری نیست
گویند که این راه درازست و خطرناک — گر راست روی راه خدا را خطری نیست
گر بار طلب کرد درین کوچه مقلد — بارش کن از انبار که کمتر ز خری نیست
دردست دوای دل بیچارهٔ قاسم — جز درد درین راه دگر چاره‌بری[122] نیست

121 MS Mağlis: sirr.
122 MS Mağlis: čāreh-garī.

[111]

شکی نماند که جز دوست در جهان کس نیست معین‌ست که کس پیدا و در نهان نیست
هزار بار گواهی دهند ملک ملک که غیر دوست درین ملک جاودان نیست
به غیر دلبر ما کآفتاب اعیان است دگر بهر دو جهان مخفی و عیان کس نیست
اگر ز راه اندکی خبر داری معین‌ست که جز دوست در میان نیست
مسافران طریقت که راه حق رفتند نشان دهند که جز ذات بی‌نشان نیست
به دیده‌های عیان دیده است دیدهٔ دل که غیر دوست کس درین عرض کن فکان نیست
جهانیان همه دانسته‌اند و قاسم هم که غیر یار گرامی کس درین جهان نیست

[112]

دل را ز جان گریز و ز جانان گزیر نیست غیر از هوای دوست نصیر و ظهیر نیست
صوفی که لاف زهد و کرامات می‌زند تا مست نور یار نشد مستنیر نیست
اسرار دوست را نشناسد به هیچ حال جانی که همچو آینه روشن‌ضمیر نیست
واعظ برو حکایت تقلید را بمان افسانه پیش اهل دلان دلپذیر نیست
چشمی که روی دوست نبیند به هیچ حال او مظهر تجلی اسم بصیر نیست
هرگز به جذب خاطر تو میل ما نشد رو رو که باز ساعد شه موش‌گیر نیست
جان نصرت از تو خواهد حیران تست عقل دل را به‌جز ولای تو نعم النصیر نیست
یکدم به‌کوی ما بگذشتی و سال‌هاست در هیچ گوشه نیست که بوی عبیر نیست
قاسم بر آستان جلالت نهاد سر جز خاک آستان تو جان را مصیر نیست

[113]

خلق گویند که در عشق بلیّاتی نیست قدحی نیست در این راه[123] آفاتی نیست
بر سر کوی تو کان منزل سرمستان‌ست نرود شب که دلم راهی و هیهاتی نیست
روی تو کشف من و غمزه کراماتی نیست[124] تا نگویی که مرا کشف و کراماتی نیست
بنگه ای زاهد افسرده به خود مغروری که یقین است تو را حسن ملاقاتی نیست
هر که آزاد شد از خود به جهان آخر کار مثل او در دو جهان سیّد و ساداتی نیست
به مناجات نشاید شدن اندر ره عشق موسی جان مرا وعدهٔ میقاتی نیست
قاسمی را به‌جز از عشق تو در ملک وجود در جهان دل و جان هیچ عباداتی نیست

123 MS Mağlis: rāh keh.
124 MS Mağlis: kerāmāt-e man ast.

[114]

جان ما را دولت درد غمت امروز نیست　　خوش‌تر از درد تو دولت در جهان فیروز نیست
ساقیا جام پیاپی ده به مستان فنا　　دولت امروز ما چون دولت هر روز نیست
زاهدا از مرغ خود چندین حکایت‌ها مگو　　مرغ تو مرغی‌ست اما مرغ دست‌آموز نیست
واعظا تو کی رسی در صوفیانِ ذوالجلال　　درد تو کهنه نگشت و روز تو نوروز نیست
گر تو مرد راه عشقی عشق را کن اختیار　　نور عرفان از کجا چون در دو عالم سوز نیست
خواست زاهد طعنه‌ای بر عاشقان اما نشد　　عقل می‌داند که عشق اندر دلش مزکور[125] نیست
ناصحا دیگر میفکن تیر بر قاسم برو　　خوش نمی‌آید مرا تیری که او دلدار[126] نیست

125 MS Mağlis: markūz.
126 MS Mağlis: deldūz.

[115]

رخسار تو چون آینهٔ صورت و معناست
در صبح حسنت همه انوار تجلی‌ست

هم جذبهٔ تو بود که دل مست لقا[127] شد
مجنون چه کند این کشش از جانب لیلی‌ست

پیوسته ز سودای تو مستیم و خرابیم
دل را به تو صد گونه تولی و تمنی‌ست

هر جام که از دست تو آید همه نوش‌ست
این دور نه جورست که در دور تو اولی‌ست

تا جلوهٔ دیدار تو عشاق تو دیدند
از هر طرفی بانگ تقدس و تعالی‌ست

ما رو به تو داریم که مرآتِ شریفی
در روی تو خود قاعدهٔ رو و ریا نی‌ست

هر دل که چو قاسم به جمالت نشود شاد
در قاعدهٔ نشاء او صورت دعوی‌ست

127 MS Mağlis: ḫodā.

[116]

در جمله ذرات جهان لمعه حسنی است — من با تو چه گویم که تو را پرتو حسنی‌ست
تو دیده به دست آر که تا باز ببینی — در جملهٔ ذرات جهان نور تجلی‌ست
از فرط حجابست که آن مشرک نادان — در سجدهٔ لات آمد و پنداشت که عُزی‌ست
از دولت دیدار تو دایم به شب و روز — موسی صفت‌ست این دل بر طور تمنی‌ست
ای طالب درگاه اگر واقف راهی — از غیر بپرهیز که آن غایت تقواست
جمعیم به دیدار تو وز تفرقه‌ها دور — کانجا که تویی جمعیت صورت و معناست
عشق‌ست که در مشرب ما آب حیات است — عشق‌ست که در مذهب ما علت اولی‌ست
بر کشتن عشاق نوشتند فتاوی — این قصه برِ مفتی ما فتوی معنی‌ست
از عشق تو شد زنده دل قاسم مسکین — با نکهت عشق تو چه جای دم عیسی‌ست

[117]

رخسار تو چون آینهٔ صورت و معنی‌ست
در پرتو دیدار تو انوار تجلی‌ست

از خاک کف پای تو هر بو که شنیدم
لطفی‌ست که در خاصیت باد صبا نیست

از بوی تو شد جان و دلم زندهٔ جاوید
با نکهت طیب تو چه جای دم عیسی‌ست

چون صورت و معنی تو در حد کمال‌ست
جان و دل ما عاشق آن صورت معنی‌ست

در جملهٔ احوال پرستیدن صورت
از نشاء ما نیست ولی نشاء ما[128] نیست

یک جذبه ز حق آمد و جان برد به غارت
مجنون چه کند کین کشش از جانب لیلی‌ست

قاسم دل و دین داد به امید وصالت
در مذهب عشاق همین توبه تقوی‌ست

128 MS Mağlis: bā.

[118]

مرا با روی تو پیوسته روییست ریایی نه که از وجه نکوییست
هوس دارم که در پایت بمیرم به عالم هر کسی را آرزوییست
ز شوق چشم مِیِ گونش خرابم شراب ما نه از جام سبوییست
به جست‌وجوی او دل‌خسته‌گان را ز آب دیده هر دم شست‌وشوییست
ز جامش جرعه‌ای تا بر زمین ریخت به عالم عاشقان را های‌وهوییست
جرس‌ها را فغان الرحیلت[129] تنم از بیم هجران همچو موییست
ز حسنِ یار و شوق جان قاسم میانِ شهر هرجا گفت‌وگوییست

129 MS Mağlis: al-raḥīl-(a)st.

[119]

ز بحر عشق تو هر قطره چو دریایی‌ست   به‌کوی عشق تو هر پشه چو عنقایی‌ست
هزار دیده کنم وام اگر توانم کرد   که در جمال تو هر دیده را تماشایی‌ست
دل مرا به‌هوای تو ذوق سر بازی‌ست[130]   مقررست که در هر دلی تمنایی‌ست
به هیچ رو نبرم ره به کوی آزادی   مرا که هر سر مویی اسیر سودایی‌ست
مگر به گوشهٔ چشمی نظر به مستان کرد   میان شهر به هر گوشه شور و غوغایی‌ست
سخن بلند شد اکنون بلند می‌گویم   که خاطرم به هوای بلندبالایی‌ست
بلندبالا یعنی رفیع قدر جلیل   چنین شناسد هرجا که عقل دانایی‌ست
چو لفظ اسم شنیدی پی مسمّا شو   که قوم[131] مردم شوریده‌دل معمایی‌ست
بگو به قاسم در کوی عشق جا کردی   نگاه‌دار ادب را که بس عجب جایی‌ست

130 MS Mağlis: šarr bā zar-(a)st.
131 MS Mağlis: qaul.

[120]

هر کجا در دو جهان عاشق روشن‌راهی‌ست در سویدای دلش از غم او سودایی‌ست
عقل را گو[132] که برو شیوه عشاق مورز این سخن گرنه چنین‌ست ولی هم راهی‌ست[133]
هر که او نفس بد اندیشه خود را فرسود در ره عشق فلک سای و ملک آسایی‌ست
وانکه او چهرهٔ خورشید عیان بازنیافت پیش ارباب نظر جاهل و نابینایی‌ست
چون سر انداخته شد شمع شود روشن‌تر عاشق صادق روشن‌دل پابرجایی‌ست
زاهدی را که نظر نیست عجب قوقویی‌ست واعظی را که خبر نیست عجب قاقایی‌ست
حاصل از هر دو جهان عشق خدا آمد و بس بحر عشق‌ست که هر قطره ازو دریایی‌ست
بشنو ای طالب حق شیوهٔ تقلید مرو این سخن را به تو گفتیم و سخن از جایی‌ست
قاسمی را نظر لطف به ارزانی دار بر سر کوی تو آشفته دلی شیدایی‌ست

132 MS Mağlis: ʿaql gūyad.
133 MS Mağlis: wāhī-st.

[121]

چراغ مرد معنی آشنایی‌ست به قدر آشنایی روشنایی‌ست
به درد عاشقی می‌سوز و می‌ساز نوای عاشقان در بی نوایی‌ست
به جهد و سعی کس عاشق نگردد که عشق ایمان بود ایمان عطایی‌ست
همه جمعیم رندان اندرین دیر فغانِ جانِ درویش از جدایی‌ست
به نور عشق باید رفتن این راه چه جای زهد و علم و پارسایی‌ست
مگو عاشق غریب‌ست و فقیرست که ملک عاشقان ملک خدایی‌ست
به وصف پارسایی باش قاسم که وصف پارسایی پادشاهی‌ست

[122]

به راه پیر مغان رو که راه سرمستی‌ست خلاف پیرمغان ره مرو که در پستی‌ست
مگو حکایت حس را و بگذر از محسوس کسی که سُخره حس مانده است معتزلی‌ست
دلا تو جام منی لیک جام بحر آشام که جام تو ز شراب خدای لب به لبی‌ست
بنوش باده که این باده از حجاز آمد اگر به کاسهٔ چینی و شیشهٔ حلبی‌ست
همیشه پاس زبان دار در مجالس انس مگو ز عمر و عثمان که آن صنم حبلی‌ست
اگر ز حیدر صفدر کسی سوال کند بگو به‌رغم خوارج علی مستعلی‌ست
ز قاسمی سخن گر رود به قدر عقول نگاه‌دار که این رمز نکتهٔ نبوی‌ست

[123]

طریق عشق سپردن طریق بوالحسبی‌ست　　نشان عشق بجستن نشان بی‌طلبی‌ست
مگو که عشق حرام‌ست در طریقت عشق　　که مستِ بادیه[134] عشق‌ست[135] اگر ولی و نبی‌ست
شراب ما همه از خم لامکان آمد　　اگر به کاسه چینی و شیشه حلبی‌ست
ز موج عشق به‌رقصیم و فاش می‌گوییم　　خوش‌ست شورش مستان اگرچه بی‌ادبی‌ست
بیا به مجلس رندان و حال ما بنگر　　که جام ما ز می کوثرست نی عنبی‌ست
مگو که معنی قرآن حبیب از که گرفت　　زبان او عجم آمد روان او عربی‌ست
طراوت دل و جان جلوه‌های محبوب‌ست　　نشان بی‌طلبی‌ها نشان بی‌طربی‌ست
تو طالب حلبی شو که مقصد اقصاست　　که فیض روح مقدس ز حضرت حلبی‌ست
ببین که قاسم بی‌دل ز دست رفت تمام　　بدان‌که ساقی جان‌ها نبی[136] مطّلبی‌ست

134 MS Mağlis: bāde-ye.
135 MS Mağlis: ʿešqand.
136 MS Mağlis: banī.

[124]

ای بت عیار من نام تو امروز چیست ای دل و دلدار من نام تو امروز چییست
هر دو جهان نام تو قصه و پیغام تو ای مه سیار من نام تو امروز چیست
ملک و ملک رام تو هر دو جهان جام تو ای سر و سردار من نام تو امروز چیست
ای دل و دلدار من مونس و غم‌خوار من واقف اسرار من نام تو امروز چیست
نام تو فتاح جان اسم تو گنج روان ای شه ابرار من نام تو امروز چیست
نام تو دی بر ازل نام تو فردا ابد ای بت عیار من نام تو امروز چیست
ای دل ما مست تو هستی ما هست تو کوری اغیار من نام تو امروز چیست
کاشف اسرار من لامع انوار من ابر گهربار من نام تو امروز چیست
اول و آخر تویی باطن و ظاهر تویی قاسم انوار من نام تو امروز چیست

[125]

به خون آغشته‌ام درمان من چیست | عجب آشفته‌ام سامان من چیست
مرا عشق آتشی در جان نهادست | چه می‌داند کسی در جان من چیست
درین ره گرچه سرگردانِ یارم | سرشک لعل سرگردان من چیست
مرا ساقی دمادم جام دارد | اگر مستی کنم تاوان من چیست
قضا آشفته می‌دارد دلم را | نمی‌گویم قضا جنبان من چیست
چو شکر من به توفیق حبیب است | درین صورت بگو شکران من چیست
دلم یغمای آن زلفست اگر نه | همه شب ناله و افغان من چیست
هزاران آیت از کان تا به شأن است | بدان باری که اندر شأن من چیست
قصور قاسمی را عفو فرما | چو دانایی که در مکان[137] من چیست

137 MS Mağlis: emkān.

[126]

همه دردست درین واقعه پس درمان چیست   چاره کار من بی‌دل سرگردان چیست
دل و جان ملک حبیب‌ست و بلا مال محب   شرع عشاق چنین است مرا تاوان چیست
گر نه چشم خوش تو باده‌فروش‌ست ای حل[138]   بر درت شب همه مشغله مستان چیست
آسمان نیز به صد دیده تو را می‌طلبد   ور نه اندر کفش این مشعلهٔ تابان چیست
بی‌تو در روضهٔ رضوان اگرم جای دهند   گویم ای دوست چه در دیده‌ام این زندان چیست
هر که کوی تو ندیدست و نداند هرگز   که بر زنده‌دلان جنت جاویدان چیست
دل قاسم به‌طلب تا که یقینت گردد   مشرق صبح ازل مملکت عرفان چیست

138 MS Mağlis: ğān.

[127]

ای دوست حکایت نهان چیست
فی‌الجمله حدیث عاشقان چیست

گر نیست قیامت آشکارا
این فتنه و شور در جهان چیست

گر وقت رحیل نیست برگو
کین بانگ و خروش کاروان چیست

گر نیست سخاوتی ز سلطان
این جمله متاع رایگان چیست

گر باده نمی‌خورند در کوی
پس حاصل امر کن فکان چیست

گر سوز تو نیست در صوامع
این شور و نفیر صوفیان چیست

گر فصل بهار اعتدال‌ست
پس سردی باد این خزان چیست

چون جمله درین مقام جمعیم
این تفرقه و شک و گمان چیست

قاسم زر ناب گشت و صافی
فی‌الجمله حدیث امتحان چیست

[128]

گر جمله تویی تو نیک و بد چیست ور جمله منم پس این عدد چیست
گر جمله یکی‌ست در حقیقت فی‌الجمله حدیث نیک و بد چیست
حاجت به مدد ندارد آن یار پس بانگ و فغان این مدد چیست
چون جمله کن و مکان ازو خاست موقوف به فتوی خرد چیست
گفتی که حدت زنم بدین قول از بهر خدا بگو که حد چیست
گر بحر وجود نیست در جوش این کوشش و جوششِ ز بد چیست
چون جمله قبول حضرت اوست قاسم سخن قبول و رد چیست

[129]

آن‌که دل بر دست و دارد قصد جان پیداست کیست
وان‌که رو بنمود و دل برد از میان پیداست کیست

آن کسی کز ضرب شمشیرش دمادم می‌رسد
عاشقان را صد حیوه جاودان پیداست کیست

آن‌که از روی حقیقت عاسی[139]معشوق اوست
در میان هر دو هم خود ترجمان پیداست کیست

آن‌که مشکل‌های رمز عشق را بر عاشقان
می‌کند روشن به‌صد لطف و بیان پیداست کیست

هر کسی از شکر شکر لبش گوید سخن
در میان شاکران شیرین زبان پیداست کیست

در حقیقت گرچه فرزندان عشقند این همه
ارشد اولاد و فخر دودمان پیداست کیست

گر کسی کژمژ رود یعنی که جام[140]خورده‌ام
غرق خم‌های شراب لامکان پیداست کیست

هر دو عالم پر شد از نام و نشان یار و یار
در دو عالم یار بی‌نام و نشان پیداست کیست

قاسمی در عشق رسوا شد به‌کام دشمنان
آن‌که مِی نوشد به‌کام دوستان پیداست کیست

139 MS Mağlis: ʿāšeq wa
140 MS Mağlis: ğāmī.

[130]

عاشق روی تو را خرقه و زنار یکی‌ست ساکن کوی تو را کعبه و خمار یکی‌ست
هر که دیدار خدا دید مسلم دارد که به‌تحقیق و یقین دیده و دیدار یکی‌ست
همه‌جا از همه رو روی نماید لیکن همه‌جا از همه رو آن بت عیار یکی‌ست
تو به‌هر شش غلطی خواجه که در وحدت یار عشق‌وعاشق می‌وساقی دل‌ودلدار یکی‌ست
مانعی نیست درین ره دل خود را باز آر تا به‌بینی به یقین خانه و بازار یکی‌ست
یارب آن حال چه حالی‌ست که منصور مدام بر سر دار همی گفت که در دار یکی‌ست
قاسم از ظلمت کثرت چو برون رفت تمام گفت قد اقسم به‌الله که انوار یکی‌ست

[131]

دردم ز اشتیاق تو ز اندازه درگذشت … از پا در اوفتادم و آبم ز سر گذشت

در نقطهٔ دهان تو کان سر نازکست … کس را نشد یقین و گمان‌ها ز حد گذشت[141]

هر دل که با هوای تو رفت از جهان برون … جان‌بخش و مشک‌بو چو نسیم سحر گذشت

بر طور شوق روی تو هر دل که بار یافت … موسی صفت ز عرصهٔ طور بشر گذشت

در کوی عاشقی که دو عالم طفیل اوست … آن کس قدم نهاد که از فکر شر گذشت

از لذت حیات جهان بهره‌ور نشد … هر دل که از حقیقت خود بی‌خبر گذشت

یارب چه شکرها که ندارند عاشقان … از لطف یار ما که ز شیر و شکر گذشت

بر خاک آستان تو جان را نثار کرد … قاسم به حضرت تو ازین مختصر گذشت

141 Dieser Vers fehlt in der MS Mağlis, bzw. taucht dort im folgenden Gedicht auf.

[132]

در شرح آن جمال بیان‌ها ز حد گذشت   در حسن یار حسرت جان‌ها ز حد گذشت
نادیده یار را به تصور حکایتی   افتاد در زبان و زبان‌ها ز حد گذشت
از عین حسن دلبری نام و بی‌نشان   یک جلوه کرد نام و نشان‌ها ز حد گذشت
زین بیش بی‌نقاب مرو در میان شهر   ای دوست الحذر که فغان‌ها ز حد گذشت
ای یار جان بر سر بازار عاشقی   شاد آمدی و شادی جان‌ها ز حد گذشت
از فکرِ پر خیالِ تو ناایمن است شهر   در ملک لایزال امان‌ها ز حد گذشت
وقت‌ست تا قرین شود آن یار قاسمی   کز شدت فراق نهان[142] ز حد گذشت

142 MS Mağlis: qerān-hā.

[133]

باز شوری به محلت زد ازین رو[143] بگذشت
سوی ما شور شد امروز کزین سو بگذشت

برگذشت از من بی‌دل جگرم خون شد و یار
قطره‌ام قطره به چشم آمد و از رو بگذشت

دیر شد منتظران را که جمالت بینند
دیر دیرآمد و از کوچهٔ ما زو بگذشت

صوفی ما همهٔ شهر به پهلو گردید
مگرش یار گرانمایه ز پهلو بگذشت

همه در چهرهٔ زیبای تو ظاهر دیدیم
آن چه بر خاطر از اندیشهٔ نیکو بگذشت

ساحران در عجب افتند اگر شرح دهم
آن چه بر جانم از آن نرگس جادو بگذشت

در سحر بوی سر زلف تو آورد صبا
قاسمی بوی تو بشنید و بر آن بو بگذشت

143 MS Mağlis: kū.

[134]

چشم سرمست تو ما را به ستمکاری کشت / دید صد زاری ما را و به‌صد زاری کشت
سرخ شد چهرهٔ زردم ز سرشک گلگون / که مرا یار بدان چهرهٔ گلناری کشت
بارها ناز توام کشت و عجب می‌مانم / زان شکرخندهٔ شیرین که به‌سر یاری کشت
گفتمش یار منی گفت که اغیار نه یار / اندرین شیوه مرا یار به اغیاری کشت
جرم من چیست برِ پیر مغان واگویید / که مرا یار[144] از استیزه به هشیاری کشت
چشم مخمور تو را دیدم و بیمار شدم / که مرا نرگس مست تو به بیماری کشت
زاول عشق دلم داد که قاسم مهراس / آخرالامر مرا یار به دلداری کشت

---

144 MS Mağlis: sāqī.

[135]

با عشق ز تسبیح و مصلا نتوان گفت — جز باده گلرنگ مصفا نتوان گفت
آن‌جا که کند عشق خدا غارت دل‌ها — جز ذکر تقدس و تعالی نتوان گفت
عشق‌ست که آن بحر معلاست سبکبار — با تو سخن از بحر معلا نتوان گفت
ای جان خبرت نیست ز عالی به‌حقیقت — با تو سخن از عالم علا[145] نتوان گفت
گر عشق و سلامت طلبی مایهٔ سود است — با عشق ز سرمایه و سودا نتوان گفت
در بحر وصالش همه در موج فناییم — این‌جا ز مربّی مربّا نتوان گفت
این واعظ ما مرد شریفی‌ست فامّا — با او صفت بادهٔ حمرا نتوان گفت
زان بادهٔ حمراست که بی[146] رنج خمارست — زان بادهٔ حمراست که آن را نتوان گفت
جان و دلِ قاسم همگی غرقِ وصال‌ست — با او سخن صوفی و ملا نتوان گفت

145 MS Mağlis: aʿlā.
146 MS Mağlis: hey.

[136]

اسرار تو با خاطر هشیار توان گفت — این گنج نه گنج‌ست که با مار توان گفت
در غار جهان عاشق یاریم و نزاریم — در غار جهان قصهٔ آن یار توان گفت
پیدایی او[147] پیدایی[148] در وجه خفا نیست — سرّش به نهان‌خانهٔ اغیار[149] توان گفت
چون جعد برانداخت نگارین گره مو[150] — با او سخن خرقه و زنار توان گفت
چون قطره ز دریا شد و واگشت به‌دریا — با او سخن[151] قلزم زخار توان گفت
خواجه به‌چنان[152] مست خراب‌ست که امروز — با او سخن مردم هشیار توان گفت
قاسم همگی دهشت عشق‌ست درین راه — که[153] در صف آن یار ز اغیار[154] توان گفت

147 MS Maǧlis: ū.
148 MS Maǧlis: pendā.
149 MS Maǧlis: asrār.
150 MS Maǧlis: muyī.
151 MS Maǧlis: ṣefat.
152 MS Maǧlis: načenān.
153 MS Maǧlis: gar.
154 MS Maǧlis: dīdār.

[137]

در حسن و جمالی که تو داری چه توان گفت   سروی صنمی لاله‌عذاری چه‌توان گفت
بر صفحهٔ دل ای دل و جان از غم و شادی   نقشی که نگاری چه نگاری چه‌توان گفت
خود را سگ کوی تو شمردیم و تو ما را   گر از سگ آن کو نشماری چه‌توان گفت
در دل همه غم‌ها[155] تو داریم شب و روز   در دل غم ما هیچ نداری چه‌توان گفت
دلداده و سودایی[156] و رندم چه توان گفت   زیبا و دل‌افروز و عیاری چه‌توان گفت
از یاد تو بشکفت دلم چون گل سیراب[157]   در خاصیت باد بهاری چه‌توان گفت
کارت همه آزار دل قاسم مسکین   ای دوست ببین تا به چه‌کاری چه‌توان گفت

155 MS Mağlis: ġam-hā-ye.
156 MS Mağlis: roswāʾī.
157 MS Mağlis: mīrāb.

[138]

ناگهان در تاخت عشقت ملک جان یغما گرفت آتش سودای عشقت در دل شیدا گرفت
در بلا افتاده بود این دل که فکر پست داشت چون به بالا رفت سمتِ کار او بالاگرفت
عقل وصفی کرد از اوصاف عشق چاره‌ساز عشق در بحث آمد و بر عقل دقت‌ها گرفت
پرتوی نور تجلی هر دلی را بهره داد عقل استعفا گزید و عشق استغنا گرفت
آتشی در وادی ایمن افتاد از ناگهان شعله در کوه طور افتاد و در موسی گرفت
الغیاث ای دستگیر دردمندان الغیاث عشق شوریده‌ست و عالم سربه‌سر غوغا گرفت
قاسمی را عاقبت نیک اوفتاد از فضل دوست عاقبت بر خاک کویَ ت مسکن‌وماوا گرفت

[139]

ذکر جمیل یار جهان را فروگرفت عالم‌گرفت لیک به‌وجه نکو گرفت
جان نکته شنید از آن حسن بر کمال سوزی ز دل برآمد و شوری دروگرفت
فارغ شد از سلامت و راه فنا گزید هر دل که با سلامت عشق تو خو گرفت
روشن از لوامع اشراق آن جمال آن پرتوی که نیّر خورشید ازو گرفت
می‌خواند گل ز وصف جمال تو آیتی عشقت چه نکته‌ها که برو روبه‌رو گرفت
اوصاف یار عشق نخست از خرد شنید اول ازو شنید و به آخر بروگرفت
اندر میان این همه رندان باده‌نوش جم بود جان آدم و جام جم او گرفت
دانی میان عارف و زاهد چه فرق بود این راه اعتدال‌گزید و آن غلو گرفت
قاسم میان خاک دُرِ شاهوار یافت چون بازیافت باز ره جست‌وجو گرفت

[140]

هرگز هوای وصل تو از جان ما نرفت　　سودای سلطنت ز سر این گدا نرفت
یک شب نشد که از غم عشقت[158] ز چشم و دل　　سیلاب‌ها نیامد فریادها نرفت
قلبی که نقد دولت درد تو را نجست　　مس پاره‌ایست گر طلب کیمیا نرفت
گفتی سگ من‌ست فلان محترم شدم　　هرگز چنین مبالغه در مدح ما نرفت
عاشق نشد دلی که نیامد اسیر غم　　صادق نه بود هرکه تیغ بلا نرفت
روزی دل شکسته نیامد به کوی تو　　با تحفه ای ز درد که با صد دوا نرفت
ارزان خرید درد تو قاسم به جان و دل　　با مشتری مبالغه در بها نرفت

158 MS Mağlis: ʿešqaš.

[141]

جان به‌هوای وصل یار از کعبه به بت‌خانه رفت
دل به‌یاد چشم او در کنج هر می‌خانه رفت

زاهدا در دور چشم مست یار از باده گو
دورِ ساقی باد باقی نوبت افسانه رفت

کشت درویشان بیدل را و دین شکرانه خواست
گر بدین رافضی[159] شد از ما یار درویشانه رفت

سرخ شد گل در چمن چون خون بلبل را بریخت
تا چرا در خون آن شوریدهٔ دیوانه رفت

از زبان شمع روشن می‌شود بر عاشقان
حالتی کز سور شب‌ها بر سر پروانه رفت

چشم مستش عاشقان را در سماع آورد دوش
راستی را در سماع عاشقان مستانه رفت

بعد توبه رفت قاسم کاسهٔ دردی به‌دست
بر سر پیمان نیامد در سر پیمانه رفت

159 MS Mağlis: rāżī.

[142]

دیدمش دوش که سرمست و خرامان می‌رفت — جام بر کف طرف مجلس مستان می‌رفت
باده در دست و غزل‌خوان و عجب عربده‌جو — از نهان‌خانهٔ واجب سوی امکان می‌رفت
سخن از روی دل‌افروز به مردم می‌گفت — قصه‌ای از شکن زلف پریشان می‌رفت
کس نداند صفت لطف و خرامیدن تو — آب حیوان که سرِ چشمهٔ انسان می‌رفت
آن‌چنان پادشهی نزد گدایان درش — من چه‌گویم به چه تمکین و چه سامان می‌رفت
چون من آن شیوهٔ رفتار و ملاحت دیدم — اشک خونین ز دل از دیده به‌دامان می‌رفت
قاسم از پای درافتاد چو دید آن شه را — کز سراپردهٔ کان جانب اعیان می‌رفت

[143]

عدیل نیست تو را در جهان حسن و ملاحت عجب لطیف و صبیحی به‌خیر باد صباحت
دلم به‌سوخت ز حیرت تنم گداخت ز غیرت قضا به مرگ رقیبان چو کج نهاد کلاهت
گرَم به تخت نشانی ورم ز پیش برانی مطیع رأی تو باشم به هر چه هست صلاحت
ز فیض خوی تو گلشن جهان صورت و معنی ز نور روی تو روشن جمال صبح سعادت
تسلی ز تو دل را هزار عزت و تمکین تجلی ز تو جان را هزار شهد و شهادت
فغان و نالهٔ جان‌ها گذشت از سر گردون به وصل کوی که ای جان رسید وقت عنایت
تو پادشاه جهانی سبیل عشق تو دانی طریق قاسم مسکین شکستگی و ملامت

[144]

به حق صحبت دیرین مرا مران به خجالت | به آستین ملالت ز آستین[160] کمالت
دلم به غیر جناب تو هیچ جای ندارد | به حق شام فراقت به حق صبح وصالت
به‌خود نیامدم ای جان به‌قرب حضرت جانان | مرا به حسن و دلال تو عشق کرده دلالت
سخن قبول کن از ما بیا به حضرت اعلا | مپر به‌بال خود این‌جا که بال تست وبالت
به‌نیمه‌شب که جهان مستِ خواب خوش[161] بود ای جان | من و نزاری و زاری ندیم خیل خیالت
اگر نه عون تو باشد چگونه راه برد دل | به آسمان هدایت ز آستان ضلالت
به روز حشر که عرض گناه خسته‌دلانست | گناه قاسم مسکین به لطف تُست حوالت

160 MS Mağlis: āstān.
161 Im MS Mağlis fehlt ẖwāb.

[145]

ای پرتوی جمال الهی چه گویمت — وی فیض فضل نامتنهاهی چه گویمت
خواهم ز لطف وجود تو شکر کنم ادا — این هم ز جود تست الهی چه گویمت
گر کاینات خصم شوند از کسی چه باک — ای جان و دل تو پشت‌وپناهی چه گویمت
وصف تو بر صحیفهٔ دل‌ها نوشته‌اند — بالاتر از سفید و سیاهی چه گویمت
حیران شدست جان و دل عاشقان تو را — نشناخته کسی به‌گاهی چه گویمت
گاهی به غمزه‌ای صد کاروان زنی — گه مرشد طریقت و راهی چه گویمت
جان خواستی ز قاسم بیچاره ای صنم — جان‌ها گدای تست تو شاهی چه گویمت

[146]

ای رهنمای ملک معانی چه‌گویمت / در دین حق مساعد جانی چه‌گویمت
هر زنده‌دل که نام تو بشنید زنده شد / سلطان شهر زنده‌دلانی چه‌گویمت
من وصف گفتنت نتوانم به هیچ حال / چون پادشاه ملک بیانی چه‌گویمت
تو میر ره‌روانی و صد جان طفیل تُست / باز سفید صدر جنانی چه‌گویمت
سلطان هر دو کونی و عالم گدای تست / در ملک فقر شاه‌نشانی چه گویمت
خواهم به‌جان که وصفِ تو گویم به‌صد زبان / چون بینمت که برتر از آنی چه‌گویمت
ای شهریار ملک ولایتَ تو را سلام / برتر ز فکر و عقل و بیانی چه‌گویمت
تو ژنده‌پیل احمدی[162] و پادشاه جام / ای جان و دل چو جان و جهانی چه‌گویمت
قاسم گدای تو شد جان و دل به‌داد / ای شاه جان چو امن و امانی چه‌گویمت

162 MS Mağlis: ḥażratī.

[147]

ای دل چو پیش آید غمی آن را فرج دان بی‌حرج برخوان به‌پیش صابران کالصبر مفتاح‌الفرج
گر عاشقی آواره شو گر صادقی بیچاره شو گر صابری غم‌خواره شو کالصبر مفتاح‌الفرج
در راه باش و راه رو در گاه و در بی‌گاه رو در عصمت آن شاه رو کالصبر مفتاح‌الفرج
با غم بسازی هان و هان تا زنده مانی جاودان در گوشِ جانِ خود بخوان کالصبر مفتاح‌الفرج
ما جان به‌جانان داده‌ایم از هر دو عالم ساده‌ایم از بهر این استاده‌ایم کالصبر مفتاح‌الفرج
گر پیش آید زحمتی بر جان خود نه منتی از حق شناس این رحمتی کالصبر مفتاح‌الفرج
قاسم اگر جان یافتی از بوی جانان یافتی در صبر پنهان یافتی کالصبر مفتاح‌الفرج

[148]

من و معشوق و جام ناب و صباح بگشا بر من این در ای مفتاح
تو در بسته از کرم بگشا چو در بسته را تویی مفتاح
پیش مستان گرفت نیست که ما مست عشقیم در صباح و رواح
ما و کشتی و راه دریابار لیس فی‌البحر غیرنا تمساح
خطری نیست از چه می‌ترسید خطری نیست لاح فی‌الملاح
قدحی دیگرم تصدق کن کلما زدت زدت فی‌الافراح
یار مست‌ست و باده می‌نوشد در چنین دم صلاح نیست صلاح
در چنین حالتی به‌فتوی عشق عیش جان‌ها مباح گشت مباح
مستی ما زحد گذشت که دوست باده در دست می‌کند الحاح
بهر دام دلی[163] شکسته‌دلان ساختند از ملاح صد ملاح[164]
جان هرکس سجنجلی است اما جان قاسم *سجنجل الارواح*

163 MS Mağlis: del.
164 MS Mağlis: malwāḥ.

[149]

به‌سودای تو خوش‌حالیم و دلشاد | به‌دردت آرزومندیم و معتاد
چو عالم را بقایی نیست خوش باش | بیا می خور که بر بادست بنیاد
مدامم وقت خوش دارد به جامی | که ساقی را مدامش وقت خوش باد
ندارد لذت[165]از زندگانی | دلی کز فکر عالم نیست آزاد
به حسن ارشاد می‌فرمایدم عشق | ازین بهتر چه باشد حسن ارشاد
ز دست خوب‌رویان داد خواهم | الهی داد ازین مسکین‌دلان داد
اگر افتاد قاسم در ره عشق | ملامت تا به کی آخر چه[166]افتاد

165 MS Mağlis: lezzatī.
166 MS Mağlis: bad.

[150]

ساقی مرا ز بادهٔ ناب مغانه داد دردی درد داد ولی در میانه داد
زاهد صباح کج‌کج و خرم همی‌رود ساقی مگر که رطل گران شبانه داد
در کوی عشق یار که آن‌جای جای نیست مرغ دلی مرا به کرم آشیانه داد
جان را خبر نبود ز نام و نشان عشق این عشق دل‌افروز تو جان را نشانه داد
بس خوش‌دلند اهل زمین و زمان مدام زان باده که عشق تو اندر زمانه داد
پی‌کار و کارخانه بد این دل میان دهر سلطان عشق از کرم این کارخانه داد
قاسم ز درد دوست از آن مست و شاد شد کین موهبت به‌زمره کروبیان نه‌داد

[151]

بسیار سعی کردم و بسیار اجتهاد / عشقست هرچه هست دگر هرچه هست باد
یک ذره بوی عشق به هرسو که باد برد / مومن ز دین برآمد و صوفی ز اعتقاد
چندین هزار نور نبوت که آمدند / کمتر درآمدند ز خلقان درین رشاد
یک لمعه نور عشق اگر جلوه‌گر شدی / ذراتِ کُون اشهد گفتی به‌صد وداد
ای جان‌ودل به‌جان نظری کن ز روی لطف / بی‌تو نه خواب دارم و نی صبر و نی سداد
ای عشق دل‌افروز که جان را حمایتی / از جور تست این همه فریادِ داد داد
قاسم طریق عشق چنین است جاودان / از دلبران جفا و زِ دلداده انقیاد

[152]

دریغ باشد ازین چارسوی کون و فساد / برون رویم و نبرده قماش[167] خود به‌مراد
تو شاهد دو جهانی اگر شوی واقف / به[168]حسن خویش مگر هم به حسن استعداد
وقوف نیست کسی را ز نقد جوهر جان / مگر که عرضه[169]کند نقد خویش بر نقاد
درین دیار چه آموختی ز دانش دل / درین مدار چه اندوختی برای رشاد
بیا و ترک هوش کن به عاشقان پیوند / اگرچه راه مخوف‌ست هرچه باداباد
مرید باش گر این‌جا رسید هرکه رسید / ز آستان ارادت بر آسمان مراد
همیشه حال دل قاسمی چنین بودست / به درد او منعم[170] به عشق او دلشاد

167 MS Mağlis: matāʿ.
168 MS Mağlis: ze.
169 MS Mağlis: arż.
170 MS Mağlis: motanaʿam.

[153]

ای دل و جان گرامی به تمنای تو شاد
هرگز این جان من از درد تو نومید[171] مباد

عقل و دین بردی و دل بردی و جان می‌طلبی
شرط تجرید همین است زهی حسن رشاد

حالیا نقد به‌دیدار تو وجدی داریم
بعد ازین تا چه شود کار زمان را بنیاد

ملک جاوید به‌دیدار تو دیدیم امروز
در گذشتیم ازین چارسوی کون و فساد

روز و شب در طلب جامه و نان مضطرب‌ست
خواجه را فکر معاش‌ست نه تدبیر معاد

حاتمش تا به ابد ثابت و جاوید شود
هر که از دولت درد تو نباشد دلشاد

قاسمی کشف یقین‌ست درین راه دلیل
نه حکایات عوارف نه حدیث مرصاد

171 MS Mağlis: maḥrūm.

[154]

بندهٔ پیرمغانیم که جاویدان باد | جاودان باد سرش سبز و لبش خندان باد
غرض از پیرمغان مرشد راه‌ست ای دل | تا ابد دیرمغان سجده‌گه مستان باد
ساقیا باده بیاور که شراب تو مدام | همچو الطاف تو بی‌غایت و بی‌پایان باد
هر دلی را که به عشاق نیازی باشد | تا ابد راه‌برش مشعلهٔ عرفان باد
این همه مستی جان از اثر صحبت اوست | جان او قدس و دلش جنت جاویدان باد
سر بپیچید ز عشاق که بی‌سامانند | دایماً واعظ ما بی‌سر و بی‌سامان باد
قاسم از لذت دیدار تو جان نو یافت | جان من جان و دلم جان تو را قربان باد

[155]

سفر گزیدم ازین آستان کون و فساد	بر آسمان معانی سفر مبارک باد
مبارکی چه بود یار آن‌که[172] پیش آید	به شیوه‌های ملاحت برای حسن رشاد
رشاد چیستِ حذر کردن از موانع وصل	وصال چیست رسیدن بر آستان مراد
به جست‌وجوی تو بودیم در جهان فنا	به آرزوی تو رفتیم هرچه باداباد
مده به دست هواها عنان نفس نفس	که تا شود ز تو راضی دل صلاح و سداد
اگر به کشف حقایق رسی هُنا لک	که بر زمین حقیقت نهاده‌ای بنیاد
یقین که جان و دل قاسمی کتاب خداست	زهی صحایف روشن زهی بیاض و سواد

172 MS Mağlis: ān keh yār.

[156]

حدم آن کس زند که بادم داد — بادهٔ جان دلگشادم داد
بهر دفع خمار و رنجوری — جام در مبدا و معادم داد
گفتمش تا هم ننوشم می — حیله کردم و لیک بادم داد
مستی و عاشقی و مستوری — جودت عشق در نهادم داد
چون مرا زاهد و مسلمان دید — سجدهٔ سهو را به یادم داد
جمله را داد هرچه لایق بود — سلطنت را نبوغ آدم داد
هرچه دادند جان قاسم را — دولت عشق مستردادم داد

[157]

ساقی‌ام باده داد و بادم داد / باده این‌بار مستردادم داد
چون من از باده سرگران گشتم / جرحی کرد و در مزادم داد
عاقبت هم خودم به‌خود بخرید / نامرادی بدم مرادم داد
آتشی در میان جانم زد / شور در عرصهٔ فوادم داد
چون سرم گرم شد ز بادهٔ شوق / سر تسلیم و انقیادم داد
نکته‌هایی که در ازل می‌رفت / تا ابد یک‌به‌یک به‌یادم داد
قاسمی حضرت خدای کریم / سرِّ توحید را به آدم داد

[158]

نگین سلیمان به دیوان که داد | سریر سلاطین به دربان که داد
صفات کمال خداوند را | به دست مرنج و مرنجان که داد
گرت رنگ‌وبویی از آن یار هست | بگو رنگ لعل بدخشان که داد
همی ترسم این جام را بشکنند | که جام سلیمان به دیوان که داد
اگر شیر راهی حقیقت بدان | که این زور شیر و پلنگان که داد
حقیقت‌گر از بحر ماهی بگو | که درها به دریای عمان که داد
بگو بوی وصلی که جان پرورد | پس از فرقت پیر کنعان که داد
اگر داد حق دیده‌ای بازگو | فلک را همه دُر و مرجان که داد
همه حسن و لطفی که در آدمی است | بگو راست قاسم به انسان که داد

[159]

ما همه شیداییان بودیم و مستانِ وداد — زاد فی‌الطنبور نغمه حسن او چون جلوه داد
گفت دلبر عاشقان را[173]گو چه‌خواهی من به‌رد — گفتم ای جان جهان آخر چه گویم من به‌راد
باد بوی زلف مشکین تو می‌آرد به من — شاد شد جانم ز بوی باد جانش شادباد
گر مرادی بایدت در نامرادی زن قدم — یافتند از نامرادی عاشقان گنج مراد
گفتمش اندر نهادم هیچکس غیر تو نیست — گفت نوشت باد نوش ای عاشق نیکو نهاد
از دو بیرون نیست ره گر مرد این راهی بدان — یا طریق جذبه باید یا سبیل اجتهاد
قاسمی نام تو را جان و جهان گفت ای عزیز — سر او چون بر سبیل علم‌الاسما افتاد

173 MS Mağlis: ʿāšeqā bar gū čeh ẖwāhī.

[160]

هزار شکر که سلطان عشق جان را داد　　هزار مجد و معالی هزار حسن رشاد
به پیش وصل تو از هجر داد خود کردم　　هزار شکر که سلطان وصل دادم داد
هوای وصل تو جان بخش و دلنواز آمد　　که باشد آن‌که نباشد به مهر رویت شاد
هزارسال من این ره به سر بپیمودم　　گهی[174] رسید سراسر بر آستان مراد
به حسن و لطف و امانی دهر غره مشو　　که خانه‌ایست منقش و لیک بی‌بنیاد
مورز وصف توانی و کاوکاوی کن　　که گنج‌هاست درین عرصهٔ خراب‌آباد
به‌داد قاسم بیچاره جان شیرین را　　به آرزوی وصال تو هرچه باداباد

174 MS Mağlis: keh tā.

[161]

جام در صراحی سر ننهاد گریه می‌کرد از بهر رشاد
وین صراحی داد زو بهر شراب باطن غم داد این می‌خواره داد
باده‌ها خوردند و خوش‌مستان شدند هر دو از می شاد و می از هر دو شاد
یاد[175]وصلت نکهت جنات عدن بیم هجران قصهٔ بئس المهاد
بی‌ملامت عاشقی معبود نیست یاد دار این نکته را از عشق یاد
غیر من گفتی که نبود معتمد غیرنا موجود و آن‌گه اعتماد
چون[176]خریدم زین عشق لم‌یزل صدهزاران جان و دل کردم مزاد
فیض خم را در صراحی بازبین وز صراحی باز در جام جواد
قاسمی سرگشتهٔ سودای تست یا مآبی یا ملاذی یا معاد

175 MS Mağlis: yād. Aufgrund der starken Zerstörung dieser Ghasele wurde sie hauptsächlich auf Grundlage des MS Mağlis ediert.

176 MS Mağlis: tā.

[162]

گر دلم عید تو را لایق قربان باشد　　اثر بخت نکو غایت قرب آن باشد
می که از دست تو آید همه نوشانوش‌ست　　کمترین جرعهٔ من لجهٔ عمان باشد
گفت مستی که خراب‌ست به مهمان آرند　　گفتم ای جان جهان دولت مستان باشد
نفسی محنت مستان چو به‌بیند ناچار　　زود نگریزد اگر رستم دستان باشد
چو به‌بینی سبعی را که عظیم است و دلیر　　روبه ماست گر از بیشهٔ شیران باشد
نشناسد دل ما گنج وصال تو کجاست　　هر کجا هست ولی طالب و جویان باشد
هر گدایی که دمی جرعهٔ جام تو خورد　　بر سلاطین جهان خسروِ خاقان باشد
چاکر تُست اگر عمر و اگر عثمان‌ست　　بندهٔ تُست اگر بوذر و سلمان باشد
قاسمی لطف تو را دید دل از دست به‌داد　　بعد از این مسکن او کوی کریمان باشد

[163]

تا دل آشفتهٔ آن زلف پریشان باشد
دل شوریدهٔ من واله و حیران باشد

روی جان را بتوان دیدن و خرم گشتن
گر دلت آیینهٔ نیّر عرفان باشد

سرّ توحید توان گفت به هشیاران، نی
بتوان گفت اگر مجلس مستان باشد

هر که دورست ز معنی به‌حقیقت دیوست
گر به‌صورت مثلا یوسف کنعان باشد

ما به سودای تو خواری جهانی بکشیم
حاجیان را چه غم از خار مغیلان باشد

هر که از کوی تو بگریزد و جنت طلبد
غبن فاحش بود از غبن پشیمان باشد

بر دل خستهٔ قاسم ز کرم رحمت کن
کین متاع‌ست که در ملک تو ارزان باشد

[164]

عاشقی را که دل از عشق پریشان باشد   بس عجب نبود اگر بی‌سروسامان باشد
یارب این بحر غم عشق عجایب بحری‌ست   موج این بحر همه لولو و مرجان باشد
چون درآیم همگی شورش و مستی گردم   در مقامی که همه شورش مستان باشد
در قیامت که سر از خاک لحد بردارم   به جمال تو دلم واله و حیران باشد
به وصالت نرسد صخرهٔ صما هرگز   اگرش خاصیت لعل بدخشان باشد
آدمی زاده که او منطق مرغان گوید   نشود مرغ ولی دشمن مرغان باشد
هرکجا نور جمال تو نه‌مسند[177] قاسم   سر فرو نارد اگر روضهٔ رضوان باشد

177 MS Mağlis: nah-bīnad.

[165]

نه[178] خطاست که در ابروی تو چین باشد
تو نازنینی و ناز تو نازنین باشد
قیامت‌ست بر آن رو نقاب زلف اما
نقاب چون بگشایی قیامت این باشد
بنفشه گر به لطافت شه ریاحین است
به پیش سنبل زلف تو خوشه‌چین باشد
دوای درد مرا مصلحت نمی‌بینی
مگر که مصلحت کار من درین باشد
ز شوق روی تو صوفی روان برافشاند
به‌جای دست گر تن جان در آستین باشد
مقیم گوشهٔ خلوت کجا توانم بود
مرا که چشم تو از گوشه در کمین باشد
به هرچه کرد نظر قاسمی جمال تو دید
چنین بود نظری کز سر یقین باشد

178 MS Mağlis: nah az.

[166]

مرا گر اندرون پُر نار باشد	ز عشق آن بت عیار باشد
دلم در عشق نگریزد قیامت	در آن وقتی که دارادار باشد
زبون گردد ازین عشق جگرسوز	اگر خود حیدر کرّار باشد
چو زلف و روی او بینند مستان	همه شب تا سحر زنهار باشد
مرا گر عقل اگر جان‌ست اگر دل	فدای آن بت عیار باشد
نباشد دل زمانی از تو خالی	اگر در خرقه و زنار باشد
از آن شربت که قاسم کرد ترکیب	مگر در کلبهٔ عطار باشد

[167]

ارنی و لن ترانی ناز و نیاز باشد نزدیک مرد عارف این هر دو ناز باشد
گر ره‌روی بدانی ای معدن امانی بیرون از این دو منزل دریای راز باشد
در ذره‌ها به‌بینی انوار حسن جانان گر دیدهٔ بصیرت فی‌الجمله باز باشد
گر حکمت شریعت در جان بود ودیعت در عالم حقیقت با برگ و ساز باشد
سرمایهٔ حقیقت عشق است در طریقت بی‌عشق هر چه بینی امر مجاز باشد
روزی اگر ببینم دیدار دلنوازش آن روز را چه‌گویم عمر دراز باشد
قاسم نیازمندی دارد بر آستانت سرمایهٔ فقیران سوزوگداز باشد

[168]

به پیش درد من درمان چه باشد	ز سر بگذر سر و سامان چه باشد
چو پیمان را شکستیم باز ساقی	مرا پیمانه ده پیمان چه باشد
گدا آیینهٔ احسان شاه‌ست	ز من تاوان مجو تاوان چه باشد
اگر نبود گدا هرگز که داند	که محسن کیست یا احسان چه باشد
چو واجب را ظهور[179] هست مظهر	به غیر از عرصهٔ امکان چه باشد
به مصر جان چو یوسف روی بنمود	ازین پس کلبهٔ احزان چه باشد
چنان بگریست از درد تو قاسم	که پیش اشک او طوفان چه باشد

179 MS Mağlis: ẓuhūrī.

[169]

هر که را دل و جان عشق و تولا باشد
دل و جان مظهر انوار تجلا باشد

هر که او غرقهٔ اسرار معانی گردد
لاجرم بیت دلش مسجداقصی باشد

هر که او مست ز جامات وصال تو شود
فارغ از جام جم و بادهٔ حمرا باشد

هر که مستوری و مستی طلبد در ره عشق
این حکایت مگر از علت سودا باشد

هر که او روی تو را دید و مستان تو شد
تا ابد شیفته و واله و شیدا باشد

هر که در راه خدا هادی مطلق گردد
مرهم جان و دلش مهدی مهدا باشد

اینچنین مرد که گفتم به‌گه روز مصاف
لشکری را بزند گر تن تنها باشد

هر نسیمی که ز کوی تو وزد در عالم
نکهتش بوی گل و عنبرِ سارا باشد

بر سر کوی تو ما عقل و روان گم کردیم
این هم از خاصیت جودت صهبا باشد

قاسمی فرصت امروز غنیمت می‌دان
نقد امروز به از نسیهٔ فردا باشد

[170]

گر همه میل دلت جانب سلما باشد خاطر آشفتهٔ آن زلف چلیپا باشد
روز محشر که بیارد همه‌کس دست‌آویز جان ما را هوس عشق و تمنا باشد
یار میِ‌خوردن ما نیست کسی در عالم کمترین جرعهٔ ما لجه دریا باشد
یار را جستم و وایافتمش ناگاهی با کمالی که همه صورت و معنی باشد
روز محشر که سر از خواب گران بردارم خاطرم را هوس نور تجلا باشد
عاشق روی تو گر خسرو اگر شیرین‌ست بندهٔ روی تو گر وامق و عذرا باشد
قاسمی قصهٔ عشاق ندارد پایان کمترین شیوهٔ او رمز و معما باشد

[171]

طور سینا چه بود سینهٔ دانا باشد
دل عاشق چه بود لجهٔ دریا باشد
لذت جان طلبی خاطر فارغ به‌کف آر
دل عاشق ز جهان فارغ و یکتا باشد
من ندانم که چه‌حالیست که هرجا که منم
خاطرم شیفتهٔ آن قد و بالا باشد
روز محشر که سر از خاک لحد بردارم
جان من شیفتهٔ عشق و تولا باشد
بوی عشق تو مرا زندهٔ جاویدان کرد
این هم از خاصیت معجز عیسی باشد
دل به دلدار ده و جان گرامی درباز
تا تو را قاعدهٔ عشق مهیا باشد
قاسم از عشق مگو قصه به بیگانه‌دلان
سخن عشق همه رمز و معما باشد

[172]

تا به کی این دل من واله و شیدا باشد تا به کی در هوس قصر معلا باشد
دل و جان رفت ز دستم حکیم درمان چیست مدد جان و دل از عز تعالی باشد
آن زمانی که نقاب از رخ خود بگشایی در دل و دیدهٔ ما ذوق تماشا باشد
هر که گیسوی تو را دید دل از دست به‌داد در سویدای دلش مایهٔ سودا باشد
دایم از حضرت عزت طلبید این دل من جام صهبا کشد و جانب صحرا باشد
تو به می خواری ما از سر غفلت منگر دایما جرعهٔ ما لجهٔ دریا باشد
باده نوشیدم و بدمستی بی‌حد کردم هر کجا باده بنوشند ازین‌ها باشد
جام او زنده کند جان مرا جاویدان این هم از نشاء آن جام مسیحا باشد
از شرابات خدا زندهٔ جاوید شوی باده گر دُردی اگر صافی و اصفا باشد
به‌رسی خود به‌مقصود و مراد دل و جان گر تو را از طرف عشق تقاضا باشد
زود باشد که به ایوان معالی به‌رسی همتت گر طرف جانب بالا باشد
نیک واماندهٔ راهی که به وقت مردن دل و جان را غم تسبیح و مصلا باشد
لا چه باشد چو نهنگ‌ست درین بحر محیط بعد از این خاطر ما جانب الا باشد
گر شبی دور اُفتم از تو چه‌گویم زان شب همه‌شب تا به‌سحر بانگ و علا لا باشد
هر دلی رو به رهی دارد و میلی به کسی قاسمی خاک ره مهدی مهدا باشد

[173]

هر که او را هوس منصب اعلا باشد قبلهٔ جان و دلش زلف چلیپا باشد
عاشقی را که به‌همت زد و عالم بگذشت میل جانش همه با مقصد اقصی باشد
عاشقم ناله و زاری مرا منع مکن هر کجا عشق بود شورش و غوغا باشد
گر مرا جانب جنات نباشد میلی آن هم از خاصیت جودت صهبا باشد
گر مرا در چمن جنت فردوس برند خاطرم مایل آن ماه دلارا باشد
دل من بحر محیطست عجب نبود ازو اگرش موج ثری تا به ثریا باشد
دل که آشفتهٔ آن زلف پریشان نشود دل نباشد مگر آن صخرهٔ صما باشد
رو به محبوب ازل از همه رو آوردن پیش مستان خدا حسن تولا باشد
قاسمی دولت جاوید چه باشد دانی هر که را باده ازین جام مهیا باشد

[174]

در قیامت همه کس طالب و جویا باشد — دل ما طالب آن قدس معلا باشد
عشق کان جان و دل و دین ز تو باز استاند — عشق نبود مگر آن طاهر کبرا باشد
در جهان گشتم و آفاق سراسر دیدم — ذات انسان‌ست که هم اسم و مسما باشد
هر که را جان و دلی هست به جانان نزدیک — راحت جان و دلش بادهٔ حمرا باشد
من که بر خاک سر کوی تو شوقی دارم — سر کوی تو مرا جنت ماوا باشد
دل و دین برد ز من جان طلبد چون سازم — هر کجا عشق بود جمله از این‌ها باشد
چند گویی تو ازین عقلک بی‌عقل مدام — مَثَل عشق و خرد پشه و عنقا باشد
من ندانم که چه حالی‌ست که پیوسته به‌جان — دلم آشفتهٔ آن قامت بالا باشد
در صبوحی که برآرند سر از خاک همه — قاسمی بندهٔ آن خسرو جان‌ها باشد

[175]

مست و مستور ندیدیم وگر هم باشد
این‌چنین نادره در ملک جهان کم باشد

پیش ما قصه به‌تزویر و به‌قرایی نیست
مرد عاشق برِ ما اعلم و احکم باشد

رمز اسرار خدا را نتوان گفت به‌کس
مگر آن یار که او محرم محرم باشد

این‌چنین باده که گفتیم به‌کس می‌ترسد
مگر آن یار گرامی که مکرم باشد

مظهر جملهٔ ذرات شود در دو جهان
مظهر مرتبهٔ طینت آدم باشد

راه حق می‌طلبی جان و دل و دین درباز
راه نیکوست اگر عشق مقدم باشد

دمی از دوست دمیدند و نفحا گفتند
همدم راز خدا شد که بدین دم باشد

بگذر از جان و دل اندر ره توحید و فنا
تا تو را قاعدهٔ عشق مسلم باشد

جام عشق‌ست مصفا ز کدورت قاسم
این‌چنین جام مگر لایق آن جم باشد

[176]

مظهر ذات و صفت آدم و عالم باشد   جام جم را که شنیدی دل آدم باشد
در ره عشق فنا باش و سلیم و تسلیم   بعد از آن دعوی عشق از تو مسلم باشد
دل که با عشق و محبت نبود محروم است   دل نباشد به یقین خانهٔ ماتم باشد
عاشقی را که بود در صفت معشوقی   جان او را ز خدا جام دمادم باشد
صفتِ بختِ بلند است و نشان دولت   دل که در آتش سودای تو خرم باشد
اندرین راه مریدان طلب درد کنند   شیخ را داعیهٔ آنکِ معمم باشد
مفتی و صوفی اگر چند سلیمند اما   صوفی صاف یقین‌ست که اسلم باشد
در ره عشق فنا شو ز فنا فانی شو   بعد از این قاعدهٔ عشق تو محکم باشد
قاسم از ساقی جان جام لبالب مستان   هر که را جام عظیم‌ست معظم باشد

[177]

گر تو را میل دلی سوی دل و جان باشد   جان فدای تو کنم قصهٔ آسان باشد
دل به شادی بدهم جان و جهان دربازم   گر دلم عید تو را لایق قربان باشد
هر که جان را به هوای تو نبازد باری   زین سبب عاقبه‌الامر پشیمان باشد
گر تو گویی ز سر جان گرامی بگذر   چاره‌ای نیست که جان بندهٔ فرمان باشد
هیچ آرام نیارم نفسی دم نزنم   تا دلم در غم تو واله و حیران باشد
راحت جان خود از عشق طلب‌کن به‌یقین   هرکجا دوست بود راحت و ریحان باشد
قاسم از کوی تو بشنید[180] که صد جان نخری   کین متاعی‌ست که در دور تو ارزان باشد

180 MS Mağlis: Qāsem az tō bešenīdast.

[178]

کسی که روی تو بیند چگونه شاد نباشد مرید عشق تو ای دوست نامراد نباشد
مرا که قبلهٔ روی تست اول و آخر یقین که خوش‌تر ازین مبدا و معاد نباشد
سواد چشم مرا کرده‌ای قبول به شرطی که جز خیال تو نوری درین سواد نباشد
نه من توام نه تو من هر چه هست جمله تویی که میل جان موحد به‌اتحاد نباشد
سماع مجلس رندان خوش‌ست زاهد خودبین به‌رقص آید ازین حال اگر جماد نباشد
یقین که عاشق صادق سخن ز عقل نگوید وگر به سهو بگوید به اعتقاد نباشد
به دردهای تو قاسم نهاد دل چه کند چون گدای کوی تو را غیر ازین نهاد نباشد

[179]

چو عکس مشرق صبح ازل هویدا شد جمال دوست ز ذرات کون پیدا شد
همیشه خم شراب ازل مصفا بود ولی به جام دل ما رسید اصفا شد
درِ خزانهٔ رحمت به عقل[181] حکمت بود زمان دولت ما در رسید و در وا شد
به جز در آینهٔ جان ما نکرد ظهور جمال عشق که هم اسم و هم مسما شد
جهان ز نور روی حبیب روشن گشت به جان دوست که آن روشنی هم از ما شد
حدیث دوست به بازار کاینات رسید قیامتی که نهان بود آشکارا شد
هزار جان مقدس فدای شاه عرب که عیش قاسمی از عشق او مهیا شد

181 MS Mağlis: beh qofl.

[180]

رنگ‌رز و رنگ‌رزی دیر شد — رنگ‌رز از رنگ‌رزی سیر شد
نقش خمش چون که صفایی نداشت — رنگرزک خاسر و ادبیر شد
رنگ خمش می نشود هیچ راست — دیر همی جنبد و این دیر شد
همچو که دُردی به ته خم نشست — وز غم این رنگرزی پیر شد
رنگ خُمش چاشنی چون نداشت — گربهٔ ما بر سر او شیر شد
اوّلِ اوّل دم[182] اقریر زد — وز پی اقریر به انگیر[183] شد
قاسمی از شَوق چو فریاد کرد — خاطر صوفی زبر و زیر شد

182 MS Mağlis: qadam.
183 Statt angūr; dem Reim geschuldet.

[181]

باز دست عشق عقلم را گریبان می‌کشد
باز جان سوی حریم عزّ سلطان می‌کشد
باز در خم‌خانهٔ وحدت ز جام معرفت
روح پاکم جرعه‌ها چون بحر عمان می‌کشد
باز جوهرهای انسان را[184] ز گنج کنت کنز
لطف محبوب ازل در رشتهٔ جان می‌کشد
با وجود ملک معنی هر زمان خط عدم
کلک همت بر سواد ملک خاقان می‌کشد
باز بر دیوان بی‌باکی ز ذل و جرم من
دست لطف لایزالی کلک غفران می‌کشد
باز از صف تعال ناس فضل لایزال
جان ما را بر سریر صدر انسان می‌کشد
در سرای وصل جانان قاسمی را بار داد
زانکه دیرست او که بر دل بار هجران می‌کشد

184 MS Mağlis: ʿerfān-hā.

[182]

دل بیچارهٔ من زحمت هجران نکشد ‌ ‌ بار هجران تو را هر دل و هر جان نکشد
تشنهٔ بحر وصال تو چنان‌ست ‌ ‌ کآب صافی ز لب چشمهٔ حیوان نکشد
بادهٔ در جام دلم ریخت به‌حدی که مپرس ‌ ‌ جرعهٔ جام تو را قلزم و عمان نکشد
بس ضعیفم اگر از هجر بنالم چه عجب ‌ ‌ بار هجران تو را رستم دستان نکشد
ناصحا منکر عشقی و یقین می‌دانم ‌ ‌ ظلمت کفر تو تا موطن ایمان نکشد
گر تو عاشق شوی ای خواجه عجب می‌دارم ‌ ‌ وسعت ملک تو تا ملک سلیمان نکشد
قاسم از لمعهٔ دیدار تو نوری دریافت ‌ ‌ خاطرش تا طرف روضهٔ رضوان نکشد

[183]

از دولت وصال تو کارم به کام شد بختم بلند گشت و سعادت غلام شد
از جلوه‌های حسن تو جانم حیات یافت با چشم‌های مست تو عیشم مدام شد
گفتی سلام و ذوق سلامت به دل رسید این خانه از سلام تو دارالسلام شد
دل را حلال گشت ز عشق تو دم زدن زان دم که غیر یاد[185] تو بر دل حرام شد
در عمر ما صفای تو باشد قرین حال دل را که یاد[186] کعبهٔ وصلت مقام شد
از من برند لمعهٔ نور آفتاب و ماه تا سایهٔ تو بر سر من مستدام شد
چون دید زلف و روی تو را قاسمی به‌هم در طور کفر و دین همه کارش تمام شد

185 MS Mağlis: yād-e ġeyr.
186 MS Mağlis: dār.

[184]

آینه سبب گشت[187] که روی تو عیان شد	روی تو سبب بود که آینه نهان شد
از شرم رخت گشت نهان آینه آری	چون حسن تو را دید که مشهور جهان شد
یک لمعه ز رخسار تو ناگاه درخشید	جان‌ها همه زان حالت خوش رقص‌کنان شد
با حلقهٔ گیسوی تو هر کس که سری داشت	در عاقبت کار ز سودازدگان شد
از نور تجلی تو هرکس که خبر یافت	در لذت دیدار تو از بی‌خبران شد
سر حلقهٔ سودازدگانم من مسکین	مشکین گره زلف تو تا مسکن جان شد
قاسم دل و دین خواست که در عشق تو بازد	از بخت نکو عاقبت‌الامر همان شد

187 MS Mağlis: bowad.

[185]

روی زیبای تو چون شمع صفا خواهد بود | دل آشفتهٔ ما مست لقا خواهد بود
دارد امید دل من به خداوند کریم | هر بلایی که رسید عین عطا خواهد بود
هر گروهی به سبیلی به خداوند روند | راه ما شیوهٔ تسلیم و فنا خواهد بود
در قیامت که سر از خاک لحد بردارم | دل شوریدهٔ من مست لقا خواهد بود
گر دلم را به رضای تو به‌صد پاره کنند | دل ما بر سر تسلیم و رضا خواهد بود
دل ما ملک تو آمد به‌کرم خوش‌دارش | مالک‌الملک تویی ملک تو را خواهد بود
قاسمی غیرخدا دل نتوان داد به‌کس | هر کجا هست خدا هست و خدا خواهد بود

[186]

ساقیا نور صبح روی نمود / باده در جام کن به نغمهٔ عود
گر دهد دردسر توان کردن / محتسب را به جرعه‌ای خشنود
چون نمود آن نگار روی به‌من / من چه‌گویم مرا چه روی نمود
دین ارباب عقل دانش و خیر / مذهب اهل عشق محو وجود
به نعیم جنان فرو ناید / سر رندان عاقبت محمود
چون دویی از میانه بردارند / جز یکی نیست شاهد و مشهود
آه از این واعظانِ خانه سیاه‌داد / از این صوفیانِ خانه کبود
زاهدان مستِ ورد و اورادند / عاشقان در شهود مستِ ودود
چشم او قصد جان قاسم کرد / یاد مستان که داد یار سرود

[187]

فتنه در خواب قیامت خفته بود　　چشم بیدار تو خوابش در ربود
تا چو گل از پرده بیرون آمدی　　در گلستان عام شد بانگ سرود
بر سر بازار جان مست آمدی　　مست حیرت ماند جان‌ها در شهود
آب رحمت ریختی در جام ما　　تا به‌هر جانب برآمد بانگ رود
آفتاب عالم‌آرا جلوه کرد　　منبسط شد در جهان ظل وجود
شور و غوغا عام شد در کاینات　　تا نقاب از چهرهٔ معنی گشود
گر خطایی رفت بازآ از کرم　　قاسمی بازآمدست از هر چه بود

[188]

رنگ رز خواست که خمّی کند از کور و کبود — رنگ او راست نشد دهشت و حیرت افزود
خم اگر تیره شود صافی ما تیره مشو — که درین کاسه همان‌ست که از خم پالود
زان شرابی که ازو زنده شود جان جهان — ساقی جان جهان بر دل ما می‌پیمود
جمله دل‌ها همه مستند چو دیدن این حال — که صراحی به سجود آمد و جان‌ها به شهود
باده از خم الهی خور و چندان[188] می خور — که تو را باز رهاند همه از ننگ وجود
به خرابات جهان واله و سرگردانیم — کس نداند که چه افتاد و چه حال‌ست چه بود[189]
قاسمی را ز شرابات الهی در ده — ساقی امروز علی‌رغم جحودان حسود

188 MS Mağlis: ḫandān.
189 MS Mağlis: kes nadānad keh čeh ḥālatast wa čeh oftād wa čeh būd.

[189]

چون حسن دلاویز تو در جلوه‌گری بود   کار دل بیچارهٔ من پرده‌دری بود
در دور رخت یک دل هشیار ندیدیم   این شیوه ز خاصیت دور قمری بود
ای جان جهان نسبت یاد تو به جانم   چون باد سحری[190] بر رخ گلبرگ طری بود
جان و دل و دین برد ز من عشق تو هیهات   در غارت عشق تو چنین جمله بری بود
هرجا که نظر کرد دلم روی تو را دید   این نیز هم از غایت صاحب‌نظری بود
درمان وصال تو فنا آمد و دیگر   هر چاره که کردیم همه حیله‌گری بود
گفتند که قاسم همه از زهد زند لاف   بیچاره خود از تهمت این قصه بری بود

190 MS Maǧlis: saḥr.

[190]

گر با تو دم[191] محرم اسرار توان بود | بر ملک ملک فایض انوار توان بود
با ابروی تو محرم محراب توان شد | با چشم خوشت ساکن خمار توان بود
با روی تو بر مذهب اسلام توان زیست | با زلف تو در حلقهٔ کفار توان بود
با شحنهٔ عشقت می توحید توان خورد | با محتسب حکم تو هشیار توان بود
گر بر سر بیمار خود آیی به عیادت | صد سال به امید تو بیمار توان بود
یک آه که از جان به هوای تو برآید | حقا که به‌کونین خریدار توان بود
با حفظ تو در دوزخ سوزان نتوان سوخت | با یاری تو رافع اغیار توان بود
آن بار که از شدت او کوه ابا کرد | با قوت تو حامل آن بار توان بود
در بادیهٔ محنت هجران شب تاریک | با نور رخت قافله‌سالار توان بود
با لمعهٔ تو نیّر خورشید توان گشت | با قطرهٔ تو قلزم زخار توان بود
گر بر سر بازار جهان جلوه‌گرایی | قلاش‌صفت بر سر بازار توان بود
گر وعدهٔ دیدار تو در صومعه باشد | تا روز ابد در پس دیوار توان بود
با حکمت تو لذت اسرار توان یافت | با نقد غمت مالک دینار توان بود
مشکین‌نفس از شوق تو شد قاسمی آری | با طیب موالات تو عطار توان بود

191 MS Mağlis: damī.

[191]

این عشق و مودت اثر لطف خدا بود
وین جمله عنایت نه به‌اندازهٔ ما بود

جوری که ز تو بر دل بیچارهٔ ما رفت
بر شکلِ بلا بود ولی عین عطا بود

از روز ازل عاشق و شوریده و مستیم
این نیز هم از سابقهٔ لطف شما بود

در حال اناالحق زد و شد بر سر آن دار
منصور که سرحلقهٔ مستان خدا بود

هر یک دو سه گامی بدویدند و برفتند
گر مست خدا بود و گر مرد هوا بود

هر قصه که بینید درین راه خطرناک
زنهار مپرسید که چون‌ست و چرا بود

دایم دل قاسم به کرم‌های تو شادست
شأن تو همیشه کرم و صدق و صفا بود

[192]

گیسوی تو هرچند کمندی ز بلا بود خوش سلسله‌ای بود که در گردن ما بود
هر حال که در حسن مودّت دل ما داشت با روی تو بی‌شائبهٔ رو و ریا بود
از دولت وصلت فلک اندر همهٔ حال با عاشق مسکین تو در طال بقا بود
در آتش هجران دل من سوخت و لیکن چون قدر وصال تو ندانست سزا بود
این بلبل دل بیشتر از واقعهٔ هجر از شوق گل روی تو با برگ و نوا بود
جنت طلبد زاهد و ما کوی تو هیهات بنگر که تفاوت زکجا تا به کجا بود
بشکفت گل روی تو از گفتهٔ قاسم چون در نفسش خاصیت باد صبا بود

[193]

هرکجا می‌گذرد دوست فغان خواهد بود   خاطر اندر پی آن سرو روان خواهد بود
چیست این نور تجلی که جهان را بگرفت   اول و عاقبت کار همان خواهد بود
سر ببازم به هوای تو که مسکین توام   عاقبت مصلحت کار در آن خواهد بود
دل اگر روی تو را باز نبیند هیهات   دایما نعره‌زنان جامه‌دران خواهد بود
دین و دینی به غم عشق تو دادیم[192] به باد   هرچه آید اگرم سود و زیان خواهد بود
درد جانم صفت قامت و بالای سماست   دل چنین باشد و تا جان جهان خواهد بود
در مقامی که حدیث می و معشوق نرفت   تا ابد پایگه گاو و خران خواهد بود
عاشقا نوبت ایمان و شهادت آمد   این هم از دولت آن پیرمغان خواهد بود
عشق می‌گفت که قاسم به چه‌کاری‌ست دریغ   خبر خیر که خاطر نگران خواهد بود

192 MS Mağlis: dādam.

[194]

تا جهاندار و جهاندار و جهان خواهد بود — دل ما عاشق آن سرو روان خواهد بود
ما درین دیر مغان بهر نیاز آمده‌ایم — سر من خاک ره پیر مغان خواهد بود
من رآنی و رای‌الحق چه سخن می‌گوید — تا تو پیدا نشوی یار نهان خواهد بود
واعظا قصهٔ تقلید بمان روز وصال — پیش مستان سخن از عین عیان خواهد بود
تا تو از خلوت عز عازم خلوت[193] بشوی — دل ما نعره‌زنان جامه‌دران خواهد بود
تا نبینم رخ زیبای تو شادان نشوم — سینه پر سوز و دلم در خفقان خواهد بود
قاسمی سر به فدای تو کند کاندر وصل — سر ما بر تن ما بار گران خواهد بود

193 MS Mağlis: ğalūt.

[195]

بعد از این دلبر ما عربده‌جو خواهد بود   همه را از همه رو روی به‌دو خواهد بود
در قیامت که ز جان‌ها همه برهان طلبند   حجت جان من آن روی نکو خواهد بود
چه کند خاطر من صبر و تحمل دارد   تا تو را جور و جفا عادت و خو خواهد بود
تو از این توبه‌شکن صورت تقوی مطلب   صورت توبهٔ من سنگ و سبو خواهد بود
اول و آخر جان‌ها همه او آمد و بس   اول او بود به‌آخر همه او خواهد بود
سرّ احیّت[194] فاعرف چو شنیدی خوش باش   که میان تو و او یک سر مو خواهد بود
پیش قاسم سخن رو و ریا ممکن نیست   هرچه باشد سخن روی برو خواهد بود

194 MS Mağlis: uḥibbabt.

[196]

مقام ما به سر کوی یار خواهد بود
که بر بهشت برین اختیار خواهد بود

به هر کجا که نشینم دمی ز فرقت تو
ز خون دیده و دل لاله‌زار خواهد بود

دلم ز دست شد ای دوست دستگیری کن
که در هوای تو زار و نزار خواهد بود

مرا به هیچ‌کس امید نیست در دو جهان
ولی به لطف تو امیدوار خواهد بود

به دار اگر برسی خوش‌سلیم باش و مترس
چه جای دار که دارالعیار خواهد بود

تو را که منکر عشقی و عاشقان شک نیست
که جایگاه تو دارالبوار خواهد بود

بیا و قاسم ازین ملکت جهان بگذر
که دار ملک جهان بی‌مدار خواهد بود

[197]

فرو ریختی باز[195] در جام جود　　به عمدا شراب[196] که هوشم ربود
ازین جام تا جرعه‌ای خورده‌ام　　سرم در سجودست و جان در شهود
درین جام دیدم به عین‌الیقین　　نمودست غیر تو یعنی نبود
چه غیر و کجا غیر و کو نقش غیر　　سوی الله الله[197] ما فی‌الوجود
دلم سوخت در عشق و من ساختم　　در آن سوختن ساختن داشت سود
ببین سوز و سازش که چون ساخت‌ست　　تنم را چو چنگ و دلم را چو عود
گشادست قاسم زبان را به لاف　　چو ساقی سر خم وحدت گشود

195 MS Mağlis: bādeh.
196 MS Mağlis: šarābī.
197 MS Mağlis: wa Allāh.

[198]

به یمن دولت رندان عاقبت محمود   درِ فسانه ببست و سر قرابه گشود
شرابِ نابِ خداوند ذوالجلال کریم   هزار عقل ربود و هزار جان افزود
حدیث نو بشنو جلوه‌های نو می‌بین   چو مدبران مرو اندر جهان کور و کبود
قدید خواره مشو گر قدیدخوار شوی   زیان کنی کسی را زیان ندارد سود
بیا به مجلس رندان ببین چه حالت‌ست   زهی سماع اغانی زهی شراب ودود
پیاله گفت به ساقی من از صراحی به که   او رهین حجاب‌ست و من قرین شهود
اگر تو طالب راهی درین طریقه بدان‌نشانه   چهرهٔ زردست و آهِ دردآلود
نشان راه طلب انکسار و مسکینی است   به پیش جملهٔ ذرات در رکوع و سجود
هزار جان و دل قاسمی فدای تو باد   که کان بخت بلندی و طالع مسعود

[199]

توییکه مرهم ریشی و غایت مقصود جناب حضرت محبوب عاقبت محمود
مرا که[198] طاقت هجران نماندست ای دوست بیا که عمر عزیزست و می‌شود نابود
یقین که هیچ ندانست قدر عمر عزیز کسی که در ره عشقت نکرد ترک وجود
مرا که خیل خیال تو یار غار آمد به روز هیچ نیاسود و شب دمی نغنود
بیا به مجلس رندان عشق و خوش بشنو هزار نالهٔ بربط هزار نغمهٔ عود
شبی خیال رقیبم به‌خاطر آمد و عقل خطاب کرد به جان بئس واردالمورود
بیار ساقی جان بادهٔ مصفا را بده به قاسم مسکین به‌رغم شیخ جمود

198 MS Mağlis: čū.

[200]

زلفت شب قدرست زهی سایه محدود ‌‌ رویت مه بدرست زهی طالع مسعود
در بادیهٔ محنت هجران شب تاریک ‌‌ بی‌نور رخت جان نبرد راه به‌مقصود
در بادیه و زاویه جز دوست ندیدیم ‌‌ این راه بدانستم و این بادیه پیمود
از مسکن جان‌ها گل صد برگ برآمد ‌‌ تا سنبل سیراب تو بر برگ سمن سود
از حسن هویدا شود این عشق جهان‌سوز ‌‌ این‌جا بشناسی صفت شاهد و مشهود
یک غمزه ز تو دادن و صد جان و دل از ما ‌‌ بردند به اقبال تو سودازدگان سود
حیران تو امروز نشد قاسم مسکین ‌‌ تا هست چنین باشد و تا بود چنین بود

[201]

یحبهم و یحبونه چنین فرمود
که انعقاد محبت ز جانب ما بود
مگر در آینهٔ جان جمال خود را دید
از آن سبب که همو شاهدست و هم مشهود
بلی به جانب[199] ازل داد داد موجودات
که مبتدای وجودست و منتهای وجود
شراب خانهٔ عشقست این جهان و درو
هزار نعرهٔ مستان هزار بیت و سرود
ز عکس حب ازل عشق ما هویدا شد
جمال عشق ز یک رو هزار روی نمود
محبت از تو و جان از تو دین و دل از تو
تویی که بخت بلندی و طالع مسعود
بر همه راه مرو خویشتن نکو بشناس
که نیم حبه نیرزد حبیب ناموجود
غلام همت آن خاطرم که در ره عشق
کمینه جرعهٔ جامش هزار دریا بود
بیا که قاسم بیچاره باده‌پیما شد
به‌عذر آن‌که همه عمر باده[200] می‌پیمود

199 MS Mağlis: ğenāb.
200 MS Mağlis: bād.

[202]

سرمایهٔ سعادت ما درد یار بود ورنه به سعی ما گره از کار کی گشود
دردست هرچه هست که این درد چاره‌ساز با جان آدمی مثل آتش‌ست و دود
رندی که ره به کوی خرابات عشق برد جان را از دست محنت ایام در ربود
بگشای رخ که دیر شدست انتظار ما تا جان بران جمال فشانیم زود زود
از حال عشق عقل ندانست شمه‌ای خود را هزار بار بدین حالت آزمود
با عقل خواجه‌گونه بگویید کای سلیم سودای یار و آن‌که فکر زیان و سود
شیدا و رند و عاشق و دیوانه و مست گشت هر کس ز عشق‌بازی قاسم سخن شنود

[203]

عشقش به خاک بردم و گفتم که یا ودود ارحم لنا که غیر تو کس نیست در وجود
طاقت نداشت نور خور پیش نار عشق خود را ز راه تجربه بسیار آزمود
زلف تو جعد شد همه سرسبز و تازه‌ایم چیزی ز شب کم آمد و در روز در فزود
گر زانک یار پردهٔ عزت برافکند جان را روان ساز چه فکر زیان و سود
یک ساغری ز خم بلا نوش کرده‌ایم سودای دوست جبه و دستار ما ربود
جان‌ها همه گدایی و دریوزه می‌کنند زان جان سرفراز که محوست در شهود
ای جان نازنین به‌هوای تو زنده‌ایم قاسم به شوق روی تو می‌خواند این سرود

[204]

علم القران ز الرحمن چه بود　　　یعنی انسان‌ست قابل در وجود
مخلص ایجاد و مرآت کمال　　　رو به انسان دارد این سودا و سود
از ازل بر سر نیامد تا ابد　　　همچو انسان گوهری از بحر جود
گر ز غفلت راه باطل می‌روند　　　رو به حق دارند ترسا و جهود
چنگ می‌گوید اغثنی با کریم　　　عود می‌گوید اعنی با ودود
مدتی کز حق نبود آگاه دل　　　لم یزل انا سجدنا للقرود
منت ایزد را که وارستم ز عیب　　　قاسمی محوست در عین شهود

[205]

بر کهن دیر جهان دوست تجلی فرمود		جمله ذرات جهان محو شد از پرتو جود[201]
پرتو فیض تو بر عالم امکان در تافت		گشت روشن همه آفاق زهی پرتو جود
قیمت عشق ندانی و گریزان گردی		از سر آتش سوزان بگریزی چون دود
میل کلی همه در فکر جهان داری[202] و بس		دل که از فکر جهان رست به‌کلی آسود
به خرابات جهان[203] آنکه ببینی روشن		همه‌جا چنگ و چغانه همه‌جا بانگ سرود
در صف مجلس مستان بنگر تا بینی		در قیامند و قعودند و رکوع‌اند و سجود
هر دلی در[204] دو جهان رو به‌مرادی کردند		ما و سودای تو و سکر تو و شکر ودود
عقل می‌گفت که من مبدأ موجوداتم		عشق آمد به میان گفت منم اصل وجود
قاسمی در ره او غافل و افسرده مباش		حاصل عمر نباشد ز زیانی یا[205] سود

201 MS Mağlis: Statt partō-ye ẖōd: ʿeyn-e šohūd.
202 MS Mağlis: āmad.
203 MS Mağlis: moġān.
204 MS Mağlis: az.
205 MS Mağlis: bī.

[206]

صد بار فکر کردم و صد بار آزمود بیچاره‌گی‌ست چاره زیان‌ست عین سود
فریاد جان ما همه از درد دوری‌ست گر نیست آتشی ز کجا خاست‌ست دود
گر منع یار نیست پس این دورباش چیست گر نیست ماتمی ز چه شد جام‌ها کبود
هستی یار مایهٔ شادی جان تُست عاشق چه قدر دارد اگر بود و گر نبود
اما از آنک عاشق بیچاره آینه است زین روی بود قیمت آینه را فزود
دل مست حیرت‌ست که تدبیر کار چیست جان غرق منت‌ست که آن یار رو نمود
از دیده‌ها دو رود روان می‌کند مدام قاسم به‌یاد وصل تو می‌خواند این سرود

[207]

ز سوز شوق تو از جان برآمد دود
چه چاره سازم و درمان من چه‌خواهد بود

به نیم‌شب که همه مست خواب خوش باشند
من و خیال تو و ناله‌های دردآلود

فراق دوست به‌یک‌بار پایمالم کرد
کجاست دولت جاوید و طالع مسعود

اگر چه روی به‌حقند ره نمی‌دانند
مقلد و متعصب چنان‌چه گبر و جهود

بیا ز صحبت مستان حق کناره مجوی
زیان کنی و کسی را زیان ندارد سود

نشان حق طلبی رو به نوع انسان آر
بدان که قبلهٔ هر واجدست و هر موجود

ولی به مذهب قاسم ز معرفت دوری
نبود بود شناسی و بود را نابود

[208]

دل آینهٔ صورت و معنی است عجب بود کان شاهد ما روی در آن آیینه ننمود
نی نی چو صفا نبود هرگز ننماید در آینهٔ جان صفت شاهد و مشهود
در راه تو عشاق سر از پای ندانند ای دولت عشاق زهی عزت مقصود
حاجی ز ره کعبه پشیمان شد و برگشت چون باده نه پیمود ره بادیه پیمود
واعظ بس ازین قصه که هرگز نستانند دردا ز عیار دل ما قلب زراندود
دیگر سخن از شمع و ز پروانه مگویید با زاهد ما چون نه ایازست و نه محمود
در راه غمت قاسم بیچاره شب و روز اندر طلبت دربه‌در و کوی به کو بود

[209]

ای عشقِ توام در دو جهان مقصد و مقصود در طور عدم گشتن من وصل تو موعود
بنمود به عشاق جهان سکۀ مهرت سیلاب سرشک مژه بر روی زراندود
سازم همه در مجلس غم‌های تو چون چنگ سوزم همه بر آتش سودای تو چون عود
اقفال غم‌اندود ز ابواب سعادات کس جز به‌مفاتیح هدایات تو نگشود
آخر نظری کن به‌دل غمزده یک‌بار کاندر غم هجران تو یک‌باره بفرسود
نی نی چو تو را بر دل من هجر مرادست با هجر تو دلشادم و با درد تو خشنود
چون شد به قضاهای تو راضی دل قاسم سودش همه خسران شد و خسران همگی سود

[210]

آب حیوان که سکندر طلبش می‌فرمود روزی جان خضر گشت و خضر شد خشنود
آب حیوان چه بود زنده جاوید شدن بشنو ای خواجه که در عین شهودی مشهود
در ازل سابقهٔ نحن قسمنا گفتند عوننا الله خداوند کریم‌ست و ودود
دل ما شیفتهٔ حسن جهانگیر تو شد تا جهان‌دار[206] و جهان‌دار جهان خواهد بود
ما که از بودن و نابود فراغت داریم پیش ما قصه مگویید ازین بود و نبود
چون یقین گشت تو را طالب و مطلوب یکی‌ست طلب این‌جا به‌سر آمد طرق این‌جا مسدود
قاسمی از سرِ عالم به‌هوایت برخاست علم الله کزین جمله تو بودی مقصود

206 MS Mağlis: ğahān hast.

[211]

کسی که شیوهٔ حکمت گرفت گوی ربود
به حکمت‌ست حکایت نه کار سعی و جهود

به‌رسم مردم عاقل زبان نگه‌می‌دار
که عاقلان[207] حسودند و منکران جمود

ز هر دهقان شنو که نیک می‌گوید
کسی که تخم نکو کشت تخم بد ندرود

جهانیان جهان آب خضر می‌طلبند
و لیک قسمت آن کس شود که روزی بود

مرا که بود و نه‌بود[208] هر دو یکسان‌ست
چه حاصل‌ست ز افسانه‌های بود و نبود

ز روی لطف دلم را به خود پناهی ده
به جاه و حرمت رندان عاقبت محمود

هزار جان و دل قاسمی فدای تو باد
که آفتاب یقینی و شاهد و مشهود

207 MS Mağlis: ġāfelān.
208 MS Mağlis: būdan wa nābūd.

[212]

نعم‌الفقیه حال مدرس کجا رسید — در وصف او[209] ز هیچ سخن گفت و نی شنید
حظ از حواس داشت ز معنی جان نداشت — نقش جهان به‌دید ولی جان جان ندید
هر لحظه تجلی نو می‌رسد ز یار — این راه عشق جمله مزیدست در مزید
پندار ما حجاب شد اندر طریق یار — عشقت رسید و پردهٔ پندار ما درید
گر مشربی نداری قفل تو محکم است — این قفل را نیافت کسی در جهان کلید
از حق به حق طریقت پاکست و روشنست — روشن شود کسی که درین روشنی رسید
حیران روی تُست جهانی چو قاسمی — مست هوای تُست اگر شاه اگر عبید

209 MS Mağlis: haqq.

[213]

صبح ازل ز مشرق انوار بر دمید
از نور روی یار به ما لمعه‌ای رسید

ایام هجر یار ز اندازه درگذشت
صبحی ز نو برآمد و روزی ز نو دمید

هر جایگه که نور رخ یار جلوه کرد
آن‌جا مرید راه جنید است و بایزید

ای دل بیا و قصهٔ هجرانیان مگو
همراه یارشو که مرادست و هم مرید

هرجا که جرعهٔ نوش خدا باده خورد
ازکاینات بانگ برآید که برمزید

دل در حجاب پردهٔ پندار مانده بود
عشقت رسید پردهٔ پندار ما درید

قاسم به آرزوی تو رفت از جهان برون
واحسرتا که یک گل ازین بوستان نچید

[214]

از افق مکرمت صبح سعادت دمید
محو مجازات[210] شد شاه حقیقت رسید

صولت صیت جلال عالم جان را گرفت
صولت سلطان عشق باز علم برکشید

چنگ غمش می‌زند بر دل و هر تاره‌ای
کشف روان می‌کند معنی حبل‌الورید

ساقی جان می‌دهد باده به جام مدام
مطرب دل می‌زند نعرهٔ هل من مزید

بر سر بازار عشق سود کسی کرد کو
شادی عالم به داد محنت و ماتم خرید

در حرم وصل یار خسته دلی باریافت
کز همه خلق جهان بار ملامت کشید

راه به وحدت نبرد هر که نشد در طلب
جملهٔ ذرات را از دل و از جان مرید

قفل در معرفت هستی بی‌حاصل است
هر که به‌خود نیست شد حاصلش آمد کلید

وصلت الله یافت قاسم و ناگاه یافت
زانکه به‌شمشیر لا از همه عالم برید

210 MS Maǧlis: moǧāz-e ān.

[215]

خانه ما روضه شد چون مقدم جانان رسید
دیده روشن شد چو بوی یوسف کنعان رسید
قصهٔ عشق زلیخا را کجا پنهان کنم
کین حکایت از سواد مصر تا صنعان رسید
پیش ازین در شهر جان‌ها فتنه بودی لایزال
شهر ایمن گشت اکنون سنجق سلطان رسید
ساقیا تا ذکر هشیاران نگویی بعدازین
وقت هشیاران گذشت و نوبت مستان رسید
ساقیا ما را پیاپی ده قدح کز فضل یار
حالت هجران گذشت و دولت احسان رسید
چند گویی واعظ آخر از خدا شرمی بدار
نوبت جان درگذشت و نوبت جانان رسید
قاسمی تا چند می‌نالد ز درد دل مگو
دردها بگذشت اکنون نوبت درمان رسید

[216]

درد مرا نوبت درمان رسید　　کار من از عشق به سامان رسید
شکر خداراست که از لطف او　　یوسف گم‌گشته به کنعان رسید
دیو ازین عرصه کناری گرفت　　کوکبهٔ فر سلیمان رسید
این دل من در طلبش راست رفت　　راست به سرچشمهٔ حیوان رسید
دردسرِ دردِ فراقِ حبیب　　عاقبه‌الامر به پایان رسید
بر دلم از غصهٔ هجران او　　محنت و اندوه فراوان رسید
قاسمی از غصهٔ فرعون رست　　شادی آن موسی عمران رسید

[217]

موسی به‌کوه طور به‌نور عیان رسید   توفیق وصل یار عنان در عنان رسید
شادست اهل عالم و هنگام شادی‌ست   کاندر زمانهٔ مهدی آخرزمان رسید
آسوده‌ایم و خاطر ما شاد و خرمست   چون فیض فضل یار عنان در عنان[211]رسید
سرِّ خداست آدم و ابلیس کور بود   هر[212]که سرّ بدید به‌گنج نهان رسید
سرّی که کاینات به جان طالب ویند   منت خدای را که به ما رایگان رسید
ما ناگهان به کوی خرابات سر زدیم   چون جذب یار بر دل ما ناگهان رسید
بشنید هر که گوش و دلی داشت قاسمی   گلبانگ وصل او که به کون و مکان رسید

211 MS Mağlis: ğahān dar ğahān.
212 MS Mağlis: har sar keh sirr bedīd.

Deutscher Text

[1]
Du bist von Herzen geliebt, die Seele der Welt;
    Hunderte Leben seien Dir geopfert.
Mit Deinem leitenden Licht erhellst Du die Erde;
    An Würde bist Du den sieben Himmeln überlegen.
Du bist Sultan der Großzügigkeit, König des Seins;
    Durch Deines Antlitzes Licht leitest du meisterlich.
Gesegnet sei Er und *Friede sei mit Ihm* gelten Dir;
    Du bist der Hüter der Zeit, der Vertraute der Welt.
Wie ich für Dich entbrannte, vergaß ich, dass
    Du der Jugend Schönheit und der Lieder Reigen bist.
Du Schenk göttlicher Wahrheit! Durch Deinen Segen
    Kommt Seele und Welt wesenhafter Wein zu.
Über Deine Art und Weise wunderte sich selbst Gabriel;
    Es gibt ja keinen, der Deinem Maß standhält.
Du Hüter der Erde! Du Scharia und Ahndung!
    Der Pfad ist Deiner, Du kennst die göttliche Wahrheit.
Wozu noch Scharia und göttliche Wahrheit?
    Du bist wesenhafter Anfang und anfangendes Wesen.
Du bist schön, groß, edelmütig, der Garant!
    Qāsemī ist Dir ewiglich zu Diensten!

[2]
O von Deinem Antlitz zeigt sich der Morgen des Glücks!
    Welch' Anmut mag das sein? Heiligkeit, Erhabenheit!
Ich diene dem reinen Wein, der jede Sekunde,
    Bei jedem Atemzug, mein Heil erneuert.
Trotz unseres Jammers schlossest Du die Schenkentüre nicht;
    Die Seele dient Deiner ewigen Güte, Bravo der Liebenswürdigkeit!
Erzählt den Liebenden nicht von Kaʿba und Götzentempel,
    Nicht den am Treffen Trunkenen von paradiesischer Freud!
Bist du heute Mann geworden, bist du ein Mann Gottes;
    Ersehne nicht morgen deinen Anteil, suche nicht erst morgen Liebe!
Die Freunde wissen, weit und lang ist der Weg, der
    Von der Gasse des Wunsches zum Basar der Begierde führt.
Wir sind in Deinem Reich, gelobt sei der hohe Rang!
    Wir sind bei Deinem Antlitz – Preis dem fernsten Ziel!
Weil unsere Verbindung mit Dir wahr ist, sprechen wir nicht
    Mehr davon, wie nah Adam und Eva Dir standen.
O Lenker von Seele, Herz und Religion, Deine allgemeine Gnade
    Spende aus Güte auch dem armen Qāsem!

[3]
Wir gingen zum Gottesdienst oft in die Moscheen;
Die al-Aqsa Moschee, wo ist sie, die al-Aqsa Moschee?
Unsere al-Aqsa Moschee ist ein reines Land;
Er näherte sich und kam weiter nach unten ist unsere al-Aqsa Moschee.
Die al-Aqsa Moschee – der Aufgang prächtigen Heiligtums;
Die al-Aqsa Moschee – die Anwesenheit von Herr und Knecht.
Unserer al-Aqsa Moschee eignet inneres Wesen;
Wissendes Gemüt ist unsere al-Aqsa Moschee.
O Herz, spürst du Verlangen und gehst auf dem Weg,
So ersehne Liebe; sprich nicht von Verlangen.
Sage nicht von Unglauben und Religion, beide sind nur Kleid!
Verbrenne das Sufigewand, sprich nicht vom Gebet!
Bist du Jude – wo ist denn Moses᾽ Macht?
Bist du Christ – wo der Auserwählte, der Tote auferweckt?
Die Welt ist kein Meer, doch sie ward uns zuteil;
Sie war kein Meer, doch sie ward es durch uns.
Qāsemī, jener Freund ist wie die Sonne offenbar;
Ein sehendes Auge – wer besitzt ein sehendes Auge?

[4]
Dein Liebesfeuer verbrannte Frömmigkeit und Askese;
Es übergab die Blätter der Fatwas und religiösen Lernens dem Wind.
In den Schicksalsstürmen brauste das Meer des Zorns;
Der Liebeswal verleibte sich Moses‘ Berg Sinai ein.
Verschleiert ist der Blick auf das mondgleiche Gesicht,
Sieht er die innere Schönheit hinter der äußeren Erscheinung nicht.
Außer den Augen Mağnūns erträgt doch keiner
Die glänzenden Strahlen von Lailas Schönheit.
Die Brise, die über Deine Locken hinweg strich gen Erde,
Spendete paradiesisches Wetter der Welt.
Nimm die dunklen Locken aus dem hellen Gesicht und sag:
Wozu der Mondschein, wenn die Nacht doch strahlt?
Die Ewigkeit der Welt annehmend vermutete das Liebesleid,
Ich würde mich ein ganzes Leben lang verzehren.
Wohl bin ich ruiniert, aber durch Liebesglück
Spannt keiner den Sehnsuchtsbogen so wie ich.
Für Qāsemī steht der Schelm über dem Asketen –
Mit Faulheit kann man sich nicht von der Welt lösen!

[5]
Schenk, aus Güte fülle diesen reinen Kelch,
    Diesen Heiligen Geist, diesen hohen Kelch.
Am Tag, da Du endlich reichst den Kelch,
    Spende auch dem stolzen Prediger einen Schluck.
Willst du, dass die Elemente der Welt mit dir tanzen,
    Musst Du das zerzauste Haar beim Tanz zum Flug laden.
Setz dich, Ratgeber, erzähl keine Märchen,
    Der Grund des Verlangens lässt sich aus den Köpfen nicht verjagen.
Du sagtest, ich solle mich vergessen um mich zu finden;
    Dieses Geheimnis vermag ich nicht zu deuten.
Sooft ich starb erlangte ich hundert neue Leben,
    Die Wunder Jesu lassen sich nicht zählen.
Qāsem verliebt sich niemals aus Herzenslust;
    Aber wie erwehrte er sich des Herrn der Herzen?

[6]
Jeden Morgen klage ich meine Botschaft dem Wind,
    Auf dass er meine Gefühle der engelsgleichen Zypresse überbringe.
Vor Seiner Tür warf ich mich nieder, einer Trauerweide gleich,
    Von Nahem sah ich dort die Gründe dessen, was mir bestimmt.
Fielen meine Tränen aus Liebeskummer auch nieder,
    So sandte mein Herz den Schrei letztlich doch gen Himmel.
Ich wünschte, ich pflanzte Geduld tief in mein Herz,
    Doch Seine Liebe würde ihre Wurzel sogleich zerstören.
Seit das Anrufen jener Lippe mir zum Mantra wurde in jedem Wort,
    Singt mein Mund dies' Mantra in guter, süßer, kurzer Art.
Meine Augen suchten die edle Abkunft Seiner Lippen zu beweisen,
    Als Zeuge brachten sie menschliche Tränen dar.
Qāsemīs Herz blutet ob Seiner trunkenen Augen;
    Der kaltherzige Jäger war Seiner Beute nicht gnädig!

[7]
Den weitsichtigen Verstand trunken vom Liebeswein mach!
Von Dir erbettelt er es, gib dem Derwisch was!
O Dein Antlitz strahlt vor Glauben! O Dein Wesen ist gnädig!
O Bewohner der Lebenskaʿba, gib dem Derwisch was!
Hand und Brust sind leer, aus dieser Schwermut will ich flieh'n;
Ich bin Derwisch und Mann Gottes[1], gib dem Derwisch was!
O nach Dir sehnen sich all diese Herzen, stehen Dir als Opfer bereit!
O Du, nach dem unsere Seelen betteln! Gib dem Derwisch was!
O beide Welten sind von Deiner Güte; O unser Selbst ist glücklich an Dir;
O unser Sein ist durch das Deine, gib dem Derwisch was!
O Du allein bezeugst das Jüngste Gericht! O Besitzer des ewigen Reichs!
Der Verstand trägt sich mit Hoffnung, gib dem Derwisch was!
Bei Dir ist das Herz im rechten Zustand, verlangt nach Vereinigungswein;
Tue seiner Seele etwas gutes, gib dem Derwisch was!
Sein Erbarmen ist unendlich, deshalb ward Qāsem Bettler;
O opulenter König, gib dem Derwisch was!

1 Pers. Šillahī; Übersetzung unsicher.

[8]

Zeit, dass Du den Trunkenen reinen Wein einschenkst;
    Vor allem mir, dem Tollen, Vernarrten, der vor Liebe brennt.
Reich ein paar Kelche, denn es dürstet die Herzen sehr,
    Auf dass ich Abstand nehme von meinem Selbst und der Welt.
Der Kelch ist leer, alle Freunde sind berauscht;
    Mir bleibt allein, von meinen Seelenschenk zu fordern.
Schließen sie der Schenke Tür, so reich mir noch ein paar Kelche;
    Ich will Tür und Türhüter zusammenschlagen.
Jeden Tag offenbart Er sich ist des Sultans Qualität;
    Ein jeder, der das Geheimnis erkennt, versteht den Zustand.
Ich biete meine Seele Deiner trunkenen Koketterie dar;
    Was soll ich mit der Seele dort, wo der Herr der Seelen weilt?
Qāsemī, unser Asket machte sich zwei Mal schuldig:
    Er trank keinen Wein und verhöhnte die Betrunkenen.

[9]
Schenk, reich mir des Pīr-e Moġāns Kelch,
    Auf dass des Weines Güte der Seele Wesen erfrische.
Spende mir einen Kelch von jenem alten Fass;
    Von jenem Wein, der die ganze Welt trunken macht.
Von jenem Wein, der im Rausch das Wasser des Lebens ist;
    Von jenem Wein, der aller Wesen offenbart.
Von jenem Wein, der den Sonnenaufgang strahlen lässt;
    Von jenem Wein, der die junge Zypresse trunken macht.
Wer kostete von diesem Wein, tat trunken
    Sekündlich alle verborgenen Geheimnisse kund.
Auf unserem Weg meinen wir mit Gott den Ewigen;
    Redet bei uns nicht länger über Sein Geschaffensein.
Qāsem, alles ist der Freund, außer Ihm gibt es nichts;
    Dies leuchtet dem wissenden Genossen ein.

[10]
Sekündlich reicht der Schenk den randvollen Seelenkrug;
    Bringt für einen Moment die bescheidenen ʿIrfān-Leute zum Tanzen.
Nie werde ich in Nüchternheit ruhen, Gott sei Dank!
    Denn wer trunken des Weins der Einheit, ist kopflos und konfus.
Unser Konkurrent ward wieder Muslim, doch weiß er nicht,
    Dass man dem Versprechen der Neumuslime nicht glaubt.
Willst du die Strenggläubigkeit aus der Welt schaffen,
    Beginn zu tanzen und lass die Strähnen der zerzausten Haare wehen.
Weit weg vom gewissen Weg, wie ausgegrenzt und fern du bist!
    Vom Fuchs erfährst du die Vollkommenheit der löwenstarken Männer[2] nicht.
Gut sind dieser Garten, das Grün und das sich drehende Himmelszelt;
    Gut sind dieser Körper, die Seele – was soll ich erst über den Geliebten sagen?
Komm, O mondgleicher Schenk, bring jenen Feuerkrug!
    Lass durch Dein Antlitz die Spiegel des Glaubens erstrahlen.
Mach dich auf in die Wüste des Glaubens, fürchte des Feindes Intrigen nicht;
    Welche Schwermut ob des Pharao sollte Mosesʾ Herz noch belasten?
Der Teufel ward dafür berühmt, ewiglich verflucht zu werden,
    Weil er beim Sultan keine rechten Männer sah.
Du siehst weder Herrscher, Imperator, Kaiser noch Alexander,
    Filterst du die Erde Irans und Turans durch ein Sieb.
Sage nicht, ich überlieferte besonnen und besäße zuverlässigen Verstand;
    Sei dir gewiss, das wissende Volk wird nie vom Satan verpönt.
Sage nicht, ich gehörte zu den speziellen Anhängern jenes Edlen aus Bisṭām.
    Findest du Ṭeifūrī nicht, so suche den Großen aus Farġān.
Willst du, dass dein Selbst der Religion sich zuwendet, werde Christ;
    Hörtest du denn nie den Bericht von Scheich Ṣanʿān?
Allen Seelen ist ein Schicksal bestellt, in dieser Welt wie in jener;
    Auch dir hält Gott ein Schicksal bereit – ersehne das Geheimnis des Anfangs.
Höre auf Qāsem, O Glücklicher, zieh den Fuß aus dem Lehm;
    Hause nicht in dieser Wüste, sieh die Wellen und den Sturm!

2 Šīr-mardān, wörtlich „Löwenmänner“. Spielt auf eine hohe Position innerhalb der Sufi-Ordnung an; hier soll aber der Vergleich zum Fuchs herausgestellt werden.

[11]

Des Morgens rief zum Gefilde göttlicher Pracht die Nachtigall
Aus Passion: *Ich bin es, die Gott liebt.*
Völlig zerrüttet, von allem Weltlichen gelöst, dergestalt:
Sieh mich doch aus Güte an, O Herr!
Wir sind verletzt und erschöpft, gib uns Salbe;
Erreicht sie uns, herrscht vollkommene Aufrichtigkeit.
Aus Liebeskummer war das Herz heimatlos in der Welt;
Als es Dein Antlitz sah [...][3]
Dein Gedenken ist unsere Seele, Deine Schönheit unser Sieg;
Wir waren bei Dir in all den langen Jahren.
Du erlangst Wissen und entbirgst den Pfad,
Bist du durch Edelmut der ʿAlī deiner Zeit.
O Prahler, frag nicht nach Qāsems Befinden –
Versunken in der Vereinigung, aufgelöst in der Auflösung.

3 Unklar.

[12]
Bezüglich allem, was zwischen Fisch und Himmel geschieht,
Kann man den Verursacher nicht fragen: Wie und warum?
Die Zeit der Trennung ist langwierig und will nicht enden;
Sollte es so bleiben: O weh, mein Herz!
Ob dieses brennenden Feuers in meinem Kopf
Gleiche ich einer Kerze, die von oben bis unten vergeht.
O erquickender Freund, was ist denn passiert, was geschehen?
Schau Deinen Diener mal wieder an!
Dein Blick ist es, den man das gute Leben nennt;
Dein Odem ist es, von dem man sagt, er erwecke die Toten.
Bis wann soll der Pfeil des Tadels aus allen Richtungen fliegen?
Der Pfeil ist zu sehen, aber nicht Daumen und Bogen.
Qāsemī, die Erniedrigung durch Freund und Feind belasten dich nicht,
Denn vom ersten Tag an ward dem Herzen doch das Liebesspiel zuteil.

[13]

Ich bin guter Laune, denn der Freund lobte mich,[4]
Mit dem Lob[5] gehen Freude um Freude einher.
Proper ward der Herzenskelch ob des reinen Weins;
O der Güte Deines Lobes[6] seien Herz und Seele geopfert.
Asket, sag nicht das Absurde – man solle der Liebe abschwören –
Was mache ich denn mit dem Liebeskummer, wie ließe er sich heilen?
Der Nacheiferer sagte: *Abschwören*; der Suchende sagte: *Liebe*.
Besiegt wurde meist jener, der nacheiferte.
Da gewiss ward, es gibt keinen Verursacher als Gott,
Sag statt *Ich habe geworfen* also: *Gott hat geworfen*.
Meine Seele ist von den immer gleichen Erzählungen erschöpft;
O Seele, komm, weise uns den Weg des Monotheismus!
Das Herz fand das Glück der Vereinigung mit Dir nicht umsonst:
Sondern durch den Wein, den es oft zum Mund führte.
Sprich allein vom Königsweg des Monotheismus;
Dieser war der Beginn und dieser stellt das Ende dar.
Hast du keine Ahnung, so unterlass die törichten Worte;
Rezitiere auf dem Königsweg der Liebe das Geheimnis des *Hat es gegeben...?*
Erzähle nicht so oft, Herzblut sei dir aus den Augen geströmt;
Sei ein Kind des Jetzt und lass ab von der Vergangenheit.
Qāsem, sprich nicht von der herzzerreißenden Trennung;
Flüchte dich in den Schatten des Liebens, lass ab vom Abenteuer.

4 Möglich auch: „grüßte mich“.

5 Oder: „Gruß“.

6 Oder: „Grußes“.

[14]
Aus der Hand des Seelenschenks floss feuriger Wein;
    Trink diesen Feuerkelch, lass uns auf den Leiter vertrauen.
Trink den roten Wein, fürchte nicht Wasser und Feuer;
    Beginn einmal aus Lust zu tanzen, siehe die gütige Weinfarbe!
Such die Vollkommenheit in dir selbst – so findest du das Einheitsmeer;
    Du weißt um das Wesen der Weinfarbe, du bist so tief wie das Meer.
Du bist jener peinigende König, bist Sultan und Sieger;
    Dein kleinster Schluck ist das Meer, deine kleinste Mücke ʿAnqā.
Fürchte die Intrigen des Feindes nicht, schreite sicheren Schrittes in die Liebe;
    Schreite in die Wüste des Glaubens, denn ich habe diese Wüste durchquert.
Zweifle nicht an meiner Rede, packe die Gelegenheit beim Schopf;
    Lerne vom Liebenden, O Seele, mach das Heute nicht zum Morgen.
Du bist der Geliebte, vor dem Auge der Schöpfung versteckt;
    Komm aus dem Haus, die Kamele sind bereits beladen!
Wo jener Freund ist, bin ich glücklich und herzensfroh;
    Wir waren, wo sie waren; wo sie waren, waren wir.
Der arme Qāsem hofft immerzu auf Dich;
    Du bist überall, bist Aufseher, bist versteckt, bist offenbar.

[15]

Immer mache ich meinem Ärger Platz: Verstecke Dich nicht vor uns!
    Denn wir lechzen nach einem Treffen, sind Schelme, Liebende, kopflos.
Du mit Deinen trunkenen, schummrigen Augen, sag, O plündernder Türke:
    Was ist denn Dein Ziel, dass Du so viele Herzen raubst?
Streich die schwarzen Haare aus dem Sonnengesicht,
    Auf dass die dunklen Nächte den Sehnenden zum Tage werden.
Aufrichtig bin ich in der Liebe! Trifft die Klinge am jüngsten Tag
    Meinen Hals, werde ich einer Kerze gleich fest an Ort und Stelle steh'n.
Von Kopf bis Fuß bin ich ganz Seele; versunken in meines Geliebten Liebe;
    Mein ganzes Dasein ist Liebe, von Kopf bis Fuß, von Fuß bis Kopf.
Ich sagte: *Von Deinem Haar ist mein Herz verwirrt*; Er antwortete: *Den Liebenden*
    Muss von seiner Krankheit heilen der rubinfarbene Wein.
Von Qāsem regnet es Liebe, vom Prediger Askese und Prahlerei;
    Scheich und Nachfolger sind einander so fern wie Ost und West.

[16]
Die Geschichte unseres geheimen Schmerzes ist überlang;
Ich fürchte, das Jammern verrate unser Seelengeheimnis.
Das Jammern ist über den Himmel hinaus gedrungen;
Trotzdem hat unser Jammer keinen Sinn.
Wir verloren uns in der Suche nach dem unendlichen Leben;
Keiner der Wegbegleiter sah je ein Zeichen von uns.
Weil Seine Güte Fehler verschleiert, bleibt stets ungesehen
Die Untreue, die wir dem Geliebten angetan.
Ein guter Gefährte ist die Ney; bis zum Tag der Auferstehung
Erzählt sie den Freunden unsere Geschichte.
Entbrannt von Deinem Feuer erwarte ich das Wasser der Güte;
Schenk, bring unseren Kelch voll rotem Wein.
Gewöhnlich, doch nicht bar aparter Weisheit ist, dass
Die Freude nur einen Moment verweilt und unsere Sorgen ewig.
Streng dich an, denn sie frei sind von aller Welt,
Die Trunkenbolde unseres Sufikonvents.
Unser scharfer Verstand bemühte sich sehr, doch wusste
Von der Güte der göttlichen Zeichen kein bisschen.
Ich fragte: *Was für ein Mensch ist Qāsemī, O Meister der Seele?*
Er antwortete: *Ein heiterer Schelm, den niemand kennt.*

[17]

Bravo Leidenschaft! Bravo Kummer! Bravo Liebe und Begierde!
 Bravo lodernde Liebe! Bravo Güte und Zuneigung!
Bravo Milde und Barmherzigkeit! Bravo stattliche Größe!
 Bravo Tag der Auferstehung! Bravo glänzendes Licht!
Bravo Freund! Bravo Freund! Bravo Gefährte der Freien!
 Bravo, Quelle der Geheimnisse! Bravo, höchster Rang!
Bravo Licht! Bravo Licht! Bravo, Flagge des Triumphes!
 Bravo, sichtbares Zeichen! Bravo, Heiligkeit und Erhabenheit!
Bravo, frohes Glück! Bravo, Lobender und Gelobter!
 Bravo, Bedinger und Bedingtes! Bravo, hoher Herr!
Bravo, hohes Wesen! Bravo, reinigendes Licht!
 Bravo lautere Seele! Bravo, Herr und Knecht!
Wohl verbrennt uns Dein Liebeskummer, doch lassen wir nicht von ihm;
 Alle sind wir trunken, zerrüttet ob jenes reinen Kruges.
Bravo, Verführer! Bravo, betörender Honig!
 Bravo, geliebtes Antlitz! Bravo, Jasmin gleiches Haar!
Manchmal bist Du der Seele Aufruhr, manchmal die Glut der Welt,
 Manchmal Ruhe und Ordnung, manchmal Gefahrenquelle.
Manchmal bist Du Richter der Stadt, manchmal strafender Wachmann;
 Manchmal des Flusses Quelle, manchmal Welle und Meer.
Du bist Entdecker der Geheimnisse, bist Qāsem Anwār!
 Du wanderst auf mystischen Wegen, bist Name und Benanntes.

[18]
O Mühle, O Mühle, warum windest du dich wie wir?
Verstecke dein Geheimnis nicht vor uns, verrate es uns doch!
In deiner Drehung bist du wie berauscht, in deiner Umrundung weise;
Von uns weißt du nichts, sonst würdest du beständig tanzen.
Du bist getrennt von deinem Ursprung, deshalb klagst du, O Hoffnung!
Erzähl uns, O Allgütiger, vom Begehren des Vergangenen.
Seltsam bist Du in Trunkenheit, Ekstase und Zusammenkunft:
In einem Moment bringst du sie allesamt hinter dich.
Durch Wasser tanzt unsere Seele wie die Mühle;
O weitblickender Verstand, wo bist du denn hin? Komm zurück!
Verlier dich und dennoch: Verlier nicht das Geheimnis göttlicher Liebe;
Du bist sowohl neu als auch alt, sowohl Berg als auch Echo.
Du bist sowohl Seele als auch Welt; sowohl Quelle als auch fließendes Wasser;
Bist sowohl der Müller als auch Getreide und Mühle.
O Liebe, wie magisch du bist! Bist sowohl Freund als auch Feind;
Bist in Kern und Schale; oder kurzum: König und Bettler.
O Hüter der Geheimnisse, O Ǧaʿfar Ṭaiyār!
O Qāsem Anwār, O Alchemie des Seelenkupfers.

[19]
Was sich in Richtung des Himmels wandte,
Wandte sich tatsächlich zur Ewigkeit.
Wie lange wird noch Unwissen verehrt?
Bis wann soll den Weltendingen nachgelaufen werden?
Bist du ein echter Mann, so sag, was bedeutet es,
Dass du die von Gott Trunkenen blindlings ablehnst?
Sie sind die Könige des Himmelsreichs,
Die Königsverehrer, die Ihm so nahe stehen.
Im Ozean der Welt des Seienden
Ist die Seele Wunsch und fernstes Ziel.
Sie sind die klugen Wegreisenden auf dem Weg der Rettung,
Die Reisenden des mystischen Weges von Aufrichtigkeit und Treue.
Sie sind die Trinker des Weines aus dem ewigen Krug;
Die Mondgesichtigen sind die Besten der Besten.
Wir vermögen nicht, diese Könige zu beschreiben,
Unser Herr ist unser Linderer, unser Gütiger.
Es wäre schade, könntest du nicht unterscheiden
Die Essenz der Seele von einem harten Felsen.
Der Asket der Stadt unterscheidet vor Unwissen nicht
Einen rohen Stein von einer teuren Perle.
Qāsemī ist Ihm ganz ergeben;
Mein Gebieter, Herr, ich vertraue Dir.

[20]
Willst du die Attribute Gottes würdigen,
 Sag Ihm zur Beschreibung: *Unser Herr ist der Höchste.*
Bist du der Aufrichtigste, so weißt du,
 Was der Aufrichtigkeit eignet – unsere Wahrheit.
Außer Ihm gibt es nichts im Haus des Seins;
 Wünsch dir von Gott ein sehendes Auge.
Jemand fragte Maǧnūn nach dem Koran;
 Er sagte: *Ich bin gefangen, Sklave von Laila.*
So sehr sich unser Verstand auch anstrengte,
 Diese Liebe ging uns nicht aus dem Kopf.
Du raubtest mein Herz, wandtest dann Dein Antlitz ab;
 Wem sollte ich mein Leid klagen?
Qāsemī ist so versunken in der Illusion,
 Dass er den Morgen nicht vom Abend unterscheiden kann.

[21]
O die Sonne dient Deiner strahlenden Schönheit;
Von Deiner Schönheit Strahlen ist die Sonne selig.
Wie sie Deine Schönheit sah, von der ein Strahl nicht genügt,
Lächelte die Sonne leidenschaftlich ob Deines Antlitzes Licht.
Du bist das Wasser des Lebens, die Seelen betteln nach Dir,
Die Sonne erwachte durch den Schein Deines Antlitzes.
Während des mystischen Reigens sah sie überall Deine Strahlen;
Deshalb breitete sich die Sonne nach allen Seiten aus.
Du bist der König der Güte, Deine Güte ist ewig;
Gegenüber Deiner Güte Schwert ließ die Sonne ihr Schild fallen.
Als die Sonne Dein Antlitz sah, verneigte sie sich;
Gegenüber den Strahlen Deiner Schönheit schämte sie sich.
O Qāsem, dem erquickenden König brachte bei Seiner Ankunft dar
Die Sonne eine Tasche und einen Mund voller Gold.

[22]
O durch Dein schönes Antlitz strahlt die Sonne;
　　O die Sonne ist Sklavin Deines Antlitzes.
Die Sonne verkaufte Dein Antlitz gegen Seele;
　　Durch Deine Güte ward die Sonne selig.
Wir ersehnen die Schönheit Deines guten Antlitzes;
　　Es verlangt uns nach Schönheit, die Sonne verkauft sie.
Als die Sonne Dein Antlitz in den Atomen sah
　　Schämte sie sich gegenüber Deinem mondgleichen Antlitz.
Als die Sonne auf Deine Tür und Dein Dach fiel
　　Leuchtete sie vom Strahlen Deines Antlitzes.
Als die Sonne Dein Antlitz sah, ward sie Knecht;
　　Aus Leidenschaft zu Deinem Antlitz ward ihr Herz lebendig.
Qāsem sehnt sich Tag und Nacht nach Deinem Antlitz,
　　Denn die Sonne strahlt von Deiner Schönheit.

[23]
O durch Dein schönes Antlitz strahlt die Sonne;
    Durch Deines Antlitzes Strahlen ist die Sonne verhüllt.
Von allen Seiten ertönt der Ruf: *Beiseite!*
    Doch die Seele entfernt sich keinesfalls von Dir.
Er saß hinter dem Vorhang der Würde;
    Dein Antlitz ersehnend verblichen Jung und Alt.
Wie ich nach Deiner Liebe sehnend gleich Staub zu tanzen begann,
    Ließ mein fliegendes Herz von der Neigung zur Welt ab.
Du bist die Sonne der Schönheit und wir Dein Schatten;
    O Sonne der Schönheit, wende Dein Antlitz nicht vom Schatten ab!
Du sagst, dass die Liebenden noch nicht zur Vereinigung gelangt;
    Wir sagen: *Weil Du verschleiert bist, werden wir getadelt.*
Ewig suchen wir nach Deiner Schönheits-Qibla,
    Denn das Anbeten des Freundes ist respektvolle Anrede.
Es heißt, ein Apostat wähle den Weg in die Hölle;
    Die Liebenden sagen: *Dieser Gang ist ohne Rückkehr.*
Wir sind Dir zu Diensten, ob aus Hoffnung, ob aus Furcht;[7]
    Wir lieben Dich, ob Du vergibst oder strafst.
Die Welt gleicht einer Hülle, der Liebende ist ihr Kern;
    Liebst du das Innere, musst du den Kern erkennen.
Unsere Zeiten sind düster, denn wir haben keinen Wein;
    Qāsem, fordere reinen Wein vom Fass des Freundes.

7 In der Handschrift fehlt „Furcht“; das Wort ist jedoch in einer anderen Handschrift erhalten, in der wiederum eine andere Unklarheit besteht: „Welche Furcht aus Hoffnung oder Furcht sollten wir haben?“. Die hier gewählte Variante scheint ob des folgenden Verses am wahrscheinlichsten.

[24]
O Dein schönes Antlitz! Mond und Sonne neiden es Dir;
Spiegelt Dein Antlitz sich im Weinkelch, zeigt sich eine Blume darin.
Die ganze Welt wartet, ersehnt das Antlitz des Freundes;
Wartet darauf, Dein Antlitz im Schlaf ohne Schleier zu sehen.
Du bist im Schleier der Unvergleichbarkeit, im Kleid der Einheit.
Weil Du über und über erstaunlich bist, sind Jung und Alt trunken von Dir.
Frag mich nach dem Wein, nach dem bereiten Wein,
Die Zeit der Vereinigung ist da, vorbei die Zeit der Verschleierung.
Frag nach der Geschichte des Geliebten, frag nach dem Wein und der Schenke;
Frag nach dem zerstörten Herzen, denn Schätze liegen im Zerstörten.
Unser Schenk gab uns Wein, bereiten Wein;
Er raubte mir das Herz, ich jammere wie Harfe und Robāb.
Qāsem ward verrückt, als er sah und hörte:
Dein Antlitz gleicht einem Weinkelch, Du duftest wie reiner Moschus.

[25]
Jede Nacht, in so trunkenem, zerrüttetem Zustand,
Erreicht mich Deiner Liebe Ruf durch Harfe und Robāb.
Dem ob Schwermut nach Dir Kranken bleibt nur ein Atemzug;
O teure Seele, beachte mich doch einen Augenblick!
Wir, die wir nach Dir lechzen, unsere Worte täuschen nicht:
Eine verliebte Nachtigall imitiert nicht den Ruf des Raben.
Unser irdisches Haus hier reparieren wir wohl, doch:
Da die Kaʿba unseres Herzens und unserer Seele kaputt ist, beachte uns!
Was ist das für eine Sitte, das Antlitz zu verschleiern?
Zeige Dein Antlitz, lass ab von der Sitte des Schleiers!
Solange deine Überzeugung noch nicht rein ist
Bist du bei den Trunkenen der Wahrheit Hülle, nicht Kern.
Qāsem, lass ab, von den Unwissenden zu sprechen;
Denn sie können nicht Gut von Schlecht, nicht Unbilliges von Billigem unterscheiden.

[26]
Ich liebe, bin erledigt, zerrüttet und fruchtlos,
  Bin versunken im Meer der Verwunderung; beachte mich!
Die Liebenden in der trunkenen Welt
  Sind alle Kern und der Freund ist der Kern der Essenz.
Ein paar Mal gelobte ich, nicht mehr zu lieben;
  Gelübde um Gelübde legte ich ab, O Vergebender.
Nichts ist in der Welt außer Ihm,
  Sprachen die Harfe und die Robāb.
Vergiss Gut und Schlecht, sei bei der göttlichen Wahrheit,
  Damit du über Strafe und Belohnung hinausgehst.
Wir, die Gewalt der Trennung und der Schmerz um den Geliebten;
  Schwierig davon zu sprechen, beachte uns!
Möchtest Du mein Herzblut schon verschütten,
  O Seele, warum beeilst Du Dich dann so?
Eine Welt versinkt im Lichtmeer,
  Lüftest Du von jenem Antlitz den Schleier.
Alle haben sich dem Antlitz zugewandt;
  Qāsemī, kümmere du dich um den reinen Wein!

[27]
Der Freund ist dein Nachbar geworden; beachte dies!
All das bedeutet: Das Gute liegt in der Tür!
Betrachte nicht dein Sein, sondern betrachte den Freund;
Damit ist das letzte Wort gesprochen.
Ich brauche eine Gelegenheit,
Eine alte Geschichte und eine Mondscheinnacht.
Unser Freund lebt nah, Wand an Wand;
Die Zeit verstreicht, versteh doch!
Der Duft dieses Freundes kommt mit der Brise;
Öffne die Tür, O Türhüter!
Der Asket der Stadt hat gelobt, nicht mehr zu lieben;
Solch einem Gelübde schwöre ich ab, O Vergeber!
Öffne für Qāsemīs Herz und Seele
Die Tür der Vereinigung, O Öffner der Türen!

[28]
Über den Weg zum Gotteslohn sagt man:
Alles ist Schale; allein der Freund ist der Kern der Essenz.
Der Freund zeigt Sein Gesicht hinter dem Schleier;
Unser Herz zerreißt den Schleier.
Wie fröhlich sitzen wir und der Tröster beieinander;
Schließ die Tür, O Türhüter!
Von Gott gibt es eine geheime Gnade:
Das Herz ist wach und das Auge ohne Schlaf.
Alles, was von jenem von Herzen Geliebten kommt
Ist sämtlich Illusion, O Du auf der anderen Seite des Schleiers!
Die Tür zur Freude und zum Sehen des Antlitzes
Öffne sie, O Öffner der Türen!
Qāsemī, diese Heuchler sind blind:
Sie vermögen nicht zu sehen, welcher Weg richtig, welcher falsch ist.

[29]
Hört mir zu, O Verständige:
Alle sind Kern und der Freund ist Kern der Essenz.
Immerzu, ob öffentlich, ob im Verborgenen,
Erzählen dies die Harfe und die Robāb.
Was sie auch vom Schlagring hörte, genauso
Beschrieb es dann die ʿŪd.
Außer Dir gibt es niemandem im Äußeren und Inneren;
Und damit ist das letzte Wort gesprochen.
Wir sagen zum Geliebten des Geheimnisses:
Schließe die Tür, O Türhüter!
Von der inneren Passion wird gesagt;
Versteh diese Reden durch die Erfahrung der Seele.
Ich spreche über Sein Antlitz und Haar:
Eine Geschichte einer hellen Mondscheinnacht.
Immer wieder erklingt eine Stimme von unbekanntem Ort:
Hängt mit dem Herz nicht der kaputten Karawanserei an!
Qāsemī blickt auf den Boden;
Wende Dich nicht von diesem armen Zerrütteten ab!

[30]

Du wirst mich nicht sehen erklingt vom Berg Sinai die Antwort für Moses;
Weil sie vom Freund kommt, nimm sie an, akzeptiere sie.
Fürchtest du die Wahrheit, so rufe: *Mein Herr!,*
Um vom Gerechten in jedem Moment eine respektvolle Anrede zu hören.
Aus Liebeskummer sagt die Harfe: *Hilf mir, O Liebender!*;
Bist du entworden, klingt dies im Ruf der Robāb.
Trink vom Weinkelch und entferne dich nicht von uns;
Denn, O Unwissender, sag nicht, du hättest nicht gehört: *Wer abwesend ist, ist verloren.*
Sprich eine Weile auf dem Weg der Religion: *Dir zu Diensten!*
Auf dass dir Gott die Annahme zur Antwort gibt.
Um in der Welt am Leben zu bleiben musst du dein Herz verlier'n;
Diese Worte sind bei Jung und Alt bekannt.
Solange du vom Schleier gefesselt, bist du unwissend und ohne Lohn;
Qāsemī, bist du ein Mann des Weges, rette dein Herz vor dem Schleier!

[31]
Dein Gedenken hält mich am Leben, dies ist der Pfad;
Stets bin ich Dein Diener, dies ist der Weg.
Deine belebende Schönheit! Frohen Herzens
Hoffen wir alle auf sie, O Herr.
Als die Geheimnisse des *Ana al-Haqq* sich offenbarten,
Verlor sich die Nacht im Tag, der Tag in der Nacht.
Bist du suchender Reisender des mystischen Pfades,
Löse dein Herz von allem, was nicht Er ist.
Meine Lippen sind trocken, immerzu dürstet es meine Seele;
O Schenk, reich den randvollen Kelch!
Nimm mich an und bring mich zur Passion;
Mach die Welt süß aus jenem Grübchen heraus.
Sie erweckten mich aus dem süßen Traum
Mit dem Bild Seines Antlitzes im Mond von Naḫšab.
Zeig Deine betörende Schönheit aus der Ferne;
Führe Qāsemīs Seele in Deine Nähe.

[32]
Ich bin der Kern der Welt, was für ein kerniger Kern!
　　Negiere diese Worte nicht, verzeih!
Er raubte mir Verstand und Seele, brachte mich zum Staunen;
　　Dies waren die Glorie der Liebe und der Rausch der Lust.
O Herz, hast du einen Rang erlangt, so
　　Sprich vom Mond, nicht von einer Sternschnuppe!
Wenn dir ein loderndes *Ach!* ist,
　　Fällt der Schleier mit dem Weinstein.
Weil Sein Wesen unbeschränkt ist:
　　Vergiss Stellung, sprich nicht von Rang!
Da gewiss ward, dass du fern der Herzenserkenntnis bist,
　　Beschreite den gewissen Pfad und sehne!
Qāsemī, rette durch das Glück der Liebe
　　Deine Yusuf-Seele von der Abwesenheit der Liebe!

[33]
O die Erscheinung Deiner Schönheit ist dem Sein ein Spiegel!
O die Wirkung Deiner Attribute ist dem Wesen Bedürfnis!
Wo immer ein Strahl Deines Antlitzes sei, ist Leuchten;
Ob im Gotteshaus, ob im Tempel von Somnath.
Da Du Dich zeigst in den Erscheinungen der Weltatome,
Zeigten sich durch Deine Erscheinung die Namen der Herabgesandten.
Die Körper der Menschen wandelten sich zu Heiligem Geist
Und der Heilige Geist zu edelstem Geschöpf.
Jede bestimmte Form ist im Sein speziell;
Bild und Zeichen aller anderen Dinge sind aufgelöst.
Die Knoten jener Haare sind zu dick,
O der Strahl Deiner Schönheit löst die Knoten!
Qāsem ist vom ewigen Wein trunken und vergeht nicht;
Gibt es denn noch mehr? ruft er ob des Bleibens in Gott.

[34]

Alle Elemente des Seins spiegeln Ihn;
O Liebende, erhebt euch, begebt euch zum Gebet!
Betretet das Reich Seiner Liebe gesittet, denn man sagt:
In der Wüste der Liebe ist gutes Werk schlechtes Werk.
O Wunsch der Seele, Medizin des Herzens, was soll ich nur tun?
Ohne Dich kann ich nicht schlafen, bin geduldlos, wankelmütig.
Die Seele ist trunken von Deinem Antlitz; denn jenes erquickende Antlitz
Ist Morgen der Glückseligkeit und Tag der Rettung.
Schwach und schlaff ist mein Herz von Dir, wo es auch ist;
Die Seele liebt Dich, sei sie tot oder lebendig.
Verlangt es Dich nach meinem Herzblut: Wohlauf!
Der gesegnete Tag ist gekommen und die Nacht ist die Laila al Bara'at.
Man sagt, Qāsemī gab sein Leben ob des Verlangens nach Dir;
Lachend ging der Freund und sagte: *Er starb, er starb!*

[35]
Deine Liebe hat mir das Herz geraubt, es verblich;
    Wie soll ich mein Herz nur wiederfinden? O weh, O weh!
Aus Verwunderung und Trunkenheit
    Kann ich Lied und Gruß nicht mehr unterscheiden.
Ich danke dem Schenk, der einen Kelch
    Meiner Seele spendete; so ward ich von den Zweifeln erlöst.
Ich jammere vor Trunkenheit und sie fragen:
    Was ist mit ihm geschehen, dass er Unsinn sagt?
Bleibt manierlich, passt auf!
    Denn Moses ward trunken während des Nachtgebets.
Zu Gott sagte er: *O Herr, die Verführung rührt von Dir*;
    Als Moses beim Gespräch mit Gott vernarrt ward.
Nicht nur Qāsemī ist trunken von Deinem Wein;
    Denn von Deinen Kelchen sind auch die Elemente trunken.

[36]
Am sechsten Tage sagte er: *Die sieben Himmel*
Stützen an ihrem Ende den Thron.
Der gerechte Herr hat unendlich viele Throne;
Ich verrate, worauf die Elemente thronen.
Auf jedem Element steht ein Name;
Erkennst du ihn, gelangst du zum Ziel der Wünsche.
Was ich auch sage, der Rechtsgelehrte meint: *Ach, ach!*
Was der Rechtsgelehrte auch sagt, meine ich: *O weh!*
Wer immer Gottes Wein aus dem gepriesenen Kelch
Trinkt, wird frei von Koketterie und Geschwätz.
Gröle nicht vor Trunkenheit, du bist an Irdischem berauscht;
Blinder als blind ist, wer sich des Unwissens rühmt.
Qāsemī, warum sprichst du vom nacheifernden Rechtsgelehrten?
Lass uns die *Fātiḥa* rezitieren, um Drangsal abzuwehren!

[37]
Die Liebe lehrte uns tausend Künste;
    Die Liebe nähte uns tausend neue Gewänder.
Die Liebe kaufte uns tausend Mal;
    Wiederum verkaufte sie uns tausend Mal.
Die Liebe baute uns tausend Welten;
    Die Liebe verbrannte in uns tausend Welten.
Religion und Welt verbrannten, auch Seele und Verstand,
    Als die Liebe das Feuer des Entwerdens entzündete.
Jeder erlernte in der Welt eine Kunst;
    Qāsemī erlernte Liebe und Passion.

[38]
Die Himmelsfahrt durch Liebe, also Vergehen um Vergehen;
    In der Liebeswüste eignet sie den an göttlicher Pracht Berauschten.
Folge seltener dem Verstand, er verwirrt dich nur;
    Werde der Liebe zum Begleiter, so folgt Vergehen um Vergehen.
Alles, was ist, ist Liebe, so sagen wir und so sagt man;
    Deine Liebe führt zur Vereinigung mit dem Freund, unvermittelt in die Nähe.
Er sagt: *Lass dich tadeln und blamieren vor aller Welt –*
    Ja, aus Liebe zu Deinem Antlitz, das Licht und Strahlen ist.
Alles, was von Dir kommt, ist unserer Seele süß;
    Sei es Güte oder Gewalt, sei es Vergebung oder Nötigung.
Gestern schritt der Freund vorbei; der Feind näherte sich von hinten.
    Ich sagte, das Alter schreitet voran, Auflösung ist Tod.
Qāsem, verleugne die Trunkenen auf dem Weg der Liebe nicht;
    Sei mit der Liebe, denn sie ist des Treffens Nachbarin.

[39]

Die strahlende Sonne ist durch Deine Schönheit offenbar;
    Was soll ich erst über die Geheimnisse Deines heilsamen Weins sagen?
O ja, der Gelehrte kann mir die Liebe zu Dir nicht verbieten;
    Was soll Maǧnūn machen, wo es doch Laila ist, die ihn anzieht.
Seit Jahren lebe ich in Deinem Reich,
    Im Schatten Deines Haars, das mir zur Liebe gereicht.
Sein dunkles, blutiges Herz verriet dem Ratgeber nicht,
    Dass es Dein brutales Haar ist, das die Herzen erobert.
O Seele, alle ersehnen den Freund, doch:
    Wer wird der Glückliche sein? Wem wendet das Glück sich zu?
Vom Duft Deines Liebesweins ward eine Welt trunken;
    Selbst der Asket kam zum Konvent der Moġs und verlangte nach Wein.
Sie meinen, jener Freund gedenke Qāsem nicht;
    Auch dies gehört zum Unglück des Vernarrten.

[40]

O Freund, es verlangt mein Herz nach berauschendem Wein,
Nach jenem roten Wein voller strahlendem Licht.
Zerrüttete Trunkene sind wir, kennen Kopf nicht von Fuß;
Verwunderung und Staunen rühren all vom Heil des Weins.
Möchtest du es Ḫiḍr nennen oder Jesus;
Liebe ist es auf jeden Fall, die das Volk errettet.
O Ḫwāğeh, gibt es keine Erkenntnis, so ist alles ungültig;
Doch gibt es Erkenntnis, so wird sie nur dem Herz des Wissenden zuteil.
Bis wann möchtest du verwundert am Graben sitzen;
Überschreite den Graben, denn auf der anderen Seite gibt es viel zu sehen!
Durch Liebe erobere die Welt, denn alle Welt ist trunken;
Sehnst du dich nach Liebe und Gesundheit, gereicht dies zur Raserei.
Qāsem entfernt sich nie aus Deinem Reich;
Weil das strahlende Licht von Deiner Stirn offenkundig ist.

[41]

Da das Licht Deines Antlitzes von jeder Seite offenbar ist
Verneigen die Atome der Welt sich vor Deiner Führung.
Jenes geliebte Haar um das erquickende Antlitz
Versetzte die Welt in Aufruhr und verführte sie.
Das Herz begehrt nichts mehr in der Welt
Außer von Deinem Schmerz, dem höchsten Ziel, beglückt zu werden.
Wie ich Deine stattliche Höhe sah, gab ich das Herz aus der Hand;
Was trägt das Herz für eine Schuld – die Verführung kommt von oben.
Hundert Sufigewänder gibt der reine Sufi dar für einen Schluck
Vom Kelch Deines Liebesweins, einem puren Wein.
Ich traf einen, der dem lieben Geliebten glich und er verstand:
Auf meinem Pfad ist aller Name gleich dem Benannten.
O Seele, ersehnst du wirklich den Freund, dann
Werde eins mit dem Schmerz, denn dieser ist die Heilung selbst.
Denk nicht über die Schwäche des Herzens und die Blässe des Antlitzes nach;
Beschreite den Weg der Liebe, so erhältst du vom Geliebten alle Hilfe.
Jene erquickende Güte und jene Herzenspassion;
Wie sollte Qāsem sie beschreiben, wo sie doch unbeschreiblich sind?

[42]
Durch die Güte des Freundes ist das Glück auf unseren Namen gemünzt;
Wir fanden das Glück, die Glückseligkeit ist unser Diener.
Ein Meer, dessen Wellen vom Fisch bis zum Himmel reichen,
Es ist ein Schluck unseres rubinroten Weines.
Dies' beige Pferd, das wild auf der Koppel galoppiert,
Mag heißblütig sein, doch mit Deiner Hilfe ward es uns zur Beute.
Die Leidenschaft, die beider Welten Seele beherzt,
Auch sie ist ein Pferd mit goldenem Geschirr.
Alles, was geschieht, geschieht durch den Gerechten;
Wir sind trunken vom Kelch des Freundes, die Welt von unserem Kelch.
Du fragst, was Liebe sei? Was soll ich zur Antwort geben?
Sie ist Glück und Glückseligkeit, beehrt uns ständig.
Qāsem, die vollkommene Liebe gehört dem, der
In einer Schenke weilt, die an unser Bait al-Ḥarām angrenzt.

[43]

Die Glut der Welt ist unserem Herzensräuber zu verdanken;
    Unser Herz ist eine Orgel, Dein Antlitz uns ein Judasbaum.
Wie soll ich denn zu Dir gelangen, O lieblicher Freund?
    Dort, wo Dein Reich, ist ja unser Himmel.
Ohne Name und Zeichen gibt es nichts in der weiten Welt;
    Überall erzählt man von unserem Namen und Zeichen.
Wir sind die Begleiter der geliebten, erquickenden Liebe;
    Wo immer wir gehen, halten wir die Zügel in der Hand.
Sei mit dem Freund, sprich über den Freund;
    Rede nicht von dir selbst, denn dies gereicht uns zum Schaden.
Wir lieben Dich mit hundert Psychen und hundert Seelen;
    Nun ist unser Zeuge das safrangelbe Antlitz.
Man sagt, Qāsemī sei ganz zum Zuckerhändler geworden;
    Er antwortet: *Ja, Gott sei Dank für diesen Laden!*

[44]

Beim Schein Deiner Schönheit – unserer Augen Licht – schwöre ich
Dass das Licht Deiner Schönheit sich in den Atomen zeigt.
O Herz, durch die reine Vereinigung wächst im Garten der Welt
Meiner Seele Spross hundertausendfach.
Frei ist mein Herz von Gedanken an Himmel und Hölle,
Denn beim Geliebten ist tausendfache Liebe und Leidenschaft.
Wird uns auch alle Welt zum Feind und schmäht uns;
Keinesfalls werde ich bekümmert sein, denn der Freund hält zu uns.
Werfe keinen Stein nach meinem Kelch, denn hinter ihm steht Er;
Wisse, das Haus des Geliebten ist unsere Herzensstatt.
Wozu noch Kelch und Glas noch auf dem Pfad der Liebe?
Der kleinste Schluck der Schelme unseres Konvents ist das Meer.
Tausend Schwerter der Gewalt stießest Du in mein Herz;
Mir, des jede einzelne Haarspitze in treuer Güte ergeben.
Bei deiner Seele, verschenke das Herz nicht an die Feinde!
Vertraue dein Herz Ihm an, dem Herrn der Herzen.
Dem betrübten Qāsem ist diese Liebe Auferstehung;
Missgeschick, Tod und Unglück sind davon ausgenommen.

[45]
Wo gäbe es in dieser düsteren Zeit ein fröhliches Herz?
    Wo ein Herz, das nicht litt an irdischem Leid?
Im Tumult der unsteten Zeit verbrannte ich;
    Weißt du es, so sag, wo ist ein sicheres Land?
Da es im Kloster kein bisschen Weinstein gibt,
    Zeigt mir den Weg zum Konvent der Moġs.
Wie eine Orgel klingen wir, berauscht vom Schmerz;
    Schenk, bring den Kelch voll rotem Wein; wo bleibt er nur?
Jenem Schönen eignet etwas, und jenes Etwas ist alles, was ist;
    Obwohl offenbar ist, wo der versteckte Schatz liegt.
Der Frühling des Lebens – doch nichts ist grün;
    O Gärtner, sag, wo die Frühlingsbrise weht.
Der Freund erschien vor allen Augen, doch bleibt
    In der Erscheinung versteckt, wo die Sichtbarkeit selbst ist.
Qāsem ward in Deinem Liebespalast empfangen
    Und verstand, wohin der Liebenden Kopf zum Gebet sich neigt.

[46]
Wo auf der Welt gibt es noch ein nüchternes Herz?
Ich will ihm sicher sagen, wo jenes Freundes Haus ist.
Alle sind trunken, zerrüttet von Unwissen, O weh!
Wo wären das Herz, wo die Seele, die stets bereit und nüchtern wären?
Die Herzen der Liebenden sind kopflos und schrei'n:
Wo ist der Freund? Unsere Ernte verbrannte, wer sollte da fröhlich sein?
Wie lange möchtest du noch vom Paradies sprechen, O Prediger?
Berichte unseren Herzen, wo der Barmherzige ist.
Alle Seelen sind verwundert – wo ist jener Freund nur hin?
Wo wäre ein Schatz ohne Schlange, wo eine Blume ohne Stachel?
Ich fand den Freund am Eingang des Weltenbasars;
Wieder suche ich Ihn; wo endet der Basar nur?
Unsere Erzählung ist dunkel; wenn du es klarer willst:
Ersehne! Wo sind die Worte des Dufthändlers?
Ein Mystiker, der durch Gottes Gunst sehend ward;
Aus ihm spricht nur mehr wahres Wort; was gäbe es noch zu verleugnen?
Durch Deine Schönheit - wie wahnsinnig und verwundert ich ward!
Qāsemi, was bedeuten Verstand und hohes Wissen noch?

[47]

Die Seele ist Sünder und Frevler; wo bleibt des Geliebten Gnade?
  Die Geschichte des Aufruhrs ist überlang; wo bleibt die Barmherzigkeit?
Weinstein vermag einer Welt Sünde aufzulösen;
  O Herr, wo ist jene Welle der Güte, wo jenes unendliche Meer?
Die Geschichte der Pharaonen ist überlang, O alter Weiser!
  Benachrichtige den Ersehner der Seele; wo ist Moses?
Abū Ǧahls Unwissen hat die ganze Welt eingenommen;
  Wo ist der Schmerz von Abū Ḏar, wo die Reinheit von Salmān?
Eine Reihe Teufelsbrüder haben sich verbündet;
  O Wissender, deute mir doch, wo ein Mensch wäre.
Vor Durst sind die Seelen marode in diesem tiefen Meer;
  Der ewige Schenk weiß, wo die Quelle des Lebens ist.
Die Liebe ist gänzlich berauscht, spricht mit lauter Stimme:
  Wir sind vereinigt mit dem Geliebten; wo ist der verirrte Verstand?
Gehorsam ohne Schmerz hat keinen Geschmack;
  Wo ist der Jammer der verwirrten, umherirrenden Trunkenen?
Qāsemī hasst das dämonische Volk zutiefst;
  Die Furcht vor den Riesen ist gewaltig; wo bleibt des Sultans Hieb?

[48]
Der Färber stellte im Kübel Farbe her, doch sie ward nicht recht;
Es liegt am Färber, doch du meinst, es liege am Kübel.
Der Färber war Heide, triebgeführter Wandervogel;
Was er sprach und tat ist auf Gottes Weg oberflächlicher Schein.
Bist du in der Färberei verständig und gelehrt, so
Vermische Stoffe, denen Licht und Reinheit eignet.
Die Farbe der Seele ist sanft, mische sie hinein;
Denn alles leitende Licht strahlt von Seiner Stirn.
Dein triebgesteuertes Selbst gereicht gewiss zum Frevel;
Bäumt es sich auf, sprießen nur Frevel und Verirrung.
Er sprach viel und ich hörte zu, doch gewiss:
Aus dem Treffen mit dem eitlen Asketen resultiert nichts rechtes.
Von Dir getrennt – welche Schmerzen hätte meine Seele nicht erlitten?
Das Herz vermischte sich mit Deinem Schmerz, der die Heilung selbst ist.
Ich gab Dir Herz und Seele – und wurde frei;
Qāsemī, auf dem Weg der Wahrheit ist Entwerden Bleiben in Gott.

[49]
Unser Ziel im Weltenreich ist die Vereinigung mit dem Freund;
Wenn dies gelingt, dann allein durch uns.
Wir verbrannten im Feuer der Barmherzigkeit;
Nach dem Entwerden ist der Leiter des Herzens mit uns.
Erreicht die Freude uns nicht – der Freund entscheidet;
Jener Gramvogel stammt von unserer Weide.
Nicht jede Nachtigall kann unser Blumenfeld erreichen;
Wir erleiden Schwermut; sie ist unserer Höhlengefährte.
Asket, lass das Geschwätz und die Lügen den ganzen Tag!
Dein Weg ist dunkel und unser Feuer ist dein Licht.
Wenn die ganze Welt in Schwermut versinkt:
Warum sollten wir gramen? Der Kummer um Dich ist unser Trost.
Manṣūr sprach am Galgen von der Reinheit der Liebe;
Dieser Galgen ist keiner – er ist unser Prüfstein.
Der Garten Eden, dem nichts auf Erden gleicht;
Ohne Deiner Schönheit Strahl ist er uns ein Ort der Zerstörung.
Ich fragte: *Wer ist Aḥmad?*; Er antwortete: *Der Seelenkönig*;
Ich fragte: *Wer ist Iblīs?*; Er antwortete: *Unser Kammerdiener.*
Ich fragte: *Wer ist der Verstand?*; Er antwortete: *Der Richter des Sei! und es ward.*
Ich fragte: *Wer ist die Liebe?*; Er antwortete: *Unser Jägermeister.*
Ich fragte: *Wer ist Qāsemī auf diesem Pfad?*; Er antwortete:
Nicht unser Auserwählter, aber er wählte uns aus.

[50]
Wo ist jener liebe, treue Freund nur hin, wo ist Er?
Er, von dessen Schönheit alles Licht unserer Herzen und Augen ist.
Als ich jenen teuren Freund erreichte, sah ich,
Dass alles strahlende Licht durch Seine Anmut offenbar ist.
Wie der gute Freund sich setzte, legte die Aufruhr sich;
Als er sich wieder erhob, begann die Aufruhr erneut.
Bemühe dich um Treue und Reinheit, denn die Seele weiß:
Diese Waren sind in Deinem Reich im Überfluss vorhanden.
Verstellung und Heuchelei eignen den Trunkenen nicht;
Das Geringste, das unserem Asket eignet, sind Verstellung und Heuchelei.
Alle Sufis sind hinter Gewändern und Rosenkränzen her;
Bis auf unseren Sufi, der eine Ausnahme darstellt.
Qāsemī, die ganze Welt ist von Unwissen wie tot;
Bis auf den Erwecker der Toten, der die Verblichenen auferstehen lässt.

[51]
Weil von Deiner Stirn strahlt der Morgen des Glücks,
  Verehren wir Dich hundertfach, verlangen hundertfach nach Dir.
Du bist der Seelenschenk, die Seelen erfreuen sich Deiner;
  Reich einen Kelch Wein, denn nun ist es Zeit für Zuneigung.
Bei der Versammlung der an Gott Trunkenen ist Reigenszeit,
  Denn die Liebe wuchs an, die Anmut ist offenbar.
Alles, was Deine Schönheit beschreibt, ist *halal*;
  Denk nicht zu viel nach, die Beziehung besteht aus Liebe.
Wo Körper ist, ist alles Name; Wo Seele ist,
  Gibt es weder Namen noch Benanntes.
Sei mit Gottes Liebe; bist du außen und innen
  Von Liebe erfüllt, gelingt dir alles.
Qāsem, was bleibt dir, als in dieses Meer zu schreiten?
  Auch die zahlreichen Wellen rühren aus der Mitte des Meers.

[52]
Und Er ist mit euch – was wollte Er uns damit deuten?
  Es meint: Die Seelen entwerden in der Ewigkeit des Gerechten.
Was bedeutet diese gleichzeitige Gemeinschaft? Zum Beispiel,
  Dass der Geliebte Stimme ist und wo Stimme, da Klang.
Das Geheimnis der Liebe hat kein Ende,
  Doch das Geheimnis des Liebenden liegt am Ende.
Ohne die Erscheinung des Liebeskönigs und die Vereinigung mit Ihm
  Bleiben uns *endlos* und *unendlich* nur entfernt bekannt.
Setz Dich, damit der Aufruhr sich legt, sagte ich zu Ihm;
  Er stand auf, und damit entfachte hundertfacher Aufruhr.
Der König der Liebe besitzt unzählbare Schreiben;
  In jedem Schreiben sind wir mit vielen Namen genannt.
Qāsemī! Einer, der Gott ob übermäßiger Begierde ersehnt:
  Lässt er die Seele hinter sich, so begrüßt[8] ihn der Geliebte.

8 Oder: „lobt“

[53]
Der Freund beehrte die selige Versammlung und zierte sie;
Was Er tat, lässt sich mit Worten nicht recht beschreiben.
Weintrinkend, Ghaselen rezitierend, einen Kelch in der Hand –
Wo immer Er dergestalt hinging, entbrannte Tumult.
Wenn du mit offenem, reinen Herzen siehst,
Ist das strahlende Licht Seiner Schönheit offenbar.
Du gabst mir Wein und sagtest, ich solle Dir dankbar sein;
Und wenn ich ganz Dank werde, gereicht es Dir nicht zum Dank.
Liebe ist der Sultan des Seins, die Welt ihr Sklave;
Die liebende Welt jauchzt vom Fisch bis zu den Himmeln.
Askese, Pietät und Frömmigkeit besitzen alle Gewicht;
Alle sind fabelhaft, doch die Liebe steht über ihnen.
Wie Er sah, dass ich aus Liebe kopflos war und konfus,
Sagte Er: *Die Konfusion und Verwirrung rühren allein von Unserer Schönheit.*
Da die Reinigung beider Erden durch des Sultans Blick geschieht,
Schmerzt meine Seele mich über und über, O Seyyed, O Herr!
Sieh den Einzigartigen an, pack die Gelegenheit beim Schopf!
Einzigartig und verliebt wird nicht, wer nur auf die Zukunft hofft.
Die Schöpfung ist gut, so wie sie gestaltet;
Wer einen Fehler sieht, begeht selbst einen Fehler.
Qāsemī, du musst den Weg zum Ziel mit ganzem Herzen beschreiten;
Ereignet sich etwas Schlimmes, ist auch dies eine gute Gabe.

[54]
Nimm mich bei der Hand, denn das Herz hat sich an Dir versündigt;
Nimm meine Seele an, denn sie ist Dein Höhlengefährte.
Blick aus Güte mein Herz an und meine Seele; der Seele
Hast Du unendliche Gnaden erwiesen, das Herz schämt sich vor Dir.
O liebliche Seele! In der Grotte meines Körpers
Bist Du König des Gemüts und mein Herz ist Dein Kammerdiener.
Du zeigst Güte, Deine Freundlichkeit ist übermäßig;
Ob Deiner zahllosen Liebenswürdigkeiten schämt die Seele sich.
Ich sagte: *Ich brenne! Was hat das Feuer zu bedeuten?*;
Die Helligkeit des geschenkten Feuers rührt vom Herzen, war die Antwort.
Ich fragte: *Wer ist der Verstand?*; Er antwortete: *Der Richter des Sei! und es ward.*
Ich fragte: *Wer ist die Liebe?*; Er antwortete: *Sie ist unser Prüfstein.*
Zu Qāsemī sagt man: *Sprich nicht über Verständigkeit!*
Sei mit der Liebe, denn sie ist dein Freund und deine Herberge.

[55]
Verloren wir auch das Herz, in Deinem Reich ist das Haus der Seelen;
    Verloren wir auch den Verstand, wir trinken aus Deinem Kelch.
Vom reinen Meer in unseren Seelen ist kein Tropfen mehr übrig;
    Das Glückswasser fließt in Deinem Graben, darüber sind wir froh.
Seit das Herz die ewige Schönheit Deines Antlitzes sah,
    Denkt es nicht länger an sich, sondern gedenkt Deinem Antlitz.
Immer suchte es in der Welt, Dich ersehnend;
    Seit es war, ist und so lange es sein wird, sucht es nach Dir.
Du sagtest: *Entwerde deinem Selbst und sieh Uns einen Moment lang an!*
    O Sehnsucht des Auges, auch ich ersehne Dich.
Qāsem trank den Wein aller Schenken aus;
    Er benötigt den Tropfen, der in Deiner Karaffe ist.

[56]
Was vermag meine Seele zu heilen, nun, da ich schwermütig bin,
Da mein Herzblut vergossen, da Er mir Herz und Seele nahm?
All mein Jammern gründet darin, dass jener von Herzen Geliebte
Tausend Schleier zerriss, doch noch immer verschleiert ist.
Frage den höchsten Gelehrten, den ehrenwerten Mufti der Stadt:
Was nützt das Geschnatter der Zunge, wenn das Herz gestorben?
Unendlich trunken und zerrüttet bin ich, weiß nicht, O Schenk,
Ob der Wein in meinem Kelch rein oder voller Weinstein ist.
Von der Wolke der willfährigen Welt fällt Schnee;
Deshalb ist der Atem des Asketen so kalt.
Mit Herz und Seele annehmen muss man eines Menschen Atem
Der auf dem Weg der Ergründung warm und frisch ist.
Ärmster Qāsem, halte dem Zwang des Geliebten stand,
Denn Herz und Seele wachsen mit der Last der Liebe.

[57]
Wie mein Blick auf das Antlitz jenes Rosenwangigen fiel
Flossen Tränen über mein blasses Gesicht.
Für jeden gibt es in der Welt die Freiheit zur Wahl; ich
Wählte in beiden Welten Seine Liebe.
Ich bin trunken, erstaunt und zerrüttet von der Lieblichkeit des Freundes,
Seit Er zwei schöne, schmachtende Augen machte.
Ich sagte zu Ihm: *O mein süßes Leben, der Liebeskummer*
Erledigt mich, das Feuer Deiner Liebe setzte mein Herz in Brand.
Aus purem Stolz sah der Geliebte nicht in meine Richtung,
Meinte: *Unzählige deinesgleichen stehen mir überall bereit.*
Mir bleibt nichts als Verwirrung, meinte ich,
Seit ich es mit Deinem schwarzen Haar zu tun habe.
Er sagte: *Qāsem, vor meinen Füßen haben sich schon*
Viele Verwirrte deinesgleichen erbärmlich zu Boden geworfen.

[58]
Auf ewig erfreut sich der Welt, wer Dich sah;
Wer Dein Antlitz liebt, ist frei von beiden Welten.
Der Liebende hängt sein Herz nicht an irdisches Gesetz,
Denn dieses Gesetz ist lose und entbehrt der Basis.
Immer spreche ich mit der Liebe, höre ihr zu;
Ich erfreue mich ihrer, denn sie fesselt mich.
Immer weiß ich Dein Antlitz als höchstes Ziel;
Askese, Frömmigkeit und Enthaltsamkeit sind Eigenschaften der Asketen.
Alle Horizonte der Welt durchschritt ich und sah zum Schluss:
Was nicht Dein Gedenken ist, verweht.
Sie sagen, die Liebe sei in jeder Form ein wahres Wort;
Aber über den Verstand sagen sie, er sei nur Gerede.
Nur eine Unterredung mit Šīrīn brachte Ḫosrau zum Ziel;
Doch welche Zwänge und Tyranneien walten in Farhāds Herz?
Ständig hast Du das arme Herz geknechtet und verletzt;
Vergesse ich auch alles andere, dies bleibt mir in Erinnerung.
Sie fragen, wo Qāsemī stecke; antworte,
Er weile in einem Winkel dieser kaputten Welt.

[59]
Wir schwirren trunken wie Motten um Dein kerzengleiches Antlitz;
Durch den Geliebten des *Alastu* ist die Seele im Liebesreigen.
Vom Licht Deines Antlitzes erschienen wir in der Welt;
Wir sind Atome und Dein Antlitz ist die helle Sonne.
Lege den Schleier ab, offenbare uns Deine Schönheit,
Denn Dein erquickendes Antlitz verleiht der Welt Leben.
Mit Seinem Antlitz und Haar raubte er die müden Herzen;
Dies bewirkt die Liebe, sei es bei Tag oder bei Nacht.
Von den Klugen erhielten wir keinen Rat; so
Lasst uns mit den Liebenden gehen, denn hier ist Güte rar.
Die niedere Seele wollte mir das Königssiegel nehmen;
Mit Druck der Hand befreite Er das Siegel von der niederen Seele.
Qāsem, die Zeit drängt, beeile dich,
Auf dass wir jener Schönheit alles opfern, was wir besitzen.

[60]
Informiert die trunkenen Liebenden über uns;
    Füllt den Kelch, denn unser Vertrag ist gebrochen.
Die Askese nützte nicht; uns hilft es,
    Bei den weinanbetenden Liebenden zu sitzen.
Der Weinkelch ist hier, Trunkenheit, Liebe und wir, die wir
    Uns zuletzt zu schlechtem Staub vor Gottes Pforte wandeln mögen.
Sprich mit uns über Wein, Schenk und Kelch;
    Denn der weinanbetende Schelm ist von beiden Welten frei.
Jede Seele begehrt etwas, jedes Herz hat ein Ziel;
    Unseres ist: Der Weinkelch und der Geliebte des *Alastu*.
Auf dem Weg der Liebe sind die Wanderer anwesend und bereit;
    Wo Aufruhr ist, befindet man sich auf dem Weg.
Qāsem, sprich nicht zu den Plapperern; wisse,
    Das Wort des Verständigen ist ein kostbares Gut.

[61]

Wem die Qibla das Antlitz der leuchtenden Sonne ist –
Wendet er sich ab, so ist er ein Ungläubiger.
Vereint mit dem Freund ist der Liebende, der Verständige sucht Ausreden;
Wie ein Ring an die Tür ist der Sufi an seinen Zweifel gebunden.
Prediger, sage nicht, Liebe gehöre sich nicht auf dem Pfad;
Du dachtest, dass beide Weltenreiche festgenagelt seien.
Feinde die Leute des Herzens nicht weiter an;
Das religiöse Gesetz existiert, aber auch die Liebe.
Wer auf diesem Weg nicht liebt, ist ignorant;
Auf unserem Weg gilt es Katze zu sein, auch wenn man Löwe ist.
Der Asket ist der Askese geneigt, der Sufi der Überzeugung;
Unter ihnen ist ein Wissender seltenes Gut.
Trunken von Deinem Liebereigen die Seele, sie hat keine Wahl;
Leidenschaft wird geliebt und Liebe erleuchtet.[9]
Wie die Brise Deinen Duft auf den Rasen trug,
Opferten sich die Seelen dem beseelenden Duft.
Sieh Qāsemī einmal an aus Güte,
Da die Sonne ein lichtes Wesen ist.

9 Unklar.

[62]

Besser als alles andere ist Deiner Schönheit Gedenken;
  Deine Güte zeigte sich, in den Liebenden zeigte sie sich.
Wo immer der Wind den Liebenden Duft zuträgt,
  Opfern die Seelen sich dem beseelenden Duft.
Erhitzt tanzen die Atome aus Lust zu Dir;
  Doch der Reigen Deiner Liebe besitzt andersartige Glut.
Uns nach Deinem Antlitz verzehrend durchschreiten wir
  Meere und Ebenen aus extremem Verlangen.
Behaupte nicht, Heiligenwunder und Weinkelch seien hohle Prahlerei;
  Zeige Respekt, denn dieses Geheimnis ist Teil von jenem.
Ein Asket, der von Engeln, Palästen und Paradies parliert,
  Ist uns magere Beute, und sei er auch ein Löwe.
Sag zu den Bewohnern von Konvent und Gotteshaus:
  Unser Handeln ist genau richtig, so wie es ist.
Wie lange möchtest du noch der Liebenden Worte verspotten?
  Gib acht, denn jene Worte stammen von anderswo.
Qāsem, alles auf diesem Weg ist Güte;
  Der dreiste Asket gleicht einem Ring an der Tür.

[63]
Sei meine Seele Asket, sei sie Schelm und Weinanbeter;
Wo mein Herz auch weilen mag, es ist bei Deinem Antlitz.
Meine Seele dient dem Schenk, dessen Weines Weinstein mich quält;
Ein Schlückchen vom Schenk zerbrach mein Gelübde und göttliches Gesetz.
Die Atome des Seienden tanzen ewiglich;
Manche sind trunken vom Wein, anderen von weltlicher Lust.
Es zierte sich nicht, dass auf dem rechten Weg die Prediger
Meinten, Wein sei schlecht, und dann selbst nach Wein griffen.
Alles, was mir geschah, rührte aus meinem Herzen und ich
Schenkte mein Herz vor Herzschmerz dem Freund.
Wünschst du vom Freund nichts, so ist das Suchen recht;
Spaße nicht, denn die rechte Tat gehört zum Geheimnis.
Sag nicht *Lass mich dich sehen!* – die Antwort lautet nein; denn auf dieser Etappe
Blickt der Liebende gen Boden und der Geliebte ist Usurpator.
Hätte er Deiner Schönheit Strahl vom Antlitz des Götzen nicht gesehen –
Wie wäre der Geistliche unseres Klosters dann zum Götzenanbeter geworden?
Qāsemī, lüfte den Schleier vom Antlitz der Geheimnisse
In dem Moment, da der Weinverkäufer das Weinfass schließt.

[64]

Das Heute ist sicher besser als das Gestern und das Vorgestern;
 Die Welt ist erfüllt von reinster Ambra und Duft.
Die Horizonte sind von Duft erfüllt; was ist dies für eine Erscheinung?
 Ihr eignet glänzendes Licht, das des helfenden Sultans ist.
In allen Atomen der Welt ist es verborgen und offenbar;
 Ein jedes Attribut bezeugt Ihn beispiellos und einzigartig.
Gib Acht, schenke das Herz keinem anderen; denn jener Freund
 Weiß um die inneren Geheimnisse eines jeden Menschen.
Mit einer Entfaltung raubst Du aller Welt Herz und Seele;
 Schön für die Beute, die in Deiner Falle gefangen ist.
O Ersehner des Treffens, erlange ein sehendes Auge!
 Kennst du die Geheimnisse, ist dies ein großer Segen.
Qāsem fehlte; werfe dich nieder zum Gebet, um zu sühnen!
 Aus Güte und Barmherzigkeit vergibt und verzeiht Er.

[65]
Wir ersehnen das Vergehen der Liebenden;
  Aufrichtige leben durch das Feuerantlitz.
Brachte man dem Geliebten auch die Seele dar, so
  Schämt man sich noch immer gegenüber des Geliebten Antlitz.
Jener gute König stolziert;
  Trunken ist Er und macht schmachtende Augen.
Alle Herzen und Seelen hat Er erbeutet,
  Denn der Meister der Liebenden ist Jägermeister.
Inmitten des gelockten Haars gleicht Sein Antlitz
  Einem Römer unter Sansibarern.
Komm, sieh einen Moment, wie es mir geht;
  Mein Herz blutet und Tränen strömen aus meinen Augen.
Knechte mich, so oft es Dir gefällt;
  Denn die Seele des Liebenden ist geduldig.
Komm und feiere mit den Liebenden;
  Der Gram wich, nun ist Zeit für Freude.
Blicke das Antlitz des Geliebten an, Qāsem!
  Denn das Weltenhaus ist aus der Bahn.

[66]
Er liebt sie und sie lieben Ihn – was ist dies für ein Geständnis?
Liebt er sich hinter dem Schleier etwa selbst?
In der Welt weilen nur zwei Liebende und zwei Geliebte;
Die Vorstellung aller anderen ist pure Einbildung.
Mit einer Koketterie kauft Er tausend werte Seelen;
Was ist dies für ein Handel zwischen Liebendem und Geliebten?
Wo der König doch stets bei deinem Kopf schwört:
Warum sollte ein solch edler Kopf noch einen Turban benötigen?
Tausend Herzen, Seelen und Religionen für eine Koketterie
Gäbe der arme Liebende, weil er sehr abhängig ist.
Was dieser und jener erzählen mag ist falsch;
Erreiche einen sehenden Blick, denn es ist Treffenszeit!
Zum Jünger aller Atome des Seins wird
Ein Herz, das den Aufgang der Sonne ersehnt.
Bei der Seele des Freundes, keine Worte sind so richtig wie diese:
Wer sich nicht verliebte, gleicht einem Bild an der Wand.
Deine unbeschreibliche Schönheit sah Qāsemī;
Deines Antlitzes Schönheit besitzt viele Erscheinungsformen.

[67]

Ob im Mark, ob in der Haut – der Freund ist dort;
Wo immer Er ist, ist Er Höhlengefährte.
Ist deines Herzens Antlitz nicht beim Antlitz des Gerechten,
Schämt es sich allemal, wohin es sich auch wendet.
O Herz, wenn du liebst, lass alles hinter dir;
Verständige sind in der Welt verfangen.
Vermagst du die Zeichen zu deuten, so deute sie;
Die ganze Welt ist erfüllt von Zeichen und Bildern.
Verrate die Geheimnisse des Gerechten keinem Unwissenden;
Denn wer mit dem Herzen sieht, betrachtet nicht mit dem Verstand.[10]
Kehre nicht aus dir heraus, um dich nicht zu verlieren
Denn jener werte Freund ist in der Gegend.
Jeder, der mich trunken sieht, wird sagen:
Qāsem ist trunken vom schmachtenden Auge.

10 Wörtlich: „Die Leute des Sehens sind nicht die Leute des Betrachtens.“

[68]
Brach ich auch das Gelübde – Seine Barmherzigkeit ist riesig;
  Verglichen mit dem Barmherzigkeitsmeer wiegt mein Gelübde gering.
Die Vergebung der Sünden und Güte bedeuten Größe;
  Was soll man sagen, unser Prediger ist doch hochmütig.
Vom Freund ist der Freund nicht getrennt; was soll man sagen,
  Der Asket der Stadt hat keinen Schimmer, was dies bedeutet.
Jeder, der den Ruf *Ana al-Haqq* vom Freund hörte,
  Wurde zum König der Welt und herrscht über beide Welten.
Sollte ich von Deinem Trauerschwert getötet werden – so sei es;
  Jedem, der von Deinem Trauerschwert getötet wurde, ist vergeben.
Ich sehe eine Welt, ganz wirr und erstaunt;
  Alle dienen Dir, seien sie rein oder Heuchler.
Qāsemī, lauter verneige dich inmitten all der Falschen;
  Zweifellos ist solcher Dienst an Gott erquicklich.

[69]
Aus Gram um die Trennung von Dir glüht mein Herz;
Es sehnt die Seele, hofft leidenschaftlich auf Freude.
Du, der Geliebte, bist Herz und Seele gewisslich nah;
Der Konkurrent ist es, der allen Herzen fern.
Man liebt Dich, sei man Ḫosrau oder Šīrīn;
Man ist Dein Diener, sei man Sanǧar oder Kaiser.
Eines weiß ich: Die Liebe ist uns näher als wir uns selbst;
Diese Worte sind in beiden Welten bekannt.
Sei ich trunken oder jammerte, sei es, wie es sei;
Meine Liebe ist mir vor Augen, aber die Mosesseele auf dem Berg Sinai.
Beide Welten wurden Licht, ich ward Licht von Kopf bis Fuß;
Jedem, der Licht wird, sind seine beiden Welten ebenso Licht.
Wirfst Du einen Blick auf Qāsems Herz,
Ist der lodernde Qāsem sowohl Blickender als auch Erblickter.

[70]

Lass ab vom Weg zum Gotteshaus, es ist fern und weit;
Setz dich besser vor die Schenke, das Haus des Geheimnisses.
Hörtest du den Gebetsruf in diesem Gebiet auch noch nicht:
Hörst Du mit offenen Ohren, sind alle Rufe Gebete.
Mit Sufigewand, dem Gürtel des Ungläubigen, Niederwerfung und Rosenkranz
Suchen sie ihre Liebe zu zeigen; vom Freund kommt allein Koketterie.
Wo Schönheit ist, ist auch Liebe; und deshalb
Ist Maḥmūd hingerissen vom Haar des Aiyāz.
Deine Getreuen lassen sich nicht zählen;
Der Liebende zeigt Dir seine Liebe zu jeder Zeit.
Ich bin Dein weißer Falke, O Ziel und Wunsch;
Meine Augen sind immerzu offen Dich zu sehen.
O guter König, blick mich aus Güte an!
Qāsem brennt und lodert vor Liebeskummer.

[71]
Sei es das Kloster von Somnath, sei es ein Gotteshaus;
Alles strahlt vom Glanz Deines Antlitzes.
Die Atome des Seienden, die Zeichen Deiner Güte sind,
Sind allesamt im Herzen des Menschen versammelt.
Die Lieder der Nachtigallen beschreiben Deine Schönheit;
Wer sie hört, ist von diesem Reigen trunken.
Jedes Atom spricht von jener Schönheit;
Deiner schön zu gedenken ist Mantra der Zusammenkünfte.
Mein Kleid und Rock sind getränkt von königlichen Perlen
Aus dem Meer des Herzens, das aus der Augenmuschel rinnt.
Meine Geduld und Beherrschung riss mit der Wurzel aus
Die herzzerreißende, bittere und quälende Trennung.
Qāsem verlangt die Vereinigung und den Tod des Konkurrenten;
O Herr, Du weißt, dass Qāsem schwach und habsüchtig ist.

[72]
Auf unserem Pfad ist Wein erlaubt und *halal*;
Dieser Wein aus der verehrten Schenke ist *halal*.
Was hörte mein Freund, dass in seiner Klage Trennung tönt?
Was sah jener Ḫwāǧeh, dass er von der Vereinigung berauscht?
Außer Gottes Liebe ist, was immer dein Herz auch raubt,
Vergänglich – und sei es Sonnenlicht.
Solange du bei Deinem Selbst bist, erreichst du niemals Gott;
Dein Gedanke ist Illusion und deine Illusion ist absurd.
Es geht hier um den Liebenden, den Geliebten und Liebe;
Es geht hier um die Quelle jenes reinen Meers.
Wir sind älter als Adam, Eva und die Welt;
Frag uns nicht, wie alt wir sind – was soll die Frage?
In Deiner süßen Art liegt ein Zustand, so dass Qāsem
Erstaunt und verwirrt ward, was dies für ein Zustand sei.

[73]
Der Weg ist Wüste, dunkel die Nacht und ich stecke fest;
Liebe, Krankheit und Fremde sind Probleme über Probleme.
Einen solchen Weg zu gehen fällt mir schwer;
Mein Weggefährte ist das liebe Alter – er hat es eilig.
Stark verwundert, verwirrt ist das Herz, aber hofft,
Auf jene Güte, die der Welt Atome umfasst.
Verleugnen die Asketen auch die Berichte von Liebe,
So weiß der Eingeweihte, dass uns diese Worte teuer sind.
Des abgesonderten Sufis Herz entbehrt ganz der Freundlichkeit,
Zeigt er sich äußerlich auch beim Recht, sein Inneres ist unrecht.
Was weiß der Ratgeber schon vom Herzschmerz? Wir
Treiben in den Meereswellen, doch er steht am Strand.
In Deinem Dienst verlor ich Seele, Herz und Religion, sagte ich zu Ihm;
Lächelnd antwortete Er: *Qāsem, gedulde dich, das Herz wird es richten.*

[74]
Mein Herz ist trunken von Deiner Liebe, auch die Seele;
    Trunken sind Welt, Erde und Zeit.
Die ganze Welt ist verrückt nach Dir;
    Welt um Welt um Welt sind trunken.
Ich sah einen Blumengarten in Deines Antlitzes Liebe;
    Trunken waren die weißen, gelben und roten Blumen.
Ich suchte nach Dir; wohin ich auch kam,
    War aus Leidenschaft zu Dir trunken ein jeder Ort.
Wie ich ins Gotteshaus ging, sah ich:
    Beständig trunken von Dir ist die Seele der Sufis.
Ich tat eine Reise, die Stadt der Seele zu erreichen, und sah:
    Trunken waren das Entwerden und das ewige Reich!
Welch ein Aufruhr entstand in der Welt!
    Auf diesem Weg ist eine leichte Karawane um die andere trunken.
Ich ging von der Kaʿba bis in die Schenke;
    Der ganze Weg war trunken, trunken auch die Wegreisenden.
Er gab der gesamten Welt einen Krug;
    Immer sind die Schlucke und der Behälter trunken.
Beständig, Qāsemī, sind die Atome trunken;
    Von der Grenze des Nichts bis zum Sein hin trunken!

[75]
Du bist der beseelende Schenk, die Welt ist Krug;
Von Deinem schmackhaften Wein ist die ganze Welt trunken.
Gib uns von Deinem Kelch einen Schluck, denn kommt der Erde
Ein Anteil zu, so stammt auch er vom werten Weinkelch.
Wissen wir auf diesem Weg auch nichts über Liebe,
So gilt Deine Güte sämtlichen Atomen Gottes.
Dem Prediger, der tanzt hinter dem Vorhang der Illusion,
Nutzt kein Rat, da der Turban ihn fesselt.
Um Sein Antlitz herum sah ich nicht ein nüchternes Herz;
Wer wäre in Seiner Nähe nicht trunken?
Braucht es etwa ein Schwert, um die Liebenden zu töten?
Eine Koketterie von jenem schmachtenden Auge reicht dazu doch aus!
Du sagtest: *Wir wollen Qāsem einmal grüßen.*
Vor Begeisterung über den Gruß ist mein Herz das *Dār al-Salām*.

[76]
Von denen mit Moses Wesenszügen auf dem Berg Sinai
Sind manche trunken an Deinem Schmerz, andere trunken der Heilung.
Das schwarze Muttermal nahe Deinem geliebten Haar;
Man kann es nicht beschreiben, dieses Körnchen, diese Falle.
Wo immer du bist, sprich vom Geliebten und vom Wein,
Denn der Aufstieg rührt allein von ständigem Gedenken.
Streif den Vorhang des Haars aus dem schönen Gesicht;
Denn das leitende Licht erscheint nur durch Beseitigung der Dunkelheit.
Der Asket kennt vom reinen Wein nichts als den Namen;
Stets vermutet er, der Wein sei nur Zierde für den Tisch.
Den Duft der Speisen aus der Seelenküche nahm er nicht wahr;
Er ist trunken von seiner Illusion, nicht notorisch Trunkener.
Nur einen Namen hörte er von jenem ehrwürdigen Freund,
Und vermutete, mit dem Namen sei der Sultan der Schöpfung gemeint.
Ich ersehne keinen Kuss, sondern eine Koketterie jenes Auges;
Belohne mich mit ihr, O Freund, denn Deine Belohnung gilt allen.
Qāsem, sprich von Schenk, Schenke und Wein;
Denn der Aufstieg kommt allein von ständigem Gedenken.

[77]
Mein Herz ist vor Leidenschaft zu Dir so – ich weiß nicht wie;
Unsäglich ersehnt mein Inneres die Vereinigung mit Dir.
Tränenerfüllt die Augen, müde das Herzen und traurig das Gemüt;
Die Brust schmerzt, das Herz ist erschöpft und die Seele bekümmert.
Alle Atome sind verwirrt und kopflos
Aus Lust zu Dir, sei man Laila oder Maǧnūn.
In meinem Herzen steigt die Leidenschaft zu Dir Tag für Tag;
Sieh mein verliebtes Herz an, seine Leidenschaft wächst täglich.
Dies' trunken Herz sah in der Erde Deines Reichs alles,
Alles, was verborgen der Brise eignet.
Rote Wangen rühren von Vereinigung, Blässe von Trennung;
Im Liebeswein liegen all die verschiedenen Farben.
Qāsemī, du findest das Glück der Vereinigung mit Ihm im Gebet;
Wessen niederes Selbst verbrannt, erhält eher Antwort von Gott.

[78]

Die Scharia ist auf dem Pfad behilflich;
  Die Scharia ist der Weg ruhmreicher Gesandter.
Die Scharia ist der männlichen Männer Manier;
  Die Scharia ist behilflicher Königsweg.
Die Scharia ist der Männer des Weges Weisheit;
  Die Scharia ist die Geschichte von einem festen Band.
Die Scharia ist eine Angelegenheit mit Maß;
  Die Scharia ist des gewissen Wissens Weg.
Der Weg der Scharia birgt keine Angst, keine Gefahr;
  Und wenn, dann rührt sie von den Dieben der Religion.
Gemäß deinen Verdiensten schreite voran auf diesem Weg,
  Denkst du an den jüngsten Tag.
Von Qāsem lernt diese Worte, wessen
  Herz ums Rechte weiß und wessen Herz recht sieht.

[79]

Ich ließ von der Karaffe ab, von nun an ist mein Krug das Meer;
Dank dem Freund! Dieses ist mein letzter Krug.
Ich sagte zu Ihm: *Herz und Seele wurden mir aus Liebeskummer zu Dir froh.*
Er sagte: *Liebender, lass dich nicht täuschen! Das ist nur meine Prämie für dich.*
Ich sagte zu Ihm: *Ich gab Verstand, Herz und Religion aus der Hand, O weh!*;
Er entgegnete: *Auch dies gehört zu meinen Großzügigkeiten.*
Ich gab Dir Herz und Seele, weder Herz blieb mir noch Seele;
In dieser Sache ist mein Gott Weiser und Allwissender.
Du bist der ewig Lebende, ich ward lebendig von Deinem Odem;
Ich übertraf die Welt, weil der Freund mein Namensvetter ist.
Unsere Geschichte kann man dem Sufi nicht mehr erzählen,
Weil unser Sufi das stumpfsinnigste Vieh ist.
Qāsemī gab Dir die Frucht von Seele, Herz und Religion;
Der Nutzen Deiner Liebe in der Welt ist meines Lebens Frucht.

[80]

Der Diener hat eine Frage, die mir nicht zu fragen gebührt:
Warum beneidet der Sardonyx das Rot Deiner Lippen?
Es gebührt mir nicht zu fragen, doch die Liebe spricht:
Weil alles hier Liebe ward, was soll ich da noch?
Man kann Dich erreichen, das Ziel der Gesinnung;
Der Moschusduft kommt aus Khotan und der Duft von Uwais aus Qaran.
So trunken machte Er uns, dass wir gar nichts begreifen;
Dass wir ob Trunkenheit nicht begreifen, in welchem Körper Er ist.
Ereignet sich auf dem Weg von Liebe und Entwerden eine Gefahr,
Such Hilfe beim Pīr-e Moġān, denn er ist vertrauenswürdig.
Wie oft soll ich euch denn noch vom hohen Freund sagen?
Der Ḫwāǧeh erfreut sich nicht der Seele, denn er denkt über mich nach.
Wie oft möchtest du noch fragen, wo das Versteck jenes Freundes sei?
Der ehrwürdige Freund weilt bei der Versammlung.
Es ist nicht einfach, Liebe zu spenden; Liebe bedeutet:
Im Feuer der Schwermut verbrennen und es auszuhalten.
Wie Qāsemī Deinen Duft roch gab er das Herz aus der Hand;
Der Nachtigall Ruf entspringt allein der Leidenschaft zu Blume und Jasmin.

[81]
Dieser erquickende Mond, der Geliebte der Welt,
　Ist bei dir, aber hinter hundert Vorhängen verborgen.
Ich möchte jenes duftende Haar beschreiben, doch:
　Das Herz klopft und die Zunge schmerzt.
Der werte Freund schaute in unserer Gasse vorbei;
　Unruhig wurden die Seelen, die Zungen jammerten, die Gewänder zerrissen.
Nie ist den göttlichen Strahlen auf die Spur gekommen
　Das arme Herz, das gegeißelt von den Ereignissen ist!
Unser Ḫwāǧeh wusste nicht, was es für einen Unterschied macht,
　Ob der König kommt oder einer, der des Königs Zeichen trägt.
Wem Wein aus Deinem Vereinigungskelch zufließt,
　Ist nicht nur Ferīdūn, sondern der Salomo seiner Zeit!
Dir zur Verehrung singt Qāsem Lieder, ist redegewandt;
　Wenngleich er redegewandt ist, so stottert er doch.

[82]
Was flüstertest Du der Zypresse ins Ohr, dass sie nun tanzt?
Was flüstertest Du dem Verstand ins Ohr, dass er trunken und erstaunt ist?
Sag mir nicht, ich solle still sein, ruhig;
All mein Jammern rührt von jenem trunkenen, verführerischen Auge.
Komm in das Reich der Liebestaverne, um zu sehen:
Vom Abend bis zum Morgen tönt das Jammern der Trunkenen.
Erzähl uns nicht länger von der Tyrannei des Freundes;
Denn Sein Wesen ist vollkommen gut und freundlich.
Noch immer denkst du nur an dein eigenes Geschick;
Schau im Reich der Liebe vorbei, denn dort weilen Löwen.
Komm unverschleiert zur Zusammenkunft der Liebenden, O Freund;
Weil Dein Antlitz Kerze und der Verstand Motte ist.
Da keinen verschonen wird der Tod,
Gut für den, des' Herz mit dem Freund und dem Vertrag ist.
Sieh nicht das Sufigewand und unser blasses Gesicht;
Unser kleinster Schluck ist so groß wie das Rote Meer und der Golf von Oman.
Lauf nicht den Dämonen hinterher, der Weg ist dunkel;
Komm zur Liebe Gottes, sie ist das Siegel des Salomo.
Du raubtest Herz und Seele der armen Liebenden;
Du, der Du Kajal ums Auge trägst und das Haar auf der Schulter.
Vom ersten Tag an ward Qāsem als Schelm bestimmt;
Sag, wenn dies die Bestimmung ist, was vermochte mich dann zu heilen?

[83]

Was sagte die Brise dem Rasen ins Ohr, dass er lacht?
  Inmitten des Blumengartens grölen die Trunkenen.
Was ist mit dem Jasmin los, verwirrt wie er ist?
  Was geschah mit der stattlichen Zypresse, dass sie tanzt?
Was geschah, dass die Narzisse einen Weinkelch trägt?
  Welch' Geheimnis geschah, dass die Knospe einem Steuerrad gleicht?
Was geschah mit der getränkten Lilie, dass sie berauscht ist?
  Sag, warum ist das Haar des Jasmin zerzaust?
Der Wein der ewige Liebe ward der Welt zuteil;
  Die Helligkeit des Weins strahlt durch die Atome des Seins.
Das Liebesgeheimnis offenbarte sich in Form zweier Welten;
  Nun ward die Liebe Mensch, erreichte menschlichen Rang.
Was ist der Mensch? Eine Sammlung von Wesentlichem und Verzweigungen;
  Was ist der Mensch? Das Ziel von Sein und Nichts.
Was ist der Mensch? Die Schenke des ewigen Weins.
  Was ist der Mensch? Der Sultan des ʿIrfān -Reichs.
Was ist der Mensch? Ein Spiegel, der Gott zeigt!
  Was ist der Mensch? Der Spiegel von Unglaube und Glaube.
Schenk, bring vom Wein der Unprätentiösen;
  Er ist Balsam dem verwundeten Herz, befriedet die Seele.
Sag zu unserem Ratgeber, er solle aufhören Ungültiges sagen;
  Denn Qāsemī ist auf jeden Fall trunken und verwirrt.

[84]
Heute ist Freitagnacht und morgen Ramadan;
    Der Körper schmerzt, die Seele ist beflügelt.
Schließe den Weg des Essens, öffne den Weg zum Treffen;
    Den Körper sehnt es nach Brot, die Seele sehnt es nach Seele.
Jener Ḫwāǧeh ist lieb, mild und edel;
    Als Beute der Ereignisse ist er unfrei und leblos.
Ihn freut, dass er am Tisch des Ernährers sitzt,
    Erhält er dort auch kein Brot.
Die Leidenschaft, ein flinkes Burāq, ich bin ihr Knecht;
    Sie ist der Liebe Motte, doch die Welt ist Kerze.
Weil alles Du bist, gibt es wahrlich niemanden als Dich;
    Jede Seele, die dies erkennt, weiß hier alles.
Deine Blindheit hinderte dich auf dem Weg, denn:
    Gottes Antlitz ist sichtbar wie der Vollmond.
Ist Weinverzehr aus dem Fass des Monotheismus das Maß, dann
    Ist unser Qāsem im Kloster der Welt ein Pīr-e Moġān.

[85]
Im Refugium der Einheit ist ein Mond verborgen;
    Er ist die Seele der Welt und zugleich der Geliebte.
Er ist nirgends, doch kein Ort entbehrt Ihn;
    Der verblüffte Verstand ist über Sein Werk erstaunt.
Bei uns ist dies der Grundsatz, des sind wir gewiss:
    Jeder Bettler aus Deinem Reich ist ein Sultan.
Du raubtest mir das Herz und entferntest Dich;
    Ich Kopfloser! So geht meine Geschichte.
Schriebe ich hundert Bücher über meine Begierde zum Treffen,
    So ist meine wahre Begierde doch hundertfach höher.
Die Beschreibung der Erschöpfung und der Verwirrung
    Gründet zweifellos in den gelockten Haaren auf Deiner Schulter.
Qāsems Herz ist von der Liebe zu Dir erschöpft;
    Das verliebte Herz und Dein Haar: ein Herz und eine Seele.

[86]
Die Verbindung mit Ihm ist mir eine Verbindung mit der Seele;
    Schade, dass jene Schönheit uns verborgen ist.
Ich sage nicht, dass die einsame Seele keine Seele sei;
    Sie ist nicht nur Seele, sondern die Seele der Seele selbst.
Hoffend auf die Verbindung mit dem Freund sind
    Die Trunkenen auf diesem Weg jeder Karawane.
Bist du verständig, dann komm und sieh,
    Dass dieser Weg ein unendlicher Himmel ist.
Ich habe wundersames Glück, denn beständig
    Weilt mein Herz beim Freund und mein Kopf vor Seiner Schwelle.
Er hat mir das Herz geraubt und möchte noch meine Seele;
    Gewisslich handelt es sich um ein Geheimnis.
Denk nicht, nur ich sei auf dem Weg des Monotheismus;
    Qāsems Herz ist eine Welt in der Welt.

[87]
Weil mir die Liebe ein sicheres Haus ist
Weilt mein Herz beim Freund und mein Kopf vor Seiner Schwelle.
Vom *Gepriesen sei der, der mit Seinem Diener...* bis zum Ziel
Ist der ganze Wege voller Karawanen.
Alle sind vom Weg abgekommen, aber
Siehst du genau hin, sind alle beieinander.
Weil Er weiß, dass ich Ihn von Herzen liebe,
Beachtet Er mich nicht.
O Kamelführer, fuhr die Karawane etwa los? Denn
Die Schellen verlieren sich im Jammern.
Erlange den Schlüssel zum Schatz der Wahrheit;
Wenn nicht – der Schatz des ʿIrfān ist ewig.
Dein Herz wusste nichts über das Gedenken des Gerechten;
Deines Herzens ganze Lust ist dem Weltlichen verhaftet.
Bist du wirklich ein Römer aus Rom,
Warum verlangt es dein Herz dann nach Sansibarern?
Qāsems Herz findet allein im Gedenken des Freundes Ruhe;
Es handelt sich hierbei um ein Geheimnis.

[88]

O Ahnungslose, die Lösung ist dies:
    Besorgt euch einen Kelch, denn die Welt ist vergänglich.
Wer von der Karaffe erquickenden Weines einen Kelch trinkt,
    Ist der Sultan der Welt und der Salomo der Zeit.
Sind die Liebenden beisammen, herrschen Leidenschaft und Aufruhr;
    Bei der Versammlung der Asketen herrschen Sicherheit und Schutz.
Dies ist eine fröhliche Zeit, voller Güte und Großzügigkeit;
    Jener Ḫwāǧeh wusste und weiß nicht, dass er unwissend ist.
Wem kann man denn sagen, dass jener erquickende Mond
    Zugleich Räuber und Leiter der Seele ist?
Keiner, der Ihn gesehen hat, wusste wirklich
    Dass Er der allsehende Mann, der allwissende König ist.
Wann immer Er, die Durst gestillte Blume, sich meiner erinnert,
    Sollen sie dem Freund sagen, dass Qāsem besorgt ist.

[89]
Die Passion zu Dir sitzt mir inmitten der Seele;
    Sprich nicht von Geduld, wie sollte ich mich gedulden?
Flösse meiner Seele von Deinem Kelch ein Schluck zu,
    So wäre es leicht, tausend Zwänge und Rügen zu ertragen.
Das Glück in Deinem Gebiet lässt sich nicht recht beschreiben;
    Erreicht Salmān Dein Reich, ist er Salomo.
Nicht wunderlich, erscheint die Welt dir als Stacheln oder Dornen;
    Doch in den Augen des Wissenden ist sie ein Rosengarten.
Liebst du und siehst mit dem Herzen, so sei gewiss,
    Dass alles außer Gott Lug und Trug ist.
Schau an einem Abend bei der Versammlung der Liebenden vorbei und sieh:
    Vom Abend bis zum Morgen erklingt das Jammern der Trunkenen.
Dein Herz verbrannte im Feuer der Schwermut, Qāsemī, sei froh!
    Denn was der Freund auch tut, Er ist Herrscher und Sultan.

[90]

In jedem Spiegel ist die Schönheit des Freundes offenbar;
Die unwissende Seele zweifelt immerzu.
Selbst ein eisernes Herz fürchtet die Trennung;
Die Schellen jammern und klagen.
Woher rührt das Klagen und Wehen der Schellen,
Wo doch in der Sänfte tausend Zeichen des Geliebten sind?
Geh zum Eingang der Sänfte hin, um zu sehen,
Dass der Eingang Seiner Sänfte das Dach des Paradieses ist.
Lässt dein Zweifel dich die Liebe bereuen, so
Hör nicht auf ihn, denn er ist ein Wegelagerer.
Du selbst hülltest dich in den Schleier, denn der Freund
Ist sichtbar im Sichtbaren des Sichtbaren.
Wo immer du in diesem Reich einen Liebenden siehst:
Er mag unprätentiös sein, doch beachtet dich nicht.
Bist du dir bewusst über die Quelle – gut! Wenn nicht, sei gewiss,
Dass alles, was geschieht, von der Quelle stammt.
Bettler, König, Derwisch und Reicher –
Wem man vertrauen kann, der ist sicher.
Außer der Liebe ist in Qāsems Religion
Die ganze Welt nur Schall und Rauch.

[91]

Jener nachterhellende Mond, der im Vorhang verborgen;
Er ist im Vorhang verborgen, doch zerreißt den Vorhang.
Was dies für ein Geheimnis, lässt sich nicht klar sagen: Jener Freund
Kam mit Name und Zeichen, doch besitzt weder Namen noch Zeichen.
Aller Problem ist, dass in der Welt der Trennung
Jener, den du das Medikament weißt, Deinen Schmerz bedingt.
Sprecht mit dem Ḫwāǧeh nicht vom Ende;
Denn er liebt die Seele nicht, sondern nur das Brot.
O weh! Ob des Entwerdens ist der Gedanke ans Bleiben in Gott nicht vergönnt;
Jenes Reich ist ewig, kein in der Zeit geschaffener Ort.
Auf Gottes Weg sei ein vertrauenswürdiger Mann, denn:
An jedem Ort, den ein solcher erreicht, herrscht Sicherheit.
Qāsem, wer sein Herz wahrhaft kennt
Ist auf dem Pfad der Liebenden ein allwissender Sehender.

[92]
O seelenspendender Schenk, in Deinem Kelch liegt Seele:
    Fülle den Weinkelch, denn das Herz pocht.
Wohin ihr Herz sie zog, ging die wandelnde Zypresse;
    Unser Herzen und Seelen folgen jener Zypresse.
Die Essenz des Guten, jener erquickende König –
    Wo immer Er hinging, waren Herz und Seele besorgt.
Alle Herzen wurden Blumenfeld und alle Seelen hell;
    Jener erquickende Mond, ist er denn die Kerze der Welt?
Das Herz wollte durch die Liebe leuchten;
    So sehr es sich auch anstrengte, es gelang ihm nicht.
Unsern Herzenskelch zerbrach der helle Mond;
    Auch wenn der Kelch zerbrach – Er bleibt unser Freund!
Schenk, reiche den Kelch und blicke mich aus Güte an;
    Qāsem ist vergänglich und die Welt ist es auch.

[93]
Die Brise lüftete den Schleier vom Antlitz des Freundes;
Alle Atome schreien, quieken und quietschen.
Sei bereit für den Tröster, sei der Geheimnisse bewusst;
Siehst du Aufruhr, wisse, Er ist sein Anführer!
Sieh die Grundlage der Sache, sieh des Trösters Manier;
All dies ist guter Kern, und der Rest Schale der Schale.
Halte den Blick auf den Freund, sei bereit und aufmerksam;
Wisse um die Geheimnisse – Gottes Geheimnis liegt im Kelch.
Was ist der Kelch? Unsere Seele! Was der Wein? Gottes Trank!
Jeder Schluck aus dem Weinkelch göttlicher Pracht ist unberührt.
Wie die Liebe anschwoll, begann die Welt zu kreischen;
Denk an nichts anderes, denn der Freund wandert auf mystischem Pfad.
Ersehnst du den Höhlengefährten, erwarte keine Zuneigung;
Das Sufigewand ward hundertfach zerrissen, was will der Ḫwāǧeh flicken?
Die Liebe ist ein trunkener Freund mit randvollem Kelch in der Hand;
Fordere keinen Wein von ihr, denn sie ist Trunkenbold.
Er roch der Liebe Duft, ward unsichtbar für die Welt;
Ihn ersehnend zieht der streunende Qāsemi von Ort zu Ort.

[94]

Der Geruch von Seele kommt mit der Brise, was ist das für ein Duft?
  Er übersteigt Moschus, der Geruch rührt von Seinem Haar.
Was ist das für ein Duft? Es eröffnete sich des ewigen Geliebten Geheimnis;
  Jenes Geliebten, der den Weltenatomen wie ein Spiegel gegenüber steht.
Die ganze Welt zeigt sich in uns, wir sind Spiegel;
  Gäbe es keinen Spiegel, woher wüsste der Betrachter, dass Er schön ist?
Solange er nicht mit unserem Geliebten vereint, ist der Wein nüchtern;
  Die Trunkenheit des Weins rührt von unserer Seele, nicht vom Weinkelch.
Es übertrifft das Können dieses Kopfes, sich vor Ihm zu verneigen;
  So habe ich keine Wahl, ich Armer, als meinen Kopf vor Scham zu senken.
Nie jammere ich ob des alten Kummers, denn mich Glücklichen
  Beehrt die Trauer Stunde für Stunde erneut.
Es ist ein großes Glück, dem Freund die Seele zu opfern;
  Qāsemī besitzt in beiden Welten nur diesen einen Wunsch.

[95]
Der Liebende ist dem Tod geneigt, der Verständige sucht Ausreden;
Der Glaubenskämpfer wird getötet vom Feind, der Liebende vom Freund.
Jeder geht den Weg im Rahmen seiner Anstrengung;
Einer mit dem Kern, der andere mit der Schale.
Prediger, sprich nicht über die trunkenen Tage der Liebenden;
Unsere Trunkenheit rührt von einem Wein ohne Kelch und Glas.
Ein Weg führt von der Schöpfung zum Gerechten, einer vom Gerechten zur Schöpfung;
Ein weiterer führt vom Freund abermals zum Freund.
Trage dich mit Hoffnung, denn Er ist die Quelle der Barmherzigkeit;
Verhalte dich angemessen, denn Er ist der freundliche König.
Frage nicht nach dem Grund; Er weiß um alle Geheimnisse;
Such keine Ausrede, denn Er steht allen Atomen gegenüber.
Qāsem, den Ort der Vereinigung erreicht auf keinen Fall
Ein Herz, das an zu viele Forderungen und Wünsche gebunden.

[96]
Unser Herz fordert hundert Seelen von Ihm;
    Aber ist in Wirklichkeit ist Er der Gläubiger.
Bravo auf das helle Antlitz, denn die guten Erscheinungen
    In den Antlitzen entspringen Seinen Lichtern.
In der Stadt sind sie bereit, hundert Seelen für einen Korn zu verkaufen,
    Sobald man sagt, der Basar sei Sein Basar.
Du bist ob Liebe froh und von Ihm ist die Liebe froh;
    Du bist traurig wegen Ihm – Er ist der Trauernde.
Du gleichst der Nachtigall, jammerst ob einer Blume,
    Aber hast keine Ahnung, dass Er ein ganzer Blumengarten ist.
Von diesem Zustand tanzen die Atome der Welt;
    Denn jedes Atom spiegelt das Treffen mit Ihm.
Lass ab davon, zu quälen
    Qāsemīs Herz, denn Er ist der Tröster.

[97]
Im schwarzen Fleck meines Herzens liegt Verlangen nach Ihm;
In meinem Herz und meiner Seele ist Sehnen nach Ihm.
Die Sonne, die Kerze der Welt,
Ist ein Strahl Seines schönen Antlitzes.
Ich weiß nicht, was das für eine Herzensregung ist;
Ich weiß nur so viel, dass das Herz Ihm folgt.
Weil der Nacheiferer nicht auf dem Pfad ging,
Ist unser Leid wahrlich seine Freud.
Wer sich löste von der Lust auf Wasser und Erde,
Trägt das Gewand der Liebe auf den Schultern.
Die Brise verströmt Seelenduft;
Der Geruch stammt von Seiner reinsten Ambra.
Weil Qāsemī um die Geheimnisse weiß;
Ist ihm die Erde Deines Reichs ein Garten der Einkehr.

[98]
Meinem Mond ist dieser Körper ein Versteck;
Herz und Seele lieben Seine trunkenen Augen.
Was soll ich von jenem Freund, dem unglaublichen Tröster, sagen?
Er ist die Seelenkerze; die Welt liebt Ihn, ist Seine Motte.
Diese Liebesgeschichte ist wunderbar, unsagbar ist sie;
In beiden Welten wird überall von Ihm gesagt.
Beide Welten sind trunken und zerrüttet vom ewigen Wein;
Beide Welten empfinden Schmerz; die Welt Seiner Schenke Schenk.
Der Kelch meines Freundes ist riesig und endlos;
Vom Fisch bis zum Himmel ist alles Sein Kelch und Krug.
Außer Dich sahen wir nichts in der Welt;
Es ist das auf der Schulter ruhende Haar des werten Trösters.
Fragen sie Dich: *Wo ist Dein Liebender, wo Dein Weiser? –*
Lodernden Herzens ist Qāsem Sein Liebender und Sein Weiser.

[99]
Von der Wahrheit des Freundes lässt sich nicht künden;
Aber wahrlich ist alle Wahrheit Er.
Komm, denn Deine Schönheit wird beschrieben, höre zu!
Komm, die Geschichte vom Herrn der Herzen ist so schön.
Über Deine Brauen lässt sich nicht sprechen, denn immer
Fürchte ich, dass das trunkene, lachende Auge mich verließe.
Der kleinste Schluck unserer Schelme ist das Meer;
Die Erzählung ward zu lang, was sollen Kelch und Krug noch?
Wenn die Welt ganz Kern wird zu barmherziger Zeit,
Wird der Anteil des Nacheiferers nichts als Schale sein.
Die Tyrannei des Feindes, die Verleumdungen des Konkurrenten, der Gram der Trennung –
Was sollte ich, dessen Gewand hundertfach zerrissen ist, da noch flicken?
Wenn es für Qāsem Zeit ist, zu gehen, trauere nicht. Sag,
Dass er trotz der Feinde Gottes zum Freund geht.

[100]
Die Sonne des Antlitzes des Freunds stieg empor;
    Der Freund, zu dem die Atome der Welt sich wenden.
Verlangt es dein niederes Selbst hier nach Schlechtem,
    Höre ihm nicht zu, denn es ist nicht Medikament, sondern Heide.
Ich bin Sklave des Antlitzes jener schönen Sonne;
    Die Welt ist ein Strahl jenes schönen Antlitzes.
Wie schön sie jammert, jene klagende Harfe;
    Die Glut der Liebenden rührt von ihrem Jammern.
Ein Sufi ohne Liebe ist ein Tropf;
    Ein Mullah, der nicht trunken ist, ein Pinsel.
Schreite weniger im Reich der Liebe umher,
    Denn überall, wo du Aufruhr siehst, ist das Reich.
Nur zu, tue mir Gewalt an, wie es Dir gefällt!
    Deine Gewalt auszuhalten ist mir gewohnt und vertraut.
Von Deiner Güte erzählten sie im Garten etwas;
    Seither ruft der Kuckuck immer: *Kuck-Kuck*.
Komm, Qāsem, nimm den reinen Wein,
    Trink, und verbeuge dich vor dem hohen Freund.

[101]

Sieh den Hohen, immerzu bin ich voller Liebe zu Ihm;
    Der Wert eines jeden bemisst sich an seiner höchsten Anstrengung.
Du wirst mich nicht sehen, kommt vom Berg Sinai die Antwort für Moses;
    Alle Schreie der Sehnenden rühren von Seiner Bedürfnislosigkeit.
Ich diene dem trunkenen Auge, durch dessen Trunkenheit und Koketterie
    Jeder Winkel der Stadt von Jammer erfüllt.
O Herz, sei nicht traurig, dass du auf dem Weg der Liebe schwer;
    Die Welt ist fröhlich allein, da sie wegen Ihm traurig.
Prahlt der Verstand auf der Feier der Trunkenen, er sei nüchtern;
    Ob Deines weinfarbenen Auges – wer sollte ihn fürchten?
Kommt dir statt eines Medikaments Schwermut zu, frage nicht, warum;
    Ergebe dich dem Entwerden, es ist Teil Seiner Medikamente.
Wegen Dir ist Qāsem einsam; möge dies niemandem geschehen!
    Zwangsläufig lasten die Sorgen der Welt auf seinem einsamen Körper.

[102]
Gedenkt des Trunkenen Herz dem Freund nicht, ist es nicht froh;
 Ohne Sein Antlitz scheint in Kaʿba und Götzentempel kein Licht.
Wesenhafte Heiligkeit rührt von Reinheit, doch
 Gibt es kein Atom, in dem der Gerechte nicht wäre.
Asket, predige Ihm nichts Falsches von mir;
 Lass von dem Zustand ab, der deiner nicht gebührt.
Erstrahlt die weltumspannende Sonne der Güte,
 Sieht den Glanz ein jeder, der nicht blind ist.
Der Seele gab Er Leben, Helligkeit dem Herzen und Auge;
 Diese wegweisende Liebe ist geringer nicht als das Tönen der Trompete.
Asket, niemandem ist mehr nach Askese, Buße und Frömmigkeit;
 Und darum existieren sie nicht länger, doch der Asket ist stolz.
Auf dem Weg der Bekanntschaft, der Erkenntnis Geheimnisse,
 Wandelt keine Seele, die etwas außer Ihm sieht.
Flüchte dich zur Liebe, denn sie ist ein sicheres Haus;
 In ihr blicken alle auf den Gerechten und es gibt keinen Zwang.
Qāsem, ersehne das Paradies des gerechten Herrn mit ganzer Seele,
 Denn dort existieren weder Zwang noch Sünden.

[103]
Der Weg vom Selbst bis zum Ziel ist nicht weit,
Sind Herz und Seele nicht unwissend und stolz.
In allen Atomen der Welt ist Er offenbar,
Der Freund, ist das Herzensauge nicht blind.
Mein Krug kommt aus dem ewigen Fass Gottes,
Unser Wein ist nicht aus Trauben gemacht.
Der Nachgebete Leidenschaft pflanzt sich dir nicht ins Herz,
Weilt deine Mosesseele nicht auf dem Berg Sinai.
Unser Mufti verstand folgende Worte nicht:
Der Falke ernährt sich nicht von Spatzen.
O Prahler, gib nicht an mit *Ana al-Haqq*,
Dein Wesen gleicht nicht jenem von Manṣūr.
Seit Dein mondgleiches Gesicht im Schleier verschwand
Gibt es kein Herz, das nicht einsam wäre.
Kein Atemzug, in dem aus Liebe zu Dir
Herz und Seele nicht jammerten und glühten.
Qāsemī besitzt einen Anteil Deines Schmerzes,
Ohne Dein schönes Antlitz ist er nicht froh.

[104]
Glücklich über das Treffen mit Dir trauert das Herz der Seele nicht nach;
Aus Liebeskummer fürchtet die Seele die Welt nicht länger.
Der leichtbeladenen Liebenden Spur verlor sich in Deinem Reich;
Wo Du bist, ist von beiden Welten keine Spur.
Asketen, behauptet nicht, ihr wärt allen überlegen;
Doch verringert sich eure Anzahl dergestalt, ist dies vortrefflich.
Gießt der Sufi reinen Wein in das Kristallglas, so
Wird er wohl trunken, doch gehört nicht zu uns Weinsteintrinkern.
Auf unseres Verstandes Basar herrscht Sorge um Profit und Verlust;
Im Kreis der Liebenden gibt es nichts als Sicherheit und Schutz.
Komme in der Welt zu deinem Recht, Ḫwāǧeh,
Bevor erklingt, dass du dahingeschieden!
Ich sagte: *Deine Asche über mein Haupt!*; Er entgegnete: *O weh,
Qāsem, denk an dich selbst, denn Wir brauchen dich nicht.*

[105]
Ohne Deine Schönheit ist lichtlos der Garten unserer Freude;
Ohne die Vereinigung mit Dir ist unser einsames Gemüt nicht froh.
Fern bleibt vom ewigen Glück, vom großen günstigen Geschick,
Wer im Kopf nicht große Passion für Seine Liebe besitzt.
Ein Asket, der an die Trunkenen des Weges glaubt,
Seine Seele mag sehr fern sein, doch ist sie nicht ganz dunkel.
Ein Wissender, der den ewigen Freund kennt,
Spricht er manchmal auch von Ferne, so ist er nicht allzu fern.
Ich wollte von der vollkommenen Güte des Freundes deuten,
Doch Weltseele hatte die Seelen nicht zu sich befohlen.
O Rechtsgelehrter, quäle dein Herz nicht, wenn wir Wein trinken;
Im Krug der von der Wahrheit Trunkenen ist kein Traubenwein.
Verrate unserem Konkurrenten nicht des Weinkelchs Qualität;
Solch heller Spiegel gebührt jenem Blinden nicht.
Unser Asket erzählt dem Volk vom Nacheifern;
Seine Entschuldigung hinkt, ihm ist nicht verziehen.
Ratgeber, wisse, Qāsemīs Seele ist ein wohl besuchtes Haus;
Dein Haus ist nicht so wohl besucht wie das unsrige.

[106]
Die Liebenden sind beim Freund versammelt, dies ist möglich;
Wer dem Pfad fern, dem sind diese Worte fremd.
Der schlechte Verstand kennt das Geheimnis der innerlich Trunkenen nicht;
Des Wahrheitsfalkens Beute ist dem Spatzen nicht würdig.
Trunken ist die Liebe und spricht zur scharfen Schneide;
Den an der Wahrheit Trunkenen sind diese Worte klar.
Liest du auch hundert Abhandlungen über der Liebenden Worte –
Liebe und guter Name sind nirgends aufgezeichnet und geschrieben.
Von Gottes Geheimnissen spreche ich nirgendwo und nie;
Mein Yusūf weilt nicht im Gefängnis, mein Moses nicht auf dem Berg Sinai.
Wer lieben will, muss sich unendlich bemühen;
Der stolze Asket ist dem Liebesspiel nicht würdig.
Qāsemī, berichte einer verwirrten Seele nicht vom Geheimnis Gottes,
Denn selbst König und Kaiser sind solcher Worte nicht würdig.

[107]
Frisch wie Dein Antlitz ist keine Blume im Garten;
Keine Blüte am Judasbaum gleicht Deinem Haar.
Halte Dir einen Spiegel vor, um zu sehen,
Dass es auf der Welt kein Antlitz wie das Deine gibt.
Nach Deines Antlitzes, der welterhellende Sonne, Gleichen
Suchten wir; es fand sich nicht im Sein.
Blicke auf Schönheit, um zu verstehen,
Dass eine Schönheit wie die Deine nirgends existiert.
Du bist der König unserer Seele, wahrlich,
Unter Menschen und Dämonen weilt keinen König wie Du.
Erfreue Dich nicht daran, mein Herz zu quälen;
Denn eine Qual vom Freund ist keine.
Bei den Reisenden des Weges, Qāsem,
Gibt es nichts als Liebe.

[108]
Ohne den Liebeskelch bleibt unvollkommen unseres Herzens Freud;
    Die rettende Erlösung der Welt geschieht allein durch den Kelch.
Ihr, die ihr den Genuss von Trunkenheit und Liebe nicht geschmeckt,
    Es ziemt euch nicht, die Liebenden zu tadeln.
Wir sind Habenichtse und Bettler, und doch vollkommen frei
    Von weltlichem Glück, das nicht dauert.
Des Geliebten Gewalt, der Konkurrenten Schmähung, der Menschen Nötigung –
    Sprich, welche dieser Pein uns nicht obliege?
Niemals erreicht den Geliebten ein Herz, das
    Nicht in der Schenke nahe des Bait al-Ḥarām weilt.
Werde schimpflich, lass dich tadeln, denn auf dem Pfad
    Besitzt keiner einen guten Namen, der nicht verrufen ward.
Auf dem flinken Pferd der Liebe reitet Qāsemī
    Schnell und wild; das Pferd ist nicht ungehorsam.

[109]
Unserem Scheich ist ein Kelch, doch er ist ihm nicht würdig;
  Er trinkt reinen Wein, aber ist kein Weinsteintrinker.
Von Gottes Wein sind beider Welten Atome trunken;
  Obgleich nicht jede Seele in der Welt dieser Belohnung würdig ist.
Für die vom Pfad Trunkenen liegt die Sache klar:
  Sie sind die Weintrinker der Pforte; der Wein ist nicht für alle.
Wieder begann Er zu kokettieren und wir gewannen Kraft;
  Wie gütig auch, dass dieser Anfang kein Ende kennt.
Dauerhaft versunken in der Vereinigung mit der Weltseele sind wir;
  In solcher Vereinigung, die ich beschrieb, bedarf es keiner Botschaft.
Bravo unserem Schenk und dem Trunkenen, der
  Den Kelch leeren mag, doch nicht übel betrunken und unglückselig wäre.
Qāsemī, verrate diesen Blinden die Geheimnisse nicht;
  Wo du bemerkst, Er ist nicht da, dort wollen sie nicht verstehen.

[110]
Im Kloster und im Konvent der Moġs weilte niemand,
In dessen Kopf die Flamme Deines Liebesfeuers nicht züngelte.
Die Atome der Welt sind Spiegel göttlicher Geheimnisse;
Aber in unserer Gasse gibt der Liebende nicht den Ton an.
Bei der Versammlung der Asketen suchte ich Nachricht vom Freund;
Sie sagten: *Die Nachricht ist, wir haben keine.*
In der dunklen Wüste der Welt stirbt vor Gram,
Wesʾ Leiter kein mondgleiches Gesicht besitzt.
Kein Ort, an dem durch Seiner Schönheit Bild
Kein hochgewachsener Mensch, kein Herz aus Stein und keine süßen Worte wären.
Mache Gottes Geheimnisse nicht kund, auf dass sie nicht sagen
Auf Erden sei niemand von Ihm fern.
Sie meinen, dieser Weg sei weit und gefährlich;
Gehst du recht, gibt es auf Gottes Weg keine Gefahr.
Erbittet der Nacheiferer in dieser Gasse Ladung,
So belade ihn mit Last aus dem Lager, denn er ist ein Esel.
Die Medizin für Qāsems armes Herz ist Schmerz;
Außer Schmerz gibt es auf diesem Weg keine Wahl.

[111]
Kein Zweifel – auf der Welt ist niemand als der Freund;
    Klar, dass außer Ihm niemand sichtbar oder unsichtbar ist.
Engel und König bezeugen tausendfach,
    Dass in diesem Reich außer dem Freund nichts Ewiges weilt.
Außer durch unseren Herzensräuber, die sichtbare Sonne,
    Gibt es in beiden Welten keinen Verborgenen und Sichtbaren.
Weißt du nur ein wenig über den Weg, so
    Ist klar, dass außer dem Freund nichts existiert.
Die Reisenden des Pfades, die den Weg der Wahrheit gingen,
    Zeigen, dass es außer dem zeichenlosen Wesen nichts gibt.
Klar sah das Auge des Herzens,
    Dass niemand außer dem Freund im Sein.
Alle Weltenbürger wussten und auch Qāsem weiß,
    Dass außer dem werten Freund niemand auf der Welt ist.

[112]
Das Herz vermag nicht vor der Seele zu fliehen, hat keine Wahl als den Geliebten;
Helfer und Gehilfe ist ihm allein die Sehnsucht nach dem Freund.
Solange der Sufi, sich mit Askese und Wundern brüstend,
Nicht trunken vom Licht des Freundes, ist er nicht erleuchtet.
Sie kennt die Geheimnisse des Freundes auf keinen Fall,
Die Seele, die im Inneren nicht glatt wie ein Spiegel ist.
Prediger, erzähl anderen die Geschichten der Nacheiferung!
Den Herzensleuten munden Märchen nicht.
Ein Auge, das nie des Freundes Antlitz sieht, ist
Keine leuchtende Erscheinung eines *Sehenden*.
Nie verlangte es uns danach, dich zu überzeugen;
Geh schon! Der Falke auf des Königs Arm sucht sich keine Maus als Beute.
Die Seele ersucht Deine Hilfe, der Verstand ist verwundert von Dir;
Das Herz hat keinen trefflicheren Helfer als Deine Leitung.
Du kamst einmal kurz in unser Viertel und seit Jahren
Gibt es keine Ecke, in der es nicht wohl röche.
Qāsem legt seinen Kopf auf Deinen prächtigen Boden;
Nichts als die Erde Deines Reichs bestimmt der Seele.

[113]
Die Schöpfung meint, in der Liebe gäbe es kein Leid;
Auf ungefährlichem Weg gibt es keinen Krug.
In Deinem Reich, dem Haus der Trunkenen, will die Nacht nicht enden;
Mein Herz will fliehen, doch keiner ruft *O weh!*
Dein Antlitz ist mir Entdeckung, Deine Koketterie Wunder;
Sage bloß nicht, ich entbehrte der Wunderdinge.
Siehe dich an, O deprimierter Asket, wie stolz bist du!
Obwohl doch gewiss, dass du mit dem Treffen nicht beglückt.
Wer sich am Ende frei machte von der Welt,
In beiden Welten gibt es niemandem von seinem Rang.
Es ziert sich nicht, mit Nachtgebeten den Liebesweg zu beschreiten;
Meiner Mosesseele wurde kein Treffen versprochen.
Im ganzen Sein betet Qāsemī außer Deiner Liebe
Mit Herz und Seele nichts in der Welt an.

[114]
Heute ward unseren Seelen kein Liebeskummer beschieden;
Kein Glück in der Welt ist angenehmer als Dein Schmerz.
O Schenk, reiche Kelche den am Entwerden Trunkenen;
Unser heutiges Glück ist nicht alltäglich.
O Asket, erzähl nicht so viele Geschichten von deinem Vogel;
Er ist wohl Vogel, aber kein Hausvogel.
O Prediger, wann erreichst du die erleuchteten Sufis?
Dein Schmerz ist noch jung und dein Leben noch nicht alt.
Bist du ein Mann des Liebespfades, so wähle die Liebe;
Woher käme das Licht des ʿIrfān, entbehrten beide Welten der Liebe?
Der Asket suchte die Liebenden zu beleidigen – es misslang;
Der Verstand weiß, dass sein Herz keine Liebe besitzt.
O Mahner, schieß keine Pfeile mehr auf Qāsem, geh!
Mir gefällt kein Pfeil, der das Herz nicht quält.

[115]
Dein Antlitz ist Spiegel von Äußerem und Inneren;
    Am Morgen Deiner Güte erstrahlen alle Lichter.
Durch Anziehung ward das Herz trunken dem Treffen;
    Was soll Maǧnūn denn machen, wo die Anziehung von Laila ausgeht?
Immer sind wir von Deiner Liebe trunken und zerrüttet;
    Auf hundertfache Art dient Dir das Herz, sehnt sich nach Dir.
Jeder Kelch aus Deiner Hand ist genießbar;
    Deine Runde geschieht ohne Gewalt, sie ist die höchste.
Wie die Liebenden den Strahl Deines Treffens sahen,
    Ertönten von allen Seiten die Schreie: *Gloria und Preis!*
Wir blicken zu Dir, denn Du bist ehrbarer Spiegel;
    In Deinem Antlitz ist keine Spur von Zwielicht und Betrug.
Jeder, der sich nicht wie Qāsem an Deiner Schönheit erfreut –
    Auf dem Grunde seines Wesens liegt nur Oberflächlichkeit.

[116]
Allen Atomen der Welt ist ein Strahl der Schönheit;
Was bleibt dir zu sagen, wo du der Schönheit Strahl besitzt?
Besorg dir ein Auge, um wieder zu sehen:
In allen Atomen der Welt strahlt Licht.
Des großen Schleiers wegen verbeugte jener unwissende Heide
Sich für Lāt und dachte, es sei ʾUzzā.
Beglückt vom Treffen mit Dir ist Tag und Nacht
Gleich Moses dieses Herz auf dem Berg Sinai des Verlangens.
O Ersehner des göttlichen Palasts, weist du um den Weg, so
Vermeide alles außer Ihm – dies ist der Frömmigkeit Gipfel.
Wir sind versammelt zum Treffen mit Dir und fern der Trennung;
Wo Du bist, unterscheidet sich der Menschen Äußeres und Inneres nicht.
Die Liebe, sie ist Lebenswasser auf unserem Pfad,
Die Liebe, sie auf unserem Weg der erste Beweger.
Sie schrieben Fatwas zur Tötung der Liebenden;
Von ihrer Richtigkeit ist unser Mufti fest überzeugt.
Von Deiner Liebe ward des armen Qāsems Herz lebendig;
Wo der Duft Deiner Liebe – wer brauchte da noch Jesu Atem?

[117]
Dein Antlitz ist Spiegel von Äußerem und Inneren;
  Im Strahl Deines Treffens glänzen die Lichter.
Der Duft der Erde, auf der Du gehst,
  Ist ein Segen, der nicht einmal der Brise eignet.
Mit Deinem Duft leben meine Seele und mein Herz ewiglich;
  Wozu brauchte es da noch Jesu Atem?
Weil Dein Äußeres und Inneres vollkommen sind,
  Lieben unsere Herzen und Seelen jenes innere Äußere.
Keinesfalls eignet das Anbeten des Äußeren
  Unserem Wesen – aber dem Wesen des Denkers[11].
Der Gerechte zog mich an und raubte meine Seele;
  Was soll Mağnūn tun, wo die Anziehung doch von Laila kommt?
Qāsem gab Herz und Glaube, hofft dafür auf Vereinigung mit Dir;
  Auf dem Pfad der Liebenden verlangt dies, der Frömmigkeit abzuschwören.

11 Dieses Wort ist in allen Handschriften schwer zu entziffern. Am wahrscheinlichsten ist mānī, Denker, aber in einer anderen Handschrift scheint bānī, Erbauer, zu stehen, was nicht in den Kontext passt. Allerdings bezeichnete bānī früher auch Juden; da Qāsemī sich oben von den Christen abgrenzt, mag diese Übersetzung ebenfalls möglich sein.

[118]
Mein Antlitz ist immer zu dem Deinen hin;
    Nicht aus Unaufrichtigkeit, sondern wegen Deiner Güte.
Es lüstet mich, in Deinem Dienst zu sterben;
    Auf der Welt hat jeder einen Wunsch.
Vor Leidenschaft nach Seinem weinartigen Auge bin ich zerrüttet;
    Unser Wein fließt nicht aus einem Kelch von der Karaffe.
Ihn suchend werden die von Herzen Erschöpften
    Durch ihrer Augen Tränen in jedem Moment gewaschen.
Sobald von seinem Kelch ein Tropfen auf den Boden fällt
    Erhebt sich Grölen in der Welt der Liebenden.
Die Schellen verkünden den Aufbruch;
    Mein Körper zittert aus Angst vor der Trennung wie Espenlaub.
Von der Schönheit des Freundes und der Leidenschaft
    In Qāsems Seele spricht alle Stadt.

[119]
Im Meer Deiner Liebe gleicht jeder Tropfen einem Meer;
  Im Reich Deiner Liebe gleicht jede Mücke ʿAnqā.
Ich leihe mir tausend Augen, wenn ich es kann,
  Denn jedes Auge erblickt Deine Schönheit auf seine Art.
Meinem Herz brennt vor Leidenschaft und Lust zu Dir;
  Es ward beschlossen, dass jedem Herzen ein Verlangen ist.
Keinesfalls beschreite ich den Weg zum Freiheitsreich;
  Ist doch jede einzelne meiner Haarspitzen Gefangener der Liebe.
Sah Er die Trunkenen etwa aus dem Augenwinkel an?
  Denn Leidenschaft und Grölen haben jeden Winkel der Stadt erfasst.
Überall ward es kund, so sage ich es nun laut,
  Dass es mein Gemüt nach dem Hohen gelüstet.
Der Hohe, das heißt, der große, ruhmreiche Erhabene;
  Ihn kennt, wer wissenden Verstand besitzt.
Wo du den Namen hörtest, erkunde das Benannte;
  Die Worte der Kopflosen gleichen einem Rätsel.
Sag zu Qāsem: *Hast du im Reich der Liebe Platz genommen, so*
  Sei anständig, denn sehr wundersam ist dieser Ort.

[120]

Wo immer in beiden Welten ein rechtgeleiteter Liebender –
  Die Mitte seines Herzens ist erfüllt von Liebe, eingehüllt in Kummer.
Der Verstand sagt: *Lass ab von der Liebenden Art!*;
  Selbst wenn sie ein anderer sagt, sind diese Worte Illusion.
Wer sein übelgesinntes, niederes Selbst zerstörte,
  Erreicht auf dem Weg der Liebe den Himmel, den Rang eines Engels.
Wer aber der Sonne Antlitz nicht deutlich sah,
  Ist den Sehenden unwissend und blind.
Je weiter die Kerze ihren Kopf neigte, desto heller ward sie;
  Der aufrichtige Liebende steht hellen Herzens fest auf seinem Platz.
Ein Asket, der nicht sieht, ist ein wahrer Tropf;
  Ein Prediger, der keine Ahnung hat, ein wahrer Pinsel.
Die Summe beider Welten ist Gottes Liebe und genug;
  Ein jeder Tropfen des Liebesmeers birgt ein Meer.
Höre, O Ersehner des Gerechten: *Eifere nicht nach!*;
  Diese Worte sprachen wir zu Dir, doch sie stammen von anderswo.
Aus Güte spende Qāsemī einen Blick;
  In Deinem Reich ist er verwirrt und kopflos.

[121]
Die Bekanntschaft ist einem Mann des Inneren eine Laterne;
Ihre Helligkeit hängt vom Maß der Bekanntschaft ab.
Verbrenne im Liebeskummer, halte ihn aus!
Der Besitz der Liebenden liegt in der Besitzlosigkeit.
Mit Anstrengung und Mühe wird keiner zum Liebenden,
Denn Liebe ist Glaube, und Glaube ein Geschenk.
Wir sind ein Grüppchen Schelme in diesem Kloster;
Der Schrei der Derwischseele rührt aus der Trennung.
Diesen Weg muss man mit dem Licht der Liebe gehen;
Was haben Askese, Wissen und Frömmigkeit für einen Wert?
Sag nicht, die Liebenden seien allein und arm,
Denn der Besitz der Liebenden ist göttlicher Besitz.
Beschreibe die Frömmigkeit, Qāsem!
Denn die Beschreibung der Frömmigkeit ist königlich.

[122]
Geh den Weg der Pīr-e Moġān, denn es ist jener der Trunkenheit;
    Lauf nicht entgegensetzt des Pīr-e Moġān, denn das ist Schlechtigkeit.
Erzähl nicht vom Gefühl und lass vom Spürbaren ab;
    Wer dem Gefühl dienstbar bleibt, gehört zur Muʿtazila.
O Herz, du bist mein Kelch, doch voller Meerwasser,
    Denn Dein Krug ist randvoll mit Gottes Wein.
Trink den Wein, er kam aus dem Hedschas,
    Sei er auch in chinesischer Schale oder Aleppiner Glas.
Immer halte die Zunge im Zaum bei der Versammlung der Vertrauten;
    Sprich nicht von ʿUmar und ʿUthmān, denn sie sind Hubal-Götzen.
Fragt jemand nach Ḥeidar Ṣafdar, so
    Sprich: *Trotz der Ḫāriǧiten ist ʿAlī siegreich.*
Ist von Qāsem die Rede, dann halte vernünftiges Maß,
    Denn dieses Geheimnis kreist um Prophetie.

[123]
Der Liebespfad bedeutet, den Pfad der Genügsamkeit zurückzulegen;
Ersehnt einer nichts, so weiß man, er sucht Liebe.
Behaupte nicht, Liebe sei auf dem Pfad der Liebe *haram*;
Denn Nachfolger wie Prophet sind vom Liebeswein trunken.
Unser Wein stammt von einem Fass ohne Ort;
Sei er auch in chinesischer Schale oder Aleppiner Glas.
Die Liebeswelle macht uns tanzen und offen sprechen,
Schön ist das Grölen der Trunkenen, sei es auch ungesittet.
Komm zur Versammlung der Schelme und sieh, wie es uns ergeht;
Unser Kelch ist voll mit Wein von der Kūṯar-Quelle, nicht aus Trauben gepresst.
Frage nicht, woher der Freund des Korans Sinn nahm;
Seine Sprache gehört den Persern, sein Geist ist arabisch.
Herz und Seele sind frisch von den Erscheinungen des Geliebten;
Wer keine Sehnsucht hat, ist freudlos.
Ersehnst du Aleppo, so gehe hin, zum äußersten Ziel;
Denn der Segen des Heiligen Geistes kommt vom Ehrwürdigen aus Aleppo.
Sieh, wie der arme Qāsem sich ganz verlor;
Wisse, dass der Seelenschenk dem Stamm der Muṭallib angehört.

[124]
O mein edler Götze, wie heißt Du heute?
   O mein Herz und Tröster, wie heißt Du heute?
Beide Welten tragen Deinen Namen, sind Deine Geschichte, Deine Botschaft;
   O mein reisender Mond, wie heißt Du heute?
Engel und König sind Dir zu Diensten, beide Welten sind Dein Kelch;
   O mein Herr und Befehlshaber, wie heißt Du heute?
O mein Herz und Tröster, mein Begleiter und Mitfühlender,
   Mein Wisser der Geheimnisse, wie heißt Du heute?
Dein Name ist Öffner der Seele, Dein Name ist Seelenschatz;
   O mein gütiger König, wie heißt Du heute?
Dein Name war immer, immer wird Dein Name sein;
   O mein edler Götze, wie heißt Du heute?
O unser Herz ist trunken an Dir, unser Sein ist durch Deines;
   Mein für die Fremden Unsichtbarer, wie heißt Du heute?
Mein Entdecker der Geheimnisse, mein Erleuchter der Lichter;
   Meine Bernsteinwolke, wie heißt Du heute?
Du bist Anfang und Ende, Inneres und Äußeres;
   Mein Qāsem Anwār, wie heißt du heute?

[125]
Ich bin blutgetränkt, was könnte mich heilen?
  Unglaublich wirr bin ich, was könnte mich beruhigen?
Die Liebe legte meine Welt in Flammen;
  Wer weiß schon, was mir in der Seele liegt?
Streife ich auf diesem Weg umher, den Freund zu finden;
  Was ist das Wesen meiner roten, umherstreifenden Tränken?
Mir gibt der Schenk sekündlich einen Kelch;
  Betrinke ich mich, was soll meine Strafe sein?
Das Schicksal hält mein Herz in Wirrnis;
  Ich sage nicht, was mein Schicksal leitet.
Gilt mein Dank dem Beistand des Geliebten –
  Was sollte dann mein Dank?
Mein Herz ward geplündert von jenem Haar;
  Warum jammerte und schrie ich sonst die ganze Nacht?
Tausende Zeichen vom Ursprung bis Heute;
  Wisse um den Rang, der mir gebührt.
Verzeihe die Versäumnisse Qāsemīs;
  Denn Du weißt, wie wenig ich vermag.

[126]
Alles ist nun Schmerz, worin liegt die Heilung?
    Was hilft mir wirrem Herzlosen?
Herz und Seele gehören dem Geliebten, dem Liebenden bleibt Unglück;
    Dies ist der Pfad der Liebenden, was ist meine Strafe?
Ist Dein gutes Auge etwa kein Weinverkäufer, O Seele?
    Schrien die Trunkenen sonst jede Nacht vor Deiner Schwelle?
Auch der Himmel fordert Dich mit hundert Augen;
    Warum hielte er sonst dieses strahlende Gestirn in der Hand?
Gäben sie mir im Himmel einen Platz, doch ohne Dich, so
    Sagte ich: *O Freund, was sehe ich da für ein Gefängnis?*
Wer Dein Reich nicht sah, wird nie wissen,
    Was den Heiteren das ewige Paradies ist.
Sehne, mein Herz, bis dir gewiss wird, Qāsem,
    Was der Osten des ewigen Morgens und das Reich des ʿIrfān ist.

[127]
O Freund, was ist die verborgene Erzählung?
  Was sind die Worte der Liebenden in der Summe?
Wäre die Auferstehung nicht offensichtlich,
  Was sollten dann die Aufruhr und Leidenschaft in der Welt?
Wäre es nicht Reisezeit, dann sag,
  Was sollten die Schreie und der Lärm der Karawane?
Wäre der Sultan nicht großzügig,
  Woher kämen dann all diese geschenkten Waren?
Tränken sie im Reich keinen Wein,
  Was wäre dann das Ergebnis von *Sei! und es ward*?
Grämte in den Gotteshäusern keiner wegen Dir,
  Was sollten dann die Leidenschaft und Schreie der Sufis?
Wäre der Frühling gemäßigt,
  Was sollte dann der kalte Wind im Herbst?
Sind wir alle in dieser Position versammelt,
  Wozu dann Zwiespalt, Zweifel und Misstrauen?
Qāsem ward zu purem Gold und rein;
  Was redet man über die Prüfung?

[128]
Wenn alles, was ist, Du bist – Du! – was meinen dann Gut und Böse?
Und wenn alles, was ist, ich bin – was sollen dann die Zahlen?
Wenn in Wahrheit alles eins ist,
Warum dann all die Worte von Gut und Schlecht?
Jener Freund bedarf keiner Hilfe;
Warum wird dann um Hilfe gejammert und geschrien?
Weil alles, was ist, von Ihm rührt,
Warum dann Fatwas folgen, die dem Verstand entspringen?
Du sagtest, du peitschtest mich ob dieser Worte aus;
Sag, bis zu welcher Grenze darf man über Gott sprechen?
Brauste das Meer des Seins nicht,
Warum dann die Anstrengung gegen das Böse?
Alles, was es gibt, ist Ihm recht;
Qāsem, warum dann noch Akzeptanz und Nichtakzeptanz?

[129]

Wer sein Herz verschenkt, wem die Seele Ziel ist, liegt offen;
    Offen auch, wer sein Antlitz zeigt und uns das Herz raubt.
Jener, dessen Schwert sekündlich niederfährt,
    Den Liebenden hundertfach ewiges Leben ist – offen liegt, wer er ist.
Jener, der wahrlich Liebender und Geliebter ist,
    Der zwischen beiden vermittelt – offen liegt, wer er ist.
Jener, der den Liebenden die Schweren des Liebesgeheimnisses
    Mit hundertfacher Güte verkündet – offen liegt, wer er ist.
Zum Dank spricht man über Seine süßen Lippen;
    Der Dankende, der süße Worte spricht – offen liegt, wer er ist.
Wahrlich alle sind Kinder der Liebe; doch wer von ihnen
    Das älteste Kind, der Stolz der Familie sei – offen liegt wer es ist.
Wenn einer wankt, so hat er vom Kelch getrunken; doch
    Versunken in den Fässern göttlichen Weines – offen liegt, wer es ist.
Beide Welten sind erfüllt von Namen und Zeichen des Freundes;
    Wer in beiden Welten Freund ohne Name und Zeichen ist – offen liegt, wer es ist.
Den Feinden zum Hohn ward Qāsemī für Liebe berüchtigt;
    Auf das Wohl der Freunde trinkt – offen liegt, wer es ist.

[130]

Wer Dein Antlitz liebt, ihm sind Sufigewand und Gürtel des Ungläubigen gleich;
    Dem Bewohner Deines Reichs sind Kaʿba und Schenke eins.
Wer Gott erblickt, weiß sicher,
    Dass Auge und Sehen wahrhaftig eins.
Überall zeigt Er Sein Antlitz von allen Seiten, und doch
    Ist der edle Götze überall von allen Seiten derselbe.
Du liegst bei allen sechs falsch, Ḫwāğeh, denn in der Einheit des Freundes
    Sind Liebe und Liebender, Wein und Schenk, Herz und Tröster eins.
Auf diesem Weg gibt es kein Hindernis, erblicke dein Herz;
    Auf dass du gewiss siehst, Haus und Basar sind eins.
O Herr, was ist das für ein Zustand, dass Manṣūr beständig
    Am Galgen sagte, Tür und Galgen seien eins.
Wie Qāsem die große Dunkelheit ganz hinter sich ließ,
    Sagte er: *Ich schwöre bei Gott, die Lichter sind eins.*

[131]
Dich ersehnend sind meine Schmerzen riesig;
Ich bin zerrüttet, alles ist mir gleichgültig.
Über Deiner Einheit Kern, ein feines Geheimnis,
Ist niemand gewiss, die Zweifel sind riesig.
Jedes Herz, das aus Lust nach Dir verließ die Welt,
Zog beseelt, nach Moschus duftend, davon wie die Morgenbrise.
Ein Herz, das einmal auf den Sinai aus Deines Antlitzes Leidenschaft geladen,
Verließ wie Moses die weltlichen Sinai-Breiten.
Beide Welten sind Seine Kinder; wer das Liebesreich betrat,
Dessen Gedanken nahmen Abstand vom Bösen.
Vom Genuss des irdischen Lebens kostete nicht
Ein Herz, das ahnungslos an Seiner Wahrheit vorbeischritt.
O Herr, welchen Dank gäbe es, den die Liebenden nicht erwiesen,
Ob der Güte unseres Freundes, die süßer als Milch und Zucker ist.
Auf dem Boden Deines Palasts gab er die Seele hin;
Qāsem ließ für Deine Hoheit ab von diesem wertlosen Ding.

[132]
Im Übermaß wird jene Schönheit beschrieben;
Mit größter Wehmut ersehnen die Seelen des Freundes Güte.
Vom nicht erblickten Freund wird in fiktiver Manier
Überall gesprochen und die Schäden sind übermäßig.
Aus reiner Güte zeigte sich der Herzensräuber ohne Name und Zeichen
Einmal, und die Namen und Zeichen wurden übermäßig.
Spaziere nicht weiter unverschleiert in der Stadt herum,
O Freund, lass ab, denn das Jammern ist übermäßig.
O Seelenfreund, auf dem Basar des Liebe
Sei willkommen! Die Freude der Herzen ist übermäßig.
Ob Dich vorstellender Gedanken ist die Stadt unsicher;
Im ewigen Reich ist die Sicherheit übermäßig.
Zeit, dass Qāsemī dem Freund nah wird;
Die zehrende Trennung machte der Ferne Qual übermäßig.

[133]
Als Er unsere Gegend durchschritt, entbrannte sie wieder vor Leidenschaft;
    Auch unsere Gasse durchschritt er heute, und sie entbrannte.
Wie der Freund an mir Armem vorbeiging, begann mein Herz zu bluten;
    Tropfen für Tropfen stieg mir ins Auge und floss über mein Gesicht.
Schon viel zu lange warten sie darauf, Deine Schönheit zu sehen;
    Er kam sehr spät und durchschritt unsere Gasse eilig.
Unser Sufi streifte durch die ganze Stadt;
    Ist der werte Freund etwa an ihm vorbeigeschritten?
Wir fanden alles in Deinem schönen Antlitz,
    Was uns an Gutem je in den Sinn gekommen war.
Die Zauberer wären verwundert, beschriebe ich,
    Was jene magische Narzisse mit meiner Seele tat.
Am Morgen brachte die Brise Deines Haares Duft;
    Qāsemī roch Deinen Duft und ließ sich von ihm leiten.

[134]
Gewaltsam tötete Dein trunkenes Auge uns;
Es sah unsere unzähligen Qualen und tötete uns mit unzähligen.
Rot ward mein blasses Antlitz von den feuchten Tränen;
Denn mich tötete der Freund mit seinem feuerroten Antlitz.
Mehrmals tötete Deine Koketterie mich; seltsam, dass ich lebe
Durch das süße Lächeln, das ebenfalls tödlich ist.
Ich sagte zu Ihm: *Du bist mein Freund*; Er antwortete: *Der Andere, nicht der Freund.*
Dergestalt tötete mich der Freund mit Andersartigkeit.
Wo liegt meine Schuld? Berichtet dem Pīr-e Moġān,
Dass mich der Freund bewusst mit Feindschaft tötete.
Dein schmachtendes Auge sah ich und ward krank;
Deine trunkene Narzisse tötete mich durch Krankheit.
Zu Beginn der Liebe meinte mein Herz: *Fürchte dich nicht, Qāsem!*;
Am Ende tötete mich der Freund, denn ich schenkte Ihm mein Herz.

[135]
Der Liebe kann man nicht von Rosenkranz und Beten sagen;
    Man kann ihr allein von reinem, rosenroten Wein sagen.
Wo Gottes Liebe die Herzen erbeutet
    Kann man nichts sagen als *Gloria und Preis!*
Durch Liebe ist jenes Meer erhöht; Sorgloser,
    Dir kann man nicht vom erhöhten Meer sagen.
O Seele, du hast wahrlich keine Ahnung vom Höchsten;
    Dir kann man nicht von der höchsten Welt sagen.
Ersehnst du Liebe und Gesundheit, mag dies nützlich sein;
    Doch der Liebe kann man nicht von Besitz und Nutzen sagen.
Im Meer der Vereinigung mit Ihm treiben wir in den Wellen des Entwerdens;
    Hier kann man von Lehren und Lernen sagen.
Unser Prediger ist ein edler Mann, doch
    Ihm kann man nicht von der Eigenschaft des roten Weins sagen.
Von jenem roten Wein rührt stets das Leid des Rauschs;
    Von jenem roten Wein, von dem man nicht sagen kann.
Herz und Seele Qāsems sind immer in Vereinigung versunken;
    Ihm kann man nicht von Sufi und Mulla sagen.

[136]
Deine Geheimnisse kann man einem nüchternen Gemüt sagen;
    Dieser Schatz ist keiner, von dem man der Schlange sagen kann.
In der Weltenhöhle lieben wir den Freund und sind zerrüttet;
    In der Weltenhöhle kann man von jenem Freund sagen.
Wisse, Seine Sichtbarkeit lässt sich nicht verbergen;
    Sein Geheimnis lässt sich im Versteck der Geheimnisse sagen.
Wie Er die Locken öffnete, war der Haarknoten zu sehen;
    Ihm kann man von Sufigewand und Gürtel des Ungläubigen sagen.
Weil der Tropfen aus dem Meer kam und ins Meer zurückkehrte,
    Kann man ihm vom brausenden Roten Meer sagen.
Der Ḫwāǧeh ist nicht ausreichend trunken und zerrüttet, dass man
    Ihm heute vom nüchternen Volk sagen könnte.
Qāsem verwundert die Liebe auf diesem Weg immerzu;
    In den Reihen jenes Freundes kann man von den Feinden sagen.

[137]
Was könnte man von Deiner Güte und Schönheit sagen?
Zypresse bist Du, Geliebter, Rosenwangiger, wie könnte man Dich beschreiben?
Inmitten unseres Herzens, O Herz und Seele, sitzt aus Schwermut und Freude
Ein wunderschönes Bild; wie könnte man es beschreiben?
Wir selbst zählten uns zu den Hunden Deines Reichs, und zähltest Du
Uns nicht zu den Hunden jenes Reiches, was könnte man sagen?
Wegen Dir grämt es unsere Herzen Tag und Nacht;
Entbehrte Dein Herz jeglichen Kummers um uns, was könnte man sagen?
Liebender bin ich, Blamierter und Schelm, was könnte man sagen?
Du bist schön, erquickend und edel, was könnte man sagen?
Dein Gedenken ließ aufblühen mein Herz wie eine getränkte Blume;
Wie könnte man des Frühlingswindes Eigenschaften beschreiben?
Was immer Du tust, es quält des armen Qāsems Herz;
O Freund, was tust Du nur? Doch was könnte man sagen?

[138]
Beim jähen Angriff Deiner Liebe ward das Seelenreich Beute;
Mein verwirrtes Herz entbrannte vor Verlangen nach Deiner Liebe.
Dieses Herz erlitt Schwere, denn es barg schlechte Gedanken;
Wie es sich von ihnen löste, ward es erfolgreich.
Der Verstand beschrieb der helfenden Liebe Eigenschaften;
Da mischte sich ein die Liebe und kritisierte den Verstand.
Der glänzende Lichtstrahl belohnte ein jedes Herz;
Der Verstand dankte ab, die Liebe trat an seiner statt.
Jäh entbrannte ein Feuer in der Wüste des Glaubens;
Die Flamme traf den Berg Sinai und ergriff Moses.
Zu Hilfe, O Helfer der Schmerzleidenden, zu Hilfe!
Die Liebe ist verwirrt und die Welt ganz von Grölen erfüllt.
Durch des Freundes Güte nahm Qāsemī ein gutes Ende:
Die Erde Deines Reichs ward ihm Wohnstatt.

[139]
Alle Welt gedenkt der Schönheit des Freundes;
Sein Gedenken hat die Welt erobert, doch auf gute Art.
Die Seele hörte Süßes von der vollkommenen Schönheit;
Vor Schmerz ging das Herz über, ward eingenommen von Leidenschaft.
Die Sicherheit verlässt und wählt den Weg des Entwerdens
Ein jedes Herz, das sich zur Wahrheit Deiner Liebe gesellte.
Hell von den glänzenden Strahlen jener Schönheit ist
Der Strahl, den die leuchtende Sonne von Ihm bekam.
Die Blume singt Deiner Schönheit zur Beschreibung einen Vers;
Wie viele Aspekte Deine Liebe ihr eröffnet hat!
Zuerst hörte die Liebe den Verstand den Freund beschreiben;
Zuerst hörte sie es von ihm, zuletzt kritisierte sie ihn.
Unter allen weintrinkenden Schelmen war Ǧamšīd
Die erste Menschenseele; er griff nach dem weltenzeigenden Glas.
Weißt du, wie der Wissende vom Asketen sich unterscheidet?
Dieser wählte den maßvollen Weg und jener übertrieb.
In der Erde fand Qāsem eine königliche Perle;
Nachdem er sie gefunden, führte er die Suche fort.

[140]

Nie verließ meine Seele die Lust, sich mit Dir zu vereinigen;
  Die Lust zur Herrschaft ging mir Bettler nie aus dem Kopf.
Aus Liebeskummer blieben Auge und Herz
  Nicht eine Nacht lang leer von Flut und Klage.
Ein Herz, das nicht nach Deinem reinen Schmerz sucht
  Gleicht einem Kupferstück, das es nicht nach Alchemie verlangt.
Du sagtest: *Er ist mein Hund*; So ward ich geehrt, und
  Niemals wurde ich so überschwänglich gelobt.
Ein Herz frei von Schwermut liebt nicht;
  Wer kein Leiden ersucht, ist nicht aufrichtig.
Nie betrat ein gebrochenes Herz, große Schmerzen im Gepäck,
  Dein Reich, ohne mit hundert Medikamenten wieder zu gehen.
Qāsem erwarb Deinen Schmerz günstig: gegen Herz und Seele;
  Vom Käufer ward kein übertriebener Preis verlangt.

[141]
Aus Lust, sich mit dem Freund zu vereinigen, ging von Kaʿba bis Götzenhaus
Die Seele; Sein Auge erinnernd betrat das Herz jede Schenke.
O Asket, sprichst du von den trunkenen Augen des Freundes, so sprich vom Wein;
Nur die Runden des Schenks existieren; der Rest ist Märchen.
Er tötete die armen Derwische und verlangte dafür Dank;
Genügte Ihm der Dank, ging der Freund wie ein Derwisch von dannen.
Rot ward die Wiesenblume, wie sie der Nachtigall Blut vergoss;
Denn sie setzte sich ins Blut der verrückten Verliebten.
Durch den Mund der Kerze ward den Liebenden klar,
Der Zustand, den die Motte beim nächtlichen Fest erreicht.
Sein trunkenes Auge brachte die Liebenden gestern Nacht zum Reigen;
Im Reigen der Liebenden taumelte die Wahrheit.
Nach dem Gelübde nahm Qāsem den Weinkelch zur Hand und ging;
Er hielt sich nicht an das Versprechen, er hielt sich an den Kelch.

[142]

Trunken und kokett stolzieren sah ich Ihn gestern Nacht;
    Den Kelch in der Hand ging er zur Versammlung der Trunkenen.
Den Wein in der Hand, singend und seltsam grölend
    Verließ Er das nötige Versteck und schritt in Richtung Möglichkeit.
Über Sein erquickendes Antlitz sprach er zum Volk –
    Man hörte von den Locken des verworrenen Haars.
Keiner kennt die Eigenschaften Deiner Güte und Deines Stolzierens;
    Sie sind das Wasser des Lebens in der Quelle der Menschheit.
So sehr König bist Du, dass Du die Bettler vor Deiner Pforte
    Unbeschreiblich respektvoll und würdevoll behandeltest.
Wie ich jenes Verhalten, jene Vollkommenheit sah,
    Tropften mir blutige Herzenstränen aus den Augen aufs Kleid.
Es raffte Qāsem dahin, wie er sah, dass jener König
    Vom Vorhang der Quelle in Richtung der Hohen ging.

[143]
In der Welt gleicht Dir keiner an Güte und Schönheit
Seltsam sanft und schön bist Du, habe einen guten Morgen!
Vor Verwunderung brannte mein Herz, vor Erstaunen erhitzte mein Körper;
Prahlen die Konkurrenten mit Dir – das Schicksal möge sie töten!
Magst Du mich auf den Thron setzen, magst Du mich wegschicken;
Was immer Du für gut befindest, ich werde gehorchen.
Dein gnädiges Wesen formte äußere und innere Welt als Blumengarten;
Deines Antlitzes Licht erhellt die Schönheit des glücklichen Morgens.
Dein Trost verleiht dem Herzen unendlichen Wert und Würde;
Dein Strahlen spendet der Seele Süße und Bekenntnisse zu Dir.
Das Jammern und Klagen der Seelen drang über den Himmel hinaus;
Sprich über die Vereinigung, O Seele, es ist Zeit uns zu beachten!
Du bist der König der Welt, Du kennst den Pfad der Liebe;
Der Pfad des armen Qāsem ist steinig und voller Tadel.

[144]
Bei all unseren Gesprächen! Verstoß mich nicht beschämt,
    Voller Schwermut, aus Deinem vollkommenen Reich.
Mein Herz besitzt nur für Deine Hoheit Platz;
    Beim Abend der Trennung von Dir! Beim Morgen der Vereinigung mit Dir!
Aus eigenem Antrieb, O Seele, ersuchte ich die geliebte Hoheit nicht;
    Die Liebe zu Deiner Schönheit und Koketterie leitete mich.
Höre auf uns, komm zur höchsten Hoheit hin;
    Fliege hier nicht mit deinen eigenen Schwingen, sie wiegen schwer.
Gegen Mitternacht, wenn die Welt an sich trunken ist, O Seele,
    Gedenken ich, mein Leid und mein Jammer ganz alleine Dir.
Gäbe es Deine Hilfe nicht – wie fände das Herz dann den Weg
    Vom Reich der Verirrung zum Himmel der Leitung?
Am Tag der Auferstehung, wenn die Liebenden ihre Sünden offenbaren,
    Obliegen die Sünden des armen Qāsem Deiner Güte.

[145]
O Strahl göttlicher Schönheit, was könnte ich Dir sagen?
    O Segen unendlicher Weisheit, was könnte ich Dir sagen?
Ich möchte für die Güte Deiner Existenz danken; doch
    Auch dieser Dank rührt von Deiner Güte, O Gott, was könnte ich Dir sagen?
Wird das Seiende mir zum Feind, wen sollte ich fürchten?
    O Herz und Seele, Zuflucht meines Herzens, was könnte ich Dir sagen?
Deine Beschreibung tragen wir inmitten des Herzens;
    Du bist über Schwarz und Weiß hinaus, was könnte ich Dir sagen?
Herz und Seele derer, die Dich lieben, sind erstaunt;
    Manchmal erkennt Dich keiner, was könnte ich Dir sagen?
Manchmal raubst Du aus hundert Karawanen mit einer Koketterie;
    Manchmal bist Du Leiter des Pfades und Weges, was könnte ich Dir sagen?
Du wolltest die Seele des armen Qāsem, O Götze;
    Die Seelen sind Deine Bettler, Du bist König, was könnte ich Dir sagen?

[146]
O Leiter des inneren Reiches, was könnte ich Dir sagen?
In der rechten Religion hilfst Du der Seele, was könnte ich Dir sagen?
Jeder Lebensfrohe, der Deinen Namen hörte, ward erst lebendig;
Du herrschst über die Stadt der Lebensfrohen, was könnte ich Dir sagen?
Ich kann Dich keinesfalls beschreiben; der Du
Über das Reich der Verkündigung herrschst, was könnte ich Dir sagen?
Du bist Führer der Wanderer, hundert Seelen hängen Dir an;
Bist der weiße Falke am Eingang des Paradieses, was könnte ich Dir sagen?
Du bist Sultan über beide Welten, die Welt bettelt nach Dir;
Im Reich der Armut trägst Du das Königsmal, was könnte ich Dir sagen?
Aus tiefstem Herzen will ich Dich mit hundert Zungen beschreiben;
Da ich sehe, Du gehst über alle Beschreibung hinaus, was könnte ich Dir sagen?
O Herrscher des rechten Reichs, sei gegrüßt!
Du stehst über Gedanke, Verstand und Beschreibung, was könnte ich Dir sagen?
Du bist Derwisch Aḥmad und König von Ǧām,
O Herz und Seele, Seele und Welt, was könnte ich Dir sagen?
Qāsem bettelt nach Dir, brachte Herz und Seele dar;
O Seelenkönig, Du Hüter und Schützer, was könnte ich Dir sagen?

[147]

O Herz, erleidest Du Schwermut, klaglos wisse sie Öffnung;
 Trage bei den Geduldigen vor: *Geduld ist der Schlüssel zur Öffnung.*
Liebst du, dann werde Vagabund; bist du redlich, verliebe dich;
 Bist du geduldig, erleide Schwermut, denn: *Geduld ist der Schlüssel zur Öffnung.*
Schreite auf dem Weg, verfolge ihn immerzu;
 Begebe Dich zum reinen König, denn: *Geduld ist der Schlüssel zur Öffnung.*
Komme der Trauer bei, gibt acht, gib acht, auf dass du ewig lebst;
 Flüstere deiner eigenen Seele zu: *Geduld ist der Schlüssel zur Öffnung.*
Wir gaben die Seele dem Geliebten, sind erleichtert um beide Welten;
 Wir existieren nur aus einem Grund: *Geduld ist der Schlüssel zur Öffnung.*
Danke deiner Seele, kommt dir eine Mühe zu;
 Wisse sie eine Gnade des Gerechten, denn: *Geduld ist der Schlüssel zur Öffnung.*
Qāsem, kam dir Seele zu, so vom Duft des Geliebten;
 In der Geduld eröffnete sie sich, denn: *Geduld ist der Schlüssel zur Öffnung.*

[148]
Ich und der Geliebte, der reine Wein und Schönheit[12];
Öffne mir diese Tür, O Schlüssel!
Öffne die verschlossene Tür aus Güte;
Denn Du bist der Schlüssel zur verschlossenen Tür.
Unter den Trunkenen gibt es keinen Makel, denn wir
Sind liebestrunken am Morgen und Abend.
Wir und ein Schiff auf dem Weg zum Strand;
Außer uns gibt es im Meer nur Krokodile.
Es gibt keine Gefahr, wovor fürchtet ihr euch?
Es gibt keine Gefahr; Er zeigt sich in den Seeleuten.
Spende mir einen weiteren Kelch;
Was Du hinzufügtest, vergrößerte meine Freude.
Der Freund ist trunken und trinkt weiter Wein;
In solch einem Moment ist nicht geraten, Ihn zurechtzuweisen.
In diesem Zustand ward durch Liebesfatwa
Den Seelen erlaubt, sich zu amüsieren.
Unsere Trunkenheit ist übermäßig, denn der Freund
Hat Wein in der Hand und drängt auf mehr.
Als Falle für der Verliebten Herz
Setzte man Seine Schönheit ein.
Die Seele eines jeden ist Spiegel, aber
Qāsems Seele ist *Seelenspiegel*.

12 Möglich ist auch: der reine, schöne Wein/ der reine Wein und am Morgen.

[149]
Nach Deiner Liebe sehnend sind wir fröhlich und munter;
    Deinen Schmerz wünschen wir, sind süchtig nach ihm.
Die Welt ist unbeständig, sei froh!
    Komm, trink Wein, denn die Welt ist auf Sand gebaut.
Allein der Wein beschert mir frohe Stunden;
    Dem Schenk seien immerzu frohe Stunden!
Es erquickt sich nicht des Lebens,
    Ein Herz, das nicht frei von der Welt ist.
Voll Schönheit leitet mich die Liebe;
    Gibt es eine schönere Leitung als diese?
Zu Hilfe vor den Schönen!
    Gott! Hilf den Verliebten!
Qāsem beschritt doch den Weg der Liebe;
    Wie lange soll ich denn noch getadelt werden?

[150]
Der Schenk gab mir vom reinen Wein der Moġs;
    Er reichte den Schmerzenwein, aber auf sanfte Art.
Krumm und fröhlich geht der Asket an diesem Morgen;
    Gab der Schenk ihm gestern Abend etwa einen großen Krug?
Im dicht besiedelten Liebesreich des Freundes
    Ward uns liebenswürdigerweise ein Plätzchen zur Verfügung gestellt.
Die Seele hatte keine Ahnung von Namen und Zeichen der Liebe;
    Deine erquickende Liebe gab der Seele ein Zeichen.
Die Erdenleute sind ständig herzensfroh
    Durch den Wein, der durch Deine Liebe in dieser Zeit fließt.
Das Herz suchte in dieser Zeit nach Arbeit und Arbeitsstätte;
    Aus Güte gab ihm der Liebessultan diese Statt.
Qāsem ward vom Schmerz des Freundes trunken und froh, denn
    Dies' Geschenk brachte der Freund nicht einmal den Cherubim dar.

[151]
Ich bemühte mich sehr, strengte mich äußerst an;
Alles was ist, ist Liebe; der Rest verweht.
Wohin der Wind ein Atom des Liebesduftes trägt, dort
Lässt der Gläubige von Religion, der Sufi von Überzeugung ab.
Mehrere tausend Lichter der Prophetie erstrahlten bereits;
Geringer war die Zahl der Leute, die ihre Leitung annahmen.
Offenbart sich ein Lichtstahl der Liebe,
Sprechen die Weltenatome mit großer Liebe: *Ich glaube.*
O Herz und Seele, sieh die Seele einmal aus Güte an;
Ohne Dich finde ich keinen Schlaf, besitze weder Geduld noch Kraft.
O erquickende Liebe, die Du die Seele beschützt;
Alle Schreie nach Hilfe rühren von Deiner Gewalt.
Qāsem, ewiglich eignet dem Pfad der Liebe:
Gewalt vom Herzräuber und Unterwerfung der Beraubten.

[152]
Bedauerlich, verließen wir diesen verderbten Weltenbasar
    Ohne unsere gewünschte Ware erworben zu haben.
Beide Welten bezeugst du, erkennst du
    Dein eigenes Wesen oder das Wesen der Kraft.
Keiner weiß von der Reinheit der Seelenessenz
    Es sei denn, man bietet seine Reinheit dem Reinen dar.
Was lerntest du hier über das Herzenswissen?
    Was verstandst du in diesem Orbit von der Wahrheit?
Lass vom Verstand ab, geselle dich zu den Liebenden;
    Der Weg mag Furcht einflößen, doch was sein mag, sei.
Wünsche! Wer hierher gelangte, wird vom
    Reich des Wunsches zum Himmel des Gewünschten gelangen.
Qāsems Gemütsverfassung begibt sich immer so:
    Von Seinem Schmerz beglückt, von Seiner Liebe herzensfroh.

[153]
O vom Verlangen nach Dir sind das werte Herz, die werte Seele froh;
  Nie entbehre meine Seele der Hoffnung auf Deinen Schmerz!
Du nahmst mir Verstand, Religion und Herz, forderst noch die Seele;
  Dies bedingt die Trennung; Bravo, gute Leitung!
In diesem Moment sind wir für das Treffen bereit;
  Die Zeit wird zeigen, was sich danach ergibt.
Als wir Dich heute trafen, bezeugten wir das ewige Reich,
  Verließen den Basar der Welt und der Verderbnis.
Tag und Nacht lüstet es den abgekämpften Ḫwāǧeh nach Gewand und Brot;
  Er denkt an seinen Lebensunterhalt, nicht an die Auferstehung.
Das Schicksal ward ewiglich besiegelt dem,
  Der beglückt von Deinem Schmerz nicht herzensfroh ist.
Qāsemī, auf diesem Weg leitet dich das Entdecken der Gewissheit,
  Nicht die Geschichten der Wissenden, nicht die Berichte über den Weg.

[154]

Wir dienen dem Pīr-e Moġān, der ewig sei;
    Ewig sei Er wohlauf, ewig möge Er lächeln.
Pīr-e Moġān meint den Leiter des Weges, O Herz!
    Ewiglich sei der Moġkonvent den Trunkenen Gebetsplatz.
O Schenk, bring Wein! Stets sei Dein Wein
    Gleich Deiner Güte endlos und ewiglich.
Jedes Herz, das es nach Liebe verlangt,
    Sei ewiglich von der Flamme des ʿIrfān geleitet.
Alle Trunkenheit der Seele resultiert aus Seinen Worten;
    Seine Seele sei geheiligt und Sein Herz das ewige Paradies.
Haltet Abstand von den Liebenden, die keine Ordnung halten;
    Ständig sei unser Prediger kopflos und heimatlos.
Vom Genuss des Treffens mit Dir ward Qāsems Seele erneuert;
    Mein Herz und meine Seele seien Deiner Seele geopfert.

[155]
Ich wählte die Reise hinaus aus diesem schlechten, verderbten Gebiet
Zum Himmel des Inneren; die Reise sei gesegnet!
Was meint Segen? Dass der kokettierende Freund
Sich zur Leitung auf den rechten Weg begibt.
Was meint der rechte Weg? Sich flüchten vor allem, was Vereinigung hindert;
Was meint Vereinigung? Das gewünschte Gebiet erreichen.
Wir suchten Dich in der vergänglichen Welt;
Dich ersehnend schieden wir dahin, alles was sei, soll sein.
Gib den selbstsüchtigen Lüsten nicht die Zügel in die Hand;
Auf dass das gute, rechte Herz mit dir zufrieden sei.
Gelingt es dir, die Wahrheit zu entdecken, welch Glück!
Denn dann stehst du auf festem Boden.
Qāsemīs Herz und Seele sind gewiss Gottes Buch;
Bravo offenbare Seiten, Bravo Weiß und Schwarz!

[156]
Mich darf auspeitschen, wer mich zerstörte,
    Wer mir erquickenden Seelenwein gab.
Um zu beseitigen Durst und Leid,
    Reichte Er einen Kelch zu meinem Anfang und Ende.
Ich meinte zu Ihm: *Ich trinke keinen Wein!*;
    So flunkerte ich und trotzdem gab Er mir Wein.
Trunkenheit, Verliebtheit und Rausch;
    Deine gütige Liebe schenkte sie mir.
Weil Er mich für Asket und Muslim hielt,
    Lehrte Er mich, sich zur Entschuldigung niederzuwerfen.
Er betraute jedem mit dem, was ihm gebührte;
    Mit der Herrschaft betraute Er den verständigen Menschen.
Was immer dargebracht wurde; Qāsems Seele
    Ward das Glück der Liebe zurückgegeben.

[157]
Mein Schenk reichte Wein und zerstörte mich;
    Dieses Mal gab er mir den Wein kontinuierlich.
Dass ich vom Wein kopflos ward
    Genügte Ihm nicht, Er gab mir mehr.
Zuletzt kaufte Er mich ein;
    Zuvor war ich wunschlos, Er schenkte mir einen Wunsch.
Er entfachte ein Feuer inmitten meiner Seele,
    Legte mir Leidenschaft ins Herz.
Weil ich schwindelig ward vom Wein der Passion;
    Gab Er mir Kraft zu Unterwerfung und Gefolgschaft.
Aspekte, die ewig sind,
    Lehrte Er mich ewiglich Stück für Stück.
Qāsemī! Seine Majestät, der barmherzige Gott,
    Schenkte dem Menschen das Geheimnis des Monotheismus.

[158]
Wer gab das Siegel des Salomo den Dämonen?
Wer gab des Sultans Thron dem Pförtner?
Die vollkommenden Eigenschaften Gottes,
Wer gab sie Maranğ und ihren Ungläubigen?
Kennst du die Farbe und den Duft jenes Freundes, so
Sag, wer gab dem Rubin von Badaḫšān die Farbe?
Immer fürchte ich, sie würden diesen Kelch zerbrechen;
Wer gab Salomos Krug den Dämonen?
Bist du Löwe des Weges, wisse wahrlich
Wer diese Kraft Löwen und Panthern gab?
Kennst du das Meer der Fische, so sag,
Wer dem Meer von Oman die Perlen gab?
Sag, der Vereinigungsduft, der die Seele erneuert:
Wer gab ihn dem Alten aus Kanaan nach seiner Trennung?
Wenn du die Gerechtigkeit Gottes gesehen, so sag:
Wer gab dem Himmel all die Perlen und Korallen?
Alle Schönheit, alle Güte, die dem Menschen ist,
Sag ehrlich Qāsem, wer sie dem Menschen gab.

[159]

Alle waren wir verrückt und trunken der Liebe;
    Wie Seine Schönheit sich zeigte, tönte die Tanbūr.
Der Herzensräuber meinte zu den Liebenden: *Was ihr begehrt, verwehre ich.*
    Ich sagte: *O Seele der Welt, was sollte ich vom Gütigen begehren?*
Der Wind bringt den Duft Deines Haars;
    Der Duft des Windes erfreut meine Seele, Seine Seele sei heiter!
Besitzt du einen Wunsch, gehe einen Schritt in die Wunschlosigkeit;
    In der Wunschlosigkeit fanden die Liebenden den gewünschten Schatz.
Ich sagte zu Ihm: *In meinem Inneren ist nichts als Du.*
    Er entgegnete: *Auf Dein Wohl, O Liebender mit reinem Inneren!*
Es gibt nur zwei Wege; bist du ein Mann des Weges, so wisse:
    Entweder leitet Dich Gott oder Dir obliegt der Weg der Anstrengung.
Qāsemī nannte Dich Seele und Welt, O Lieber,
    Seit er begann, den Pfad der Namenswissenschaft zu gehen.

[160]

Tausendfacher Dank, dass der Liebessultan die Seele gab;
    Tausendmal Gloria und Preis, tausendfache rechte Leitung.
Vor der Vereinigung mokierte ich mich ob der Trennung;
    Tausendfacher Dank, dass der Vereinigungssultan mir zu Recht verhalf.
Die Lust auf Vereinigung mit Dir war seelengebend und herzerwärmend;
    Wer wäre nicht froh um die Lieblichkeit Deines Antlitzes?
Tausend Jahre verfolgte ich diesen Weg mit ganzer Kraft,
    Bis er endlich in das Reich des Wunsches mündete.
Lass dich nicht trügen von Schönheit, Güte und Sicherheit unserer Zeit;
    Sie mag ein buntes Haus sein, aber entbehrt der Basis.
Beschreibe nicht deinen Reichtum, sondern grabe,
    Denn in diesen zerstörten Weiten liegen Schätze begraben.
Der arme Qāsem brachte seine süße Seele dar,
    Nach der Vereinigung mit Dir sehnend; es sei, wie es sei.

[161]
Der Kelch näherte sich der Karaffe;
    Weinte aus wahrem Glauben.
Und die Karaffe schenkte ihm Wein,
    In Wahrheit schenkte sie dem Weintrinker Schwermut.
Sie tranken Wein und wurden fröhlich trunken;
    Beide froh vom Wein und der Wein froh von beiden.
Der Wind Deiner Vereinigung ist paradiesischer Duft,
    Trennungsangst die Geschichte eines schlimmen Lagers.
Ohne Tadel ist der Liebende kein Anbeter,
    Behalte diesen Aspekt der Liebe im Gedächtnis.
Außer mir, sagtest Du, sei niemand vertrauenswürdig;
    Außer uns gibt es nichts – das bedeutet Vertrauen.
Wie ich von der unendlichen Liebe kaufte, da machte ich
    Hunderttausende Herzen und Seelen Gewinn.
Sieh den Segen des Fasses abermals in der Karaffe,
    Und von der Karaffe wiederum im großmütigen Kelch.
Qāsemī ist verwirrt von Deiner Liebe,
    O Asyl, O Zuflucht, O Ort der Rückkehr!

[162]

Ist mein Herz zu Deinem Fest ein würdiges Opfer,
    Mündet dies Glück in nahste Nähe.
Der Weinkelch aus Deiner Hand ist randvoll;
    Mein kleinster Schluck soll tief wie das Meer von Oman sein.
Er sagte, ein zerrütteter Trunkener solle aufgenommen werden;
    Ich rief: *O Seele der Welt, glücklich sind die Trunkenen!*
Wer der Trunkenen Leiden sieht, darf
    Nicht vorbeieilen, sei der Trunkene auch Rostam.
Siehst du ein wildes, großes und mutiges Tier:
    Es ist uns ein Fuchs, komme es auch aus der Höhle der Löwen.
Unser Herz weiß nicht, wo sich der Schatz Deiner Vereinigung verbirgt;
    Wo immer er sein mag, wer ersehnt, muss suchen.
Jeder Bettler, der aus Deinem Kelch ein Schlückchen nahm
    Ist der erhabenste Sultan der Welt.
Man dient Dir, sei man ʿUmar oder ʿUthmān;
    Man ist dein Sklave, sei man Abū Ḏar oder Salmān.
Wie Qāsem Deine Güte sah, gab er das Herz aus der Hand;
    Von da an war sein Wohnort das Gebiet der Gütigen.

[163]
Solange jenes verworrene Haar mein Herz zerrüttet,
Wird mein verliebtes Herz erstaunt und verwundert sein.
Sichtbar ist das Antlitz der Seele und erquickend,
Wenn dein Herz das Lichts des ʿIrfān spiegelt.
Lässt sich den Aufmerksamen des Monotheismus Geheimnis sagen? Nein!
Nur bei der Zusammenkunft der Trunkenen ist es sagbar.
Alles, was dem Inneren fern, ist wahrlich Dämon;
Auch, wenn es äußerlich wie Yusūf von Kanaan erscheint.
Durch Deine Liebe ertragen wir die schlechte Welt;
Quälen den Pilger etwa die Stacheln der Disteln?
Wer aus Deinem Reich flieht und den Himmel ersehnt,
Begeht einen klaren Fehler, den er bereuen wird.
Aus Güte erbarme Dich dem müden Herzen Qāsems;
Denn die Ware Güte ist in Deinem Reich günstig.

[164]
Ein Liebender, des' Herz von Liebe verwirrt,
Seine Unruhe verwundert nicht.
O Herr, dieses Meer von Liebeskummer ist wundersam;
All seine Wellen bestehen aus Perlen und Korallen.
Auch ich werde aufrührerischer Trunkener
Dort, wo alles von der Trunkenen Aufruhr ergriffen ist.
Erhebe ich am Tag der Auferstehung den Kopf aus der Grabeserde,
Wird Deine Schönheit mein Herz verwirren und erstaunen.
Nie wird der schwere Stein[13] sich mit Dir vereinigen,
Besitzt er auch die Eigenschaften des Rubins von Badaḫšān.
Selbst ein Menschenkind, das die Sprache der Vögel spricht,
Ist kein Vogel, sondern Feind der suchenden Seelen.
Wo Qāsem das Licht Deiner Schönheit nicht sieht,
Verbeugt er sich nicht, handelte es sich auch um das Paradies.

13 Ṣaḫreh-ye Ṣemā, sowohl in der Bedeutung „schwerer Fels/ Stein" als auch ein Stein in Jerusalem, der der Legende nach in der Luft schwebt.

[165]
Es ist kein Fehler, dass Deine Augenbrauen sich kräuseln;
    Du bist lieblich, Deine Koketterie ist lieblich.
Der Haarschleier auf Deinem Gesicht ist Auferstehung;
    Lüftest Du den Schleier, ist dies erst die wahre Auferstehung.
Das liebliche Veilchen mag König der duftenden Blumen sein,
    Doch gegenüber der Hyazinthe Deines Haars ist es Spreu.
Meinen Schmerz zu heilen weißt Du nicht dienlich;
    Mag mir dies zuletzt dienlich sein?
Aus Leidenschaft zu Deinem Gesicht erhebt die Sufiseele die Hände,
    Ist statt der Hand ein Seelenkörper in seinem Ärmel.
Wann darf ich einen ruhigen Winkel bewohnen,
    Ich, dem Dein Auge in jedem Winkel auflauert?
Wo er auch hinsah, sah Qāsem Deine Schönheit;
    Seinem Blick eignete Gewissheit.

[166]
Lodert mein Inneres, so allein
    Von der Liebe des edelmütigen Götzen.
Aus Liebe flieht mein Herz die Auferstehung nicht,
    Zu jener Zeit, da es überall lärmt und schreit.
Jeden erniedrigt die brennende Liebe,
    Sei man auch Ḥeidar Karrār.
Sehen die Trunkenen Sein Haar und Sein Antlitz,
    Grölen sie vom Abend bis zur Morgendämmerung.
Besitze ich Verstand, Seele oder Herz,
    Seinen sie dem edelmütigen Götzen geopfert.
Das Herz ermangelt Deiner zu keiner Zeit,
    Stecke es im Sufigewand oder im Gürtel des Ungläubigen.
Jenen Wein, den Qāsem kelterte,
    Gibt es nur im Laden des Dufthändlers.

[167]

Lass mich Dich sehen ist Flehen und *Du wirst Mich nicht sehen* ist Koketterie;
Für einen Wissenden sind beide Koketterie.
O Quelle des Schutzes, kennst du den Weg:
Hinter beiden Stationen liegt das Geheimnismeer.
In den Atomen erblickst du die strahlende Schönheit des Geliebten,
Ist das sehende Auge ganz geöffnet.
Besitzt die Seele der Scharia Weisheit nur als Pfand,
So ist sie in der Wahrheitswelt notwendiges Gut.
Die Quelle der Wahrheit meint auf dem Liebespfad:
Erkennst du, dass etwas keine Liebe hat, so ist es Illusion.
Erlebte ich eines Tages ein erquickendes Treffen mit Ihm;
Wozu sollte ich danach noch sagen, ich wünschte ein langes Leben?
Qāsem erfleht Dein Reich;
Der Reichtum der Armen besteht aus Liebeskummer.

[168]
Für meinen Schmerz gibt es keine Heilung;
    Lass vom Leben ab, was bedeutet seine Ordnung schon?
Brechen wir den Vertrag, Schenk, gib uns wieder
    Einen Kelch, was bedeutet schon ein Vertrag?
Der Bettler spiegelt den guten König;
    Erbitte von mir keine Entschädigung, was bedeutet sie schon?
Gäbe es keine Bettler, wer wüsste dann je
    Wer gütig ist oder was Güte sei?
Weil das Notwendige eine Erscheinung besitzt,
    Wo als auf dem Schauplatz der Möglichkeit sollte es erscheinen?
Nachdem Yusūf sich dem Ägypten der Seele zuwandte,
    Was sollte die Trauerhütte noch bedeuten?
Qāsem weinte so bitterlich aus Liebeskummer;
    Was ist ein Taifun im Vergleich zu seinen Tränen?

[169]

Wes' Herz und Seele verliebt und gehorsam,
In des' Herz und Seele erscheinen die glänzenden Lichter.
Wer versinkt in den Geheimnissen des Inneren,
Des' Herzenshaus ist zweifellos die al-Aqsa Moschee.
Wer trunken von Deinen Vereinigungskelchen,
Vergisst das weltzeigendes Glas und den roten Wein.
Wer auf dem Liebesweg Rausch und Trunkenheit ersehnt,
Handelt allein aus Passion.
Wer Dein Antlitz gesehen und trunken von Dir,
Wird ewiglich gebannt, verwirrt und verrückt sein.
Wer auf Gottes Weg zum vollkommenen Leiter wird,
Des' Medikament für Herz und Seele ist der rechtgeleitete Mahdī.
Ein solcher Mann, den ich beschrieb, schlägt im Krieg
Ein ganzes Heer, sei er auch ganz allein.
Jede Brise aus Deinem Reich, die in der Welt weht,
Duftet nach Blumen und reinem Duftholz.
In Deinem Reich verloren wir Verstand und Seele,
Auch dies rührt von der Eigenschaft des gütigen Weins.
Qāsemī, wisse die heutige Gelegenheit zu schätzen;
Der Spatz in der Hand ist besser als die Taube auf dem Dach.

[170]

Verlangt es dein ganzes Herz nach Salmā,
Ist das Gemüt verwirrt vom Haar des Geliebten.
Kommt der Tag der Auferstehung, an dem alle nach Ausreden suchen,
Sehnt es meine Seele nach Liebe und Verlangen.
Keiner in der Welt trinkt soviel Wein wie wir;
Unser geringster Schluck wird so tief wie das Meer sein.
Ich suchte den Freund und fand Ihn plötzlich
Mit innerer und äußerer Vollkommenheit.
Am Tag der Auferstehung, erwachend aus dem tiefen Schlaf,
Wird mein Gemüt sich sehnen nach dem strahlenden Licht.
Man liebt Dein Antlitz, sei man Ḫosrau, sei man Šīrīn;
Man dient Deinem Antlitz, sei man Wāmeq oder ʾOḏrā.
Qāsemī, die Geschichte der Liebenden ist endlos;
Jeder Seiner Akte ist geheimnisvoll und rätselhaft.

[171]
Was ist der Berg Sinai? Eine wissende Brust!
  Was ist des Liebenden Herz? Die Meerstiefe!
Ersehnst Du seelischen Genuss, gewinne ein freies Gemüt;
  Frei von der Welt ist des Liebenden Herz und eins.
Was mag dies für ein Zustand ein? Wo immer ich bin
  Ist mein Gemüt verrückt nach jenem Großen, Hohen.
Erhebe ich am Tag der Auferstehung den Kopf aus der Grabeserde,
  Ist meine Seele verrückt nach Liebe und Dienstbarkeit.
Dein Liebesduft spendete mir ewiges Leben;
  Auch dies gehört zu den Wundern Jesu.
Schenke das Herz dem Tröster, verliere die werte Seele,
  Auf dass dir eine Liebesgrundlage bereitet.
Qāsem, erzähle den Kaltherzigen nicht von Liebe;
  Denn die Rede von der Liebe ist geheimnisvoll und rätselhaft.

[172]
Wie lange soll mein Herz noch verrückt sein, verwirrt?
Wie lange soll es noch nach dem hohen Palast verlangen?
Herz und Seele kamen mir abhanden, Weiser, worin liegt die Heilung?
Der hohe Verehrte kommt Herz und Seele zu Hilfe.
Zu der Zeit, da Du den Schleier von Deinem Antlitz lüftest,
Werden unser Herz und Blick voller Leidenschaft sein, Dich zu sehen.
Wer Dein Haar sah, gab das Herz aus der Hand;
Inmitten seines Herzen fließt die Liebesquell.
Stets ersehnte mein Herz, einen Weinkelch vom
Würdigen Herrn zu leeren und in die Wüste zu schreiten.
Betrachte unser Weintrinken nicht als Unwissen;
Immer ist unser Schluck so tief wie das Meer.
Ich trank Wein und ward maßlos trunken;
Wo immer sie Wein trinken, ereignet sich dies.
Ewiges Leben verleiht meiner Seele Sein Kelch;
Dies ist eine Eigenschaft von Jesu Kelch.
Du erlangst ewiges Leben durch Gottes Wein,
Ob der Wein voller Weinstein, rein oder der reinste sei.
Du selbst erreichst Ziel und Wunsch von Herz und Seele,
Wenn es die Liebe auch nach dir verlangt.
Schnell gelangst du an den Hof des Höchsten,
Bezieht deine Anstrengung sich auf das Oben.
Auf dem Weg zurück blieb, wes' Herz und Seele noch im Sterben
Die Sorge um Rosenkranz und Gebet plagt.
Was soll *keinen* bedeuten? Es gleicht einem Wal im Ozean;
Von nun an soll unser Gemüt beim *außer* sein.[14]
Sollte ich Dir eines Nachts fern sein, was sagte ich von jener Nacht?
Sie wird bis zur Morgendämmerung von Schreien und Grölen erfüllt sein.
Jedes Herz neigt zu einem Weg und neigt einem Menschen;
Qāsemī ist Staub auf dem Wege des rechtgeleiteten Mahdīs.

14 Bezieht sich auf den Beginn des muslimischen Glaubensbekenntnisses: „Es gibt keinen Gott außer Gott..."

[173]
Wen es nach der höchsten Position verlangt,
    Des' Qibla von Herz und Seele ist das Haar des Geliebten.
Ein Liebender, der sich anstrengte und von der Welt abließ,
    Seine Seele verlangt es ganz nach dem fernsten Ziel.
Ich bin Liebender, verbiete mir nicht Jammer und Schrei;
    Wo Liebe ist, herrscht Aufruhr und Krawall.
Verlangt es mich nicht nach dem Paradies,
    So rührt auch dies von der Eigenschaft des gütigen Kelchs.
Und führen sie mich auch zum Grün des Himmelgartens,
    So bleibt mein Herz doch dem schönen Mond geneigt.
Mein Herz ist ein Ozean; nicht seltsam,
    Reichen seine Wellen von der Erde bis zu den Plejaden.
Ein Herz, das nicht in jenes verwirrte Haar verliebt,
    Ist kein Herz, sondern vielmehr ein Stein.
Sich von allen Seiten zum ewigen Geliebten wenden,
    Stellt bei den an Gott Betrunkenen die höchste Anbetung dar.
Qāsemī, weißt du, was das ewige Glück ist?
    Dass einem jeden Wein aus dem Kelch bereit sei.

[174]
Am Tag der Auferstehung werden alle fordern und suchen;
    Unser Herz wird es nach jenem hohen Heiligen sehnen.
Eine Liebe, die dir Herz, Seele und Religion nimmt,
    Ist keine Liebe, sondern höchste Reinheit.
Ich suchte in der Welt, sah alle Horizonte;
    Allein das menschliche Wesen ist sowohl Name als auch Benanntes.
Wessen Herz und Seele dem Geliebten nah,
    Ruhig ist seine Seele, sein Herz roter Wein.
Ich verzehre mich danach, der Staub Deines Reichs zu sein,
    Dein Gebiet ist mir der schützende Himmel.
Er nahm mir Herz und Religion, fordert die Seele noch – was sollte ich tun?
    Wo immer Liebe ist, geht es so zu.
Wie lange sprichst du noch vom beschränkten Verstand?
    Liebe und Verstand gleichen Mücke und ʿAnqā.
Was mag dies für ein Zustand sein, der der Seele obliegt?
    Mein Herz ist verliebt in jene stattliche Größe.
An dem Morgen, da alle aus der Erde den Kopf erheben,
    Wird Qāsemī dem Seelenkönig zu Diensten sein.

[175]
Ich sah keine Trunkenen, und gäbe es sie,
 Dann selten, nur wenige von ihnen im Erdenreich.
Bei uns gibt es weder Lügengeschichten noch Koranlesen;
 Der Liebende ist uns der Wissendste und der Gerechteste.
Nicht allen kann man das Mysterium von Gottes Geheimnissen sagen,
 Außer jenem Freund, der sehr vertraut ist.
Ein solcher Wein, von dem wir sprachen, ist gefürchtet,
 Doch nicht jenem werten, verehrten Freund.
In beiden Welten zeigen alle Atome sich
 Im Rang des menschlichen Wesens.
Ersehnst du den göttlichen Weg, so verliere Herz, Seele und Religion;
 Der Weg ist gut, schreitet die Liebe voran.
Vom Odem des Freundes atmeten sie einen Zug ein, riefen: *Welch' duftende Brise!*
 Wer diesen Odem kennt, ist mit Gottes Geheimnis.
Auf dem Weg von Monotheismus und Vergehen, lass ab von Herz und Seele!
 Auf dass dir die Grundlage der Liebe gesichert sei.
Qāsem, der Kelch der Liebe entbehrt jeglicher Gram;
 Ein solcher Kelch ist Ǧamšīd würdig.

[176]
Mensch und Welt sind Erscheinungen des inneren Wesens;
    Der weltzeigende Krug, von dem du hörtest, ist des Menschen Herz.
Entwerde auf dem Weg der Liebe, sei gehorsam und ergeben;
    Dann ist dein Wunsch nach Liebe sicher.
Ein Herz ohne Liebe und Zuneigung ist besitzlos;
    Es ist kein Herz, sondern Heimat der Trübsal.
Ein Liebender, der die Eigenschaft des Geliebten besitzt;
    Seine Seele erreicht pausenlos von Gott ein Kelch.
Zeichen hohen Glückes und günstigen Geschickes ist
    Ein Herz, das sich dem Feuer Deiner Liebe erfreut.
Auf diesem Weg ersehnen die Wünschenden Schmerz;
    Wer einen Turban trägt, gibt vor, ein Scheich zu sein.
Mufti und Sufi mögen aufrichtig sein, doch:
    Der reine Sufi weiß gewiss, dass er der Aufrichtigste ist.
Entwerde auf dem Weg der Liebe, entwerde der Entwerdung;
    Danach ist deine Liebesgrundlage gefestigt.
Qāsemī, akzeptiere den randvollen Kelch vom Seelenschenk nicht;
    Wer einen vollen Kelch hat, gehört zu den Großen.

[177]

Besitzt du auf Herz und Seele gerichtete Herzenslust,
Opfere ich Dir meine Seele, nichts einfacher als dies!
Ich gebe das Herz mit Freuden, Seele und Welt verliere ich,
Ist mein Herz bei Deinem Fest als Opfer würdig.
Wer seine Seele aus Lust zu Dir nicht verlor,
Wird dies am Ende bereuen.
Befiehlst Du mir, von der werten Seele abzulassen,
Habe ich keine Wahl, denn die Seele ist Dir zu Befehl.
Ich habe keinen Augenblick Ruhe und spreche nicht,
Solange mein Herz aus Liebeskummer verwirrt und erstaunt ist.
Fordere deine Seelenruhe geruhe von der Liebe;
Wo immer der Freund ist, herrscht Ruhe und Duft.
Qāsem hörte von Deinem Reich, Du kauftest nicht hundert Seelen;
Denn die Seele ist eine Ware, die es bei dir günstig gibt.

[178]

Wie sollte einer, der Dein Antlitz gesehen, nicht fröhlich sein?
Wer Deine Liebe wünscht, O Freund, erreicht sein Ziel.
Für mich, dem Dein Antlitz von Anfang bis Ende die Qibla ist,
Gibt es gewiss keinen besseren Anfang und kein besseres Ende.
O die Schwärze um mein Auge akzeptiertest Du unter der Bedingung,
Dass außer der Vorstellung von Dir kein Licht in dieser Schwärze sei.
Ich bin nicht Du und Du bist nicht ich; alles, was ist, bist Du allein;
Die monotheistische Seele bedarf keiner Vielzahl.
Der Reigen der Versammlung der Schelme ist schön, stolzer Asket!
Wer kein Stein ist wird von diesem Zustand zum Tanzen gebracht.
Gewiss spricht der aufrichtig Liebende nicht vom Verstand;
Und geschähe es doch aus Versehen, so glaubte er es nicht.
Aus Liebeskummer gab Qāsem das Herz hin, was sollte er auch tun;
Wer Dein Reich erbettelt, hat keine andere Wahl.

[179]
Wie das Bild des Sonnenaufgangs am ewigen Morgen erhellte,
    Ward des Freundes Schönheit in den Atomen des Seins ersichtlich.
Immer schon war das Fass mit ewigem Wein rein;
    Aber als der Wein unseren Herzkelch erreichte, ward er noch reiner.
Die Tür zum Schatz der Güte war mit Weisheit verschlossen;
    Das Glück wandte sich uns zu, die Tür öffnete sich.
Außer in unserem Seelenspiegel zeigte sie sich nicht
    Die Schönheit der Liebe, die Name und Benanntes ist.
Die Welt erhellte sich durch das leuchtende Antlitz des Geliebten;
    Bei der Seele des Geliebten, die Helligkeit rührte auch von uns!
Die Geschichte vom Freund hat den Basar des Seins erreicht;
    Die Aufruhr, zuvor verborgen, ward nun offenbar.
Tausend heilige Seelen seien dem König der Araber geopfert;
    Denn seine Liebe spendete Qāsemīs Seele Freude.

[180]
Es ist zu spät für Färber und Färben;
Der Färber ist des Färbens müde.
Weil die Farbe in seinem Fass nicht rein war,
Erlitt der arme Färber Schaden, ward unglücklich.
Die Farbe in seinem Fass kann nicht gelingen;
Denn der Färber trödelte und nun ist es zu spät.
Weil die Farben sich am Boden des Fasses absetzten,
Ward der Färber von Trauer zerstört.
Weil der Farbe in seinem Fass eine Zutat fehlte,
Erschien ihm die Fliege als Elefant.
Zuerst gab er Koloquinten hinein,
Später dann Trauben.
Weil Qāsemī vor Leidenschaft schrie,
Ward das Sufigemüt aufgewühlt.

[181]
Wieder packt die Liebeshand meinen Verstand beim Kragen;
Wieder zieht es die Seele zum Reich des mächtigen Sultans.
In der Schenke der Einheit trinkt aus dem Wissenskelch
Meine reine Seele Schlucke, die dem Meer von Oman gleichen.
Die edlen Perlen des ʿIrfān nimmt er aus dem Schatz des *Ich war ein Schatz,*
Der ewige Geliebte, und fädelt sie gütig auf das Seelenband.
Da wir das innere Reich besitzen, durchkreuzt immerzu
Der Stift der Anstrengung, was über die Königreiche geschrieben.
Wieder streicht auf der Liste meiner schlechten, sündigen Vergehen,
Die ewig gütige Hand alle Sünden durch.
Wieder zieht der ewig Gute aus der wartenden Menschenreihe
Unsere Seele heraus und lässt sie über den Menschen thronen.
Im Salon der Vereinigung empfing der Geliebte Qāsemī,
Weil sein Herz lange Zeit die quälende Trennung vom Freund ertrug.

[182]
Mein armes Herz erträgt die belastende Trennung nicht;
    Die Last, von Dir getrennt zu sein, erträgt nicht jedes Herz, nicht jede Seele.
Wen es nach dem Meer Deiner Vereinigung durstet,
    Vermag kein reines Wasser aus der Lebensquelle zu trinken.
Wein floss in den Kelch meines Herzens, frag nicht, wieviel!
    Ein Schluck aus Deinem Kelch übersteigt das Rote Meer und das Meer von Oman.
Ich bin sehr schwach, kein Wunder, dass die Trennung mich klagen lässt;
    Die Last deiner Trennung vermag nicht einmal Rostam zu schultern.
O Ratgeber, du verleugnest die Liebe und ich weiß gewiss,
    Dein dunkles Heidentum erreicht nicht das Land des Glaubens.
Solltest du dich verlieben, O Ḫwāǧeh, dann wäre ich erstaunt;
    Denn dein Reich erstreckt sich nicht bis zum Reich des Salomo.
Qāsem erhielt beim glänzenden Treffen mit Dir ein Licht;
    Sein Gemüt zieht es nun nicht mehr zum Paradies.

[183]
Beglückt von der Vereinigung mit Dir erfüllten sich meine Wünsche;
Mein Glück wuchs an, dienstbar zeigte sich mir das Geschick.
Wie Deine Schönheit erschien, ward meine Seele lebendig;
Deine trunkenen Augen machten mein Vergnügen beständig.
Du grüßtest mich, der Geschmack Deines Grußes erreichte das Herz;
Von Deinem Gruß ward mein Herz zum *Dār al-Salām*.
Erlaubt ist meinem Herzen, zu sprechen über die Liebe zu Dir,
Seit dem Moment, da ihm alles außer Dir zu gedenken verboten.
Mein Leben ist beglückt, sich an Dir zu freuen,
Seit das Herz in der Kaʿba Deiner Vereinigung weilt.
Sonne und Mond nähren sich aus meinen Strahlen,
Seit Dein Schatten mich umarmt.
Seit Qāsemī Dein Haar und Dein Antlitz sah
Sind ihm Heidentum und Religion egal.

[184]
Aufgrund des Spiegels zeigte Dein Antlitz sich;
    Aufgrund Deines Antlitzes versteckte der Spiegel sich.
Aus Scham gegenüber Deinem Antlitz versteckte sich der Spiegel, ja!
    Da er Deine Schönheit gesehen, ward er auf der Welt berühmt.
Plötzlich glänzte ein Strahl von Deinem Antlitz;
    Dieser gute Zustand machte alle Seelen tanzen.
Wer mit den Kringeln Deines Haares beschäftigt,
    Wird zuletzt zum Liebestollen.
Wer von Deinem glänzenden Licht erfährt,
    Genießt er ein Treffen mit Dir, wird er trunken.
Ich Armer führe die Liebestollen an,
    Seit Deine duftenden Locken mir zur Seelenstatt wurden.
Qāsem wollte Herz und Religion auf dem Weg Deiner Liebe verlieren;
    Glücklicherweise gelang dies schließlich.

[185]
Dein schönes Antlitz wird rein wie eine Kerze sein;
  Unser verwirrtes Herz wird trunken des Treffens sein.
Mein Herz hofft auf den gütigen Gott;
  Jedes Unglück wird mir eine Gabe sein.
Jede Gruppe geht auf ihrem Weg zu Gott;
  Unser Weg wird Ergebung und Entwerdung sein.
Erhebe ich am Tag der Auferstehung den Kopf aus der Grabeserde,
  Wird mein verwirrtes Herz trunken des Treffens sein.
Zerreißen sie mein Herz zu Deiner Zufriedenheit in hundert Stücke,
  Wird mein Herz abermals ergeben und zufrieden sein.
Unser Herz kam in Dein Reich, behandle es gut!
  Du bist der Herr der Welt, es wird Dein Besitz sein.
Qāsemī, das Herz kann man einzig Gott geben;
  Überall ist Gott, überall wird Er sein.

[186]
O Schenk, das Morgenlicht zeigte sich;
    Während die ʿŪd spielt, gieße Wein in den Kelch.
Sollte dies Ärger bereiten, lässt der
    Wachmann sich mit einem Schluck befrieden.
Als der Schöne mir Sein Gesicht zeigte –
    Was soll ich sagen, wie es mir da erging?
Der Verständigen Religion: Wissen und Nutzen;
    Der Liebenden Pfad: Entwerden dem Seienden.
Den paradiesischen Freuden geben sich nicht hin
    Die Schelme mit gepriesenem Ende.
Entfernt man die Zweiheit,
    Sind Zeuge und Bezeugter eins.
Ach, diese Prediger des schwarzen Hauses!
    Rettung vor diesen Sufis des dunklen Hauses!
Die Asketen sind trunken von Mantras und Gebeten;
    Die Liebenden sind beim Treffen trunken vom Geliebten.
Sein Auge verlangte es nach Qāsems Seele;
    Wer lehrte den Trunkenen wieder die Sermone?

[187]
Der Aufruhr war im Schlaf der Seligen versunken;
    Dein waches Auge raubte ihm den Schlaf.
Wie Du einer Blume gleich vor den Vorhang tratst,
    Ward der Rosengarten erfüllt vom Ruf des Sermons.
Trunken kamst Du auf den Seelenbasar,
    Trunken vor Erstaunen wurden die Seelen, die Dich sahen.
Er goss das Gnadenwasser in unsere Kelche,
    Bis sich von jeder Seite der Klang der Rūd erhob.
Der weltverzierende Sonnenschein erstrahlte,
    In der Welt breitete sich der Schatten des Daseins aus.
Unter den Seienden verbreiteten sich Aufruhr und Schreie,
    Seit Er den Schleier vom wesenhaften Gesicht lüftete.
Begingen wir einen Fehler, so begegne uns mit Güte;
    Qāsemī löste sich von allem, was ist.

[188]
Der Färber wollte ein Fass mit Blautönen mischen;
Die Farbe misslang, seine Verwunderung und sein Erstaunen stiegen.
Wird das Fass dunkel – O unser Sieb, verdunkle nicht!
Denn in dieser Schüssel ist, was aus dem Fass gefiltert wurde.
Den Wein, der die Weltseele lebendig macht,
Ließ der Schenk der Weltseele durch unser Herz laufen.
Trunken ein jedes Herz, das sieht, wie
Die Karaffe sich verbeugt und die Seelen Gott bezeugen.
Trink Wein vom göttlichen Fass, trink so viel
Dass du vollkommen frei wirst vom schändlichen Dasein.
In der Weltentaverne sind wir kopflos und verwirrt;
Keiner weiß, was geschah und was dies für ein Zustand sei.
Schenke Qāsemī heute vom göttlichen Wein,
O Schenk, den eifersüchtigen Leugnern zum Trotz.

[189]
Wie Deine erquickende Schönheit sich zeigte,
 Verriet mein armes Herz das Geheimnis.
Um Dein Antlitz herum sah ich kein nüchternes Herz;
 Dies gehört zu den Eigenschaften des Mondes.
O Weltseele, Deiner zu gedenken und meine Seele –
 Verhält sich wie Morgenwind und frisches Blumenblatt.
Deine Liebe nahm mir Herz, Seele und Religion, O weh!
 Den Beutezug Deiner Liebe beschreibt jener Satz noch gering.
Wo immer mein Herz hinsah, erblickte es Dein Antlitz;
 Schließlich bin ich höchster Mystiker.
Die Entwerdung ist Mittel zur Vereinigung mit Dir;
 Alles, was wir sonst versuchten, war Trug.
Sie sagten, Qāsem prahle immer mit Askese;
 Der Arme hat mit Askese doch nichts am Hut.

[190]

Wer einen Moment bei Dir ist, kann um die Geheimnisse wissen
    Und das Königreich mit Lichtern überfluten.
Mit Deinen Brauen kann man um den Mihrab wissen;
    Mit Deinen schönen Augen kann man sich im Schmachten verlieren.
Mit Deinem Antlitz kann man gemäß dem Weg des Islam leben;
    Mit Deinem Haar kann man im Kreis der Heiden weilen.
Mit Deiner Liebesaufsicht kann man Monotheismuswein trinken;
    Mit Deines Gesetzes Kastellan kann man nüchtern sein.
Stattest Du Deinen Kranken einen Besuch ab,
    Mag man hundert Jahre auf Dich hoffend krank sein.
Ein Stöhnen, das aus Lust zu Dir aus der Seele aufsteigt,
    Wird zu Recht in beiden Welten Käufer finden.
Von Dir geschützt verbrennt man im Höllenfeuer nicht;
    Mit Deiner Hilfe kann man Fremde erhöhen.
Eine Last, zu schwer für einen Berg,
    Kann mit Deiner Stärke getragen werden.
In der Wüste des Trennungsleids, in dunkler Nacht,
    Kann man mit Deines Antlitzes Licht Karawanen führen.
Mit einem Deiner Strahlen kann man die Sonne erleuchten;
    Mit einem Deiner Tropfen kann man das brausende Rote Meer sein.
Zeigst Du Dich auf dem Weltenbasar,
    Kann man auf dem Basar herumstreunen.
Sollte das Treffen mit Dir im Gotteshaus stattfinden,
    Kann man bis zum Jüngsten Gericht dort warten.
Mit Deiner Weisheit kann man den Geschmack der Geheimnisse testen;
    Mit dem Bargeld Deiner Trauer kann man Dinare besitzen.
Qāsemīs Atem duftet vor Leidenschaft zu Dir;
    Mit dem Duft Deiner Freundschaft kann man Gewürzhändler sein.

[191]
Diese Liebe und Zuneigung resultieren aus Gottes Güte;
Und all diese Aufmerksamkeit ist mehr als uns zusteht.
Die Gewalt, die Du unseren armen Herzen antatst,
Erschien als Heimsuchung, doch war eine Gabe.
Von Anfang an sind wir verliebt, verrückt und trunken;
Denn seit jeher erfahren wir Deine Güte.
Wie er *Ana al-Haqq* sagte, hängte man ihn sogleich an den Galgen,
Manṣūr, der den Kreis der von Gott Trunkenen anführte.
Alle taten sie zwei, drei Schritte und gingen;
Ob sie an Gott trunken oder Lustmensch waren.
Was immer euch auf diesem gefährlichen Weg zustößt;
Fragt bloß nicht, warum es sich so begibt.
Qāsems Herz erfreut sich stets Deiner Güte;
Dein Wesen ist immer gütig, loyal und rein.

[192]
Dein Haar war wohl ein Lasso von oben,
Doch schön war diese Fessel um unseren Hals.
Wie es unserem Herz in Deiner guten Freundschaft auch erging;
Durch Dein Antlitz war es aufrecht und ehrlich.
Beglückt der Vereinigung wendete das Schicksal sich immer
Deinem armen Verliebten zu und ließ ihn dauern.
Im Feuer der Trennung verbrannte mein Herz; zu Recht,
Denn es hatte die Vereinigung mit Dir nicht zu schätzen gewusst.
Diese Nachtigall des Herzens jammert weniger ob der Trennung,
Mehr aus Leidenschaft zu Deinem Blumengesicht.
Der Asket ersehnt das Paradies, wir Dein Reich, O weh!
Sieh doch, wie groß der Unterschied ist.
Die Blume Deines Antlitzes blühte von Qāsems Worten auf,
Weil in seinem Atem die Eigenschaften der Brise lagen.

[193]

Wo immer der Freund weilt, werden sich Schreie erheben;
    Das Gemüt wird jener wandelnden Zypresse folgen.
Was ist dies' strahlende Licht, das die Welt umspannt?
    Am Anfang und am Ende wird so sein.
Aus Lust zu Dir werde ich den Kopf verlieren, denn ich liebe Dich;
    Am Ende wird darin Nutzen liegen.
Sähe das Herz Dein Antlitz nicht mehr, O weh!
    Ständig würde es klagen und sein Gewand zerreißen.
Religion und Gewissen übergaben wir aus Liebeskummer dem Wind;
    Nun mag kommen, was will, sei es Nutzen oder Schaden.
Mein Seelenschmerz rührt von Höhe und Stattlichkeit;
    Solange es die Weltseele gibt, wird es meinem Herz so ergehen.
Der Ort, an dem man nicht von Wein und Geliebtem spricht,
    Dort werden ewiglich Kuh und Esel Aufenthalt haben.
O Liebender, es ist Zeit für Glaube und Märtyrertum;
    Auch damit beglückt uns der Pīr-e Moġān.
Die Liebe fragte: *Was macht Qāsem?*
    Nichts schlechtes, doch schade, er ist bekümmert.

[194]

Solange es den Weltenhälter und die Welt gibt
　　Wird unser Herz jene wandelnde Zypresse lieben.
Wir sind aus einem Bedürfnis heraus in dies' Kloster der Moġs gekommen;
　　Möge mein Kopf Staub auf dem Weg des Pīr-e Moġān sein.
Was soll *Wer mich sah, sah den Gerechten* bedeuten?
　　Solange Du Dich nicht zeigst, bleibt der Freund verborgen.
O Prediger, lass die Nachahmung sein! Am Tag der Vereinigung
　　Wird den Trunkenen die Rede vom Wesen offenbar sein.
Verlässt Du Dein wertes Versteck und zeigst Dich, dann
　　Werden unsere Herz klagen und ihre Gewänder zerreißen.
Ich werde nicht froh, ehe ich Dein schönes Antlitz gesehen;
　　Meine Brust sticht und mein Herz klopft.
Qāsemī opfert Dir seinen Kopf, denn bei der Vereinigung
　　Wird mein Kopf dem Körper eine Last sein.

[195]

Von nun an wird unser Herzräuber jammern;
Von allen Seiten werden sich alle Ihm zuwenden.
Am Tag der Auferstehung, wenn den Seelen Rechtfertigung abverlangt,
Wird meine Seele sich mit jenem schönen Antlitz rechtfertigen.
Mein Gemüt ist geduldig und beharrlich; was sollte es auch tun,
Solange Dir Gewalt und Tyrannei gewöhnlich und wesenhaft sind?
Fordere von jenem Brecher des Gelübdes keine äußere Frömmigkeit;
Meine Buße zeigt sich in Flaschenöffner und Karaffe.
Der Anfang und das Ende aller Seelen ist Er und genug;
Zuerst war Er und zuletzt wird alles Er sein.
Vernahmst du das Geheimnis des *Ich wollte erkannt werden*, sei froh!
Denn zwischen dir und Ihm findet nur ein Haar Platz.
Mit Qāsem lässt sich nicht über Äußeres und Vortäuschung sprechen;
Was auch gesprochen wird, es geht um Sein schönes Antlitz.

[196]
Unser Platz wird im Reich des Freundes sein,
Das wir dem Paradies bevorzugen.
Wo ich auch bin, einen Moment sind wegen der Trennung von Dir
Meine Augen und mein Herz ein Tulpenfeld blutiger Tränen.
Mir kam das Herz abhanden, O Freund, hilf mir!
Denn aus Lust nach Dir bin ich schwach und kraftlos.
Ich hoffe in beiden Welten auf niemanden,
Aber ich werde auf Deine Güte hoffen.
Hängt man dich an den Galgen, ertrage es, habe keine Furcht;
Denn wo der Galgen ist, wird gemessen.
Du verleugnest Liebe und Liebende;
Zweifellos erwartet dich die Hölle.
Qāsem, lass ab vom irdischen Reich;
Es wird am Ende der Umlaufbahn entbehren.

[197]
Wieder schenktest Du Wein in den gütigen Kelch;
    Absichtlich einen, der mir die Besinnung raubte.
Seit ich von diesem Kelch einen Schluck nahm,
    Verneigt sich mein Kopf, meine Seele bezeugt.
In diesem Kelch sah ich mit absoluter Gewissheit:
    Außer Dir ist alles Schein, also nichts.
Was ist außer Ihm? Wo ist außer Ihm? Wo das Bild des außer Ihm?
    Bei Gott, außer Gott gibt es nichts.
Mein Herz verbrannte in der Liebe, ich hielt stand;
    In jenem Verbrennen nützte mir das Standhalten.
Sieh, wie Verbrennen und Standhalten
    Meinen Körper zur Harfe und mein Herz zur ʿŪd machten.
Qāsems Zunge löste sich, er prahlt,
    Weil der Schenk das Einheitsfass öffnete.

[198]
Die Schelme haben Glück! Das gepriesene Ende schloss
Die Tür zur Fabel und öffnete den Deckel der Korbflasche.
Der reine Wein des edelmütigen, herrlichen Gottes
Raubte tausende Verstande und schenkte tausende Seelen.
Höre neue Worte, sieh die neuen Erscheinungen!
Wandle nicht den Ungehorsamen gleich blind in der Welt.
Esse kein Dörrfleisch; denn als Dörrfleischesser
Erleidest du Schaden, und Schaden entbehrt Nutzen.
Komme zur Versammlung der Schelme, sieh, was dort geschieht!
Bravo, musikalischer Reigen! Bravo, geliebter Wein!
Der Kelch sagte zum Schenk: *Ich bin besser als die Karaffe,*
Denn sie verschleiert den Wein, ich aber offenbare ihn.
Ersehnst du den Weg, dann wisse, auf diesem Pfad
Bekommt man ein bleiches Gesicht und stöhnt schmerzerfüllt.
Zeichen des Weges ist, Erniedrigung und Zerbrechen zu ersehnen,
Sich vor allen Atomen zu verbeugen und zu verneigen.
Qāsemī bringt Dir tausende Herzen und Seelen dar;
Denn Du bist die Quelle hohen Glücks und Geschicks.

[199]
Du bist Balsam für die Wunde und Ziel des Wunsches;
  Du, die geliebte Eminenz, das gepriesene Ende.
Da ich die Trennung nicht länger erdulde, O Freund,
  Komm, denn das Leben ist teuer und vergeht.
Gewiss wusste jener das teure Leben nicht zu schätzen,
  Der auf dem Weg Deiner Liebe nicht von seinem Selbst abließ.
Mir sind die zahlreichen Vorstellungen von Dir Höhlengefährte,
  Weder Tag noch Nacht gönnen sie mir einen Moment Ruhe.
Komm zur Versammlung der Liebesschelme und lausche
  Tausenden Klagen der Laute und tausenden Melodien der ʿŪd.
Eines Nachts kam mir mein Rivale in den Sinn; der Verstand
  Appellierte an die Seele: *Ein schlimmer Ort, an den es dich zieht!*
Seelenschenk, bring den reinigenden Wein!
  Reiche ihn dem armen Qāsem, dem trockenen Scheich zum Trotz.

[200]
Dein Haar ist die Nacht der Bestimmung; Bravo, bestimmender Schatten!
    Dein Antlitz ist der Vollmond; Bravo, gedeihliches Glück!
In der Wüste der Trennung ist dunkel die Nacht;
    Ohne das Licht Deines Antlitzes findet die Seele nicht das Ziel.
In der Wüste und in den Winkeln der Konvente sahen wir nichts als den Freund;
    Ich kannte den Weg und durchschritt die Wüste.
Aus dem Haus der Seele spross eine Blume mit hundert Blättern,
    Als Deine durstgestillte Hyazinthe sich auf das Jasminblatt legte.
Durch Güte zeigte sich die brennende Liebe;
    So erkennst du die Eigenschaft von Zeuge und Bezeugtem.
Eine Koketterie von Dir – hundert Herzen und Seelen von uns!
    Die Verliebten machten mit Deinem Glück noch Gewinn.
Der arme Qāsem staunt nicht erst heute über Dich;
    Seit er ist, staunt er und solange er ist, wird er staunen.

[201]
Er liebt sie und sie lieben Ihn, so befahl Er;
    Denn wir besiegelten die Freundschaft.
Im Seelenspiegel sieht Er Seine eigene Schönheit;
    Denn Er ist Zeuge und Bezeugter.
Schreiend sagten die Seienden Ja zum Ewigen;
    Denn Er ist Anfang und Ende des Seins.
Diese Welt ist Liebestaverne; in ihr klagen
    Tausendfach die Trunkenen, sind tausende Verse und Hymnen.
Vom Abbild der ewigen Liebe ward unsere Liebe erhellt;
    Die eine Schönheit der Liebe zeigt sich in tausendfacher Art.
Von Dir kommt die Liebe, auch Seele, Religion und Herz;
    Du bist das hohe Glück und das gedeihliche Geschick.
Gehe nicht auf allen Wegen, erkenne deinen Wert!
    Denn ein nicht existenter Geliebter ist keinen Pfennig wert.
Ich diene dem angestrengten Gemüt auf dem Liebesweg,
    Des' Kelches kleinster Schluck tausend Meere umfasst.
Komme doch! Der arme Qāsem ward Weintrinker
    Zum Ausgleich für die Zeit, in der sein Leben auf Sand gebaut.

[202]
Unseres Glückes Kapital war der Schmerz durch den Freund;
Wie hätten wir durch eigene Anstrengung den Knoten zerschlagen können?
Alles, was ist, ist Schmerz; der hilfreiche Schmerz
Begleitet die Seele, wie Rauch Feuer begleitet.
Ein Schelm, der zur Liebestaverne aufbricht,
Hat die Seele dem Unglück der Zeit entrissen.
Zeige Dein Gesicht, wir warten schon seit langem;
Unsere Seele mögen wir alsbald jener Schönheit schenken.
Vom Zustand der Liebe hatte der Verstand keinen Schimmer,
Obwohl er sich tausend Mal in jenem Zustand versuchte.
Zu einem Ḫwāǧeh-Verstand sagt: *O Ärmster, willst du*
Lieben den Freund, warum sinnierst du über Schaden und Nutzen?
Wahnsinnig, schelmisch, verliebt, verrückt und trunken ward
Jeder, der von Qāsems Liebesspiel gehört.

[203]

Vor Seiner Liebe warf ich mich nieder, sagte: *O Geliebter,*
Erbarme Dich unser, denn außer Dir existiert nichts.
Gegenüber dem Liebesfeuer ist das Sonnenlicht schwach;
Obwohl es sich vielmals probierte.
Dein Haar ward lockig, alle sind wir froh und frisch;
Die Nacht verkürzte sich und der Tag ward länger.
Lüftet der Freund nun den Schleier der Würde,
Bring deine Seele auf den Weg, denk nicht an Schaden und Nutzen!
Wir tranken einen Kelch vom Leidensfass leer;
Die Passion zum Freund stahl uns Gewand und Turban.
Alle Seelen sind Bettler und Bittsteller
Der hohen Seele, die im Bezeugen aufgelöst.
O liebe Seele, wir leben durch Lust zu Dir;
Aus Leidenschaft zu Deinem Antlitz sang Qāsem diese Hymne.

[204]
Was meint *Er lehrte dich den Koran* in der Sure *al-Raḥman*?
Es meint, dass der Mensch ein vernünftiges Wesen ist.
Die Summe der Schöpfung und der vollkommene Spiegel,
Sie sind als Liebe und Nutzen dem Menschen zugewandt.
Vom ersten Tag bis in alle Ewigkeit taucht
Kein Juwel gleich dem Menschen aus dem Meer der Güte auf.
Gehen sie auch aus Unwissen den ungültigen Weg,
So sind Christ und Jude doch dem Gerechten zugewandt.
Die Harfe sagt zu Gott: *Hilf mir*!
Die ʿŪd sagt zum Geliebten: *Ich habe die Absicht!*
Solange das Herz nicht vom Gerechten wusste,
Verbeugten wir uns ständig vor Kamelen.
Eine Gnade Gottes, dass ich vom Makel erlöst;
Qāsemī ist ausgelöscht in der Bezeugung.

[205]
Der Freund erschien im alten Weltenkloster;
    Alle Atome der Welt erloschen in der Bezeugung.
Dein gnädiger Strahl eroberte die ganze Welt;
    Alle Horizonte wurden hell; Bravo, gnädiger Strahl!
Du kennst den Preis der Liebe nicht, machst dich auf die Flucht,
    Flüchtest wie Rauch vor dem brennenden Feuer.
Aller Menschen Neigung bezieht sich allein auf die Welt;
    Erst wenn das Herz die Welt vergisst, wird es leicht.
In der Taverne der Moġs zeigt sich klar:
    Überall Harfen und Glocken, überall Hymnenklang.
Sieh den Kreis der Trunkenen, um zu erkennen:
    Sie beten im Stehen und Sitzen, bei Beugung und Niederwurf.
In beiden Welten besitzt jedes Herz einen Wunsch;
    Unseres: Deine Liebe, Dein Rausch und Dank für den Geliebten.
Der Verstand sagte: *Ich bin die Quelle des Seienden!*
    Da kam die Liebe dazwischen und sagte: *Ich bin der Ursprung des Seins!*
Qāsemī, auf Seinem Weg sei nicht ignorant und enttäuscht;
    In der Summe ist das Leben kein gewinnloser Verlust.

[206]
Hundert Mal dachte ich nach, hundert Mal prüfte Er mich;
Leidenschaft schafft Abhilfe, Schaden ist Nutzen.
Unserer Seelen schreien aus Trennungsschmerz;
Gäbe es kein Feuer, woher rührte dann der Rauch?
Hielt uns nichts vom Freund ab, woher dann dieses *Beiseite*?
Gäbe es kein Jammern, warum sind die Kelche dann blau?
Das Sein des Freundes erfreut deine Seele;
Ist es etwa wichtig, ob der Liebende ist oder nicht?
Der arme Liebende ist nur Spiegel; doch weil
Sein Antlitz in ihm ist, stieg des Spiegels Wert.
Das Herz ist trunken vor Stauen, fragt verwundert, was zu tun sei;
Die Seele ist voller Dankbarkeit, denn der Freund zeigte Sein Antlitz.
Aus seinen Augen rinnen beständig zwei Flüsse;
Qāsem singt diese Hymne in Gedenken an die Vereinigung mit Dir.

[207]
Aus brennender Leidenschaft zu Dir stieg Rauch aus meiner Seele auf;
Wir verschaffe ich mir Hilfe, was soll meine Heilung sein?
Gegen Mitternacht, wenn alle tief schlafen,
Bleiben nur ich, die Gedanken an Dich und schmerzvolle Klagen.
Die Trennung vom Freund zerstörte mich jäh;
Wo sind das ewige Glück und das gedeihliche Geschick?
Wohl dem Gerechten zugewandt, doch kennen sie den Weg nicht,
Der Nacheiferer, der Extremist, Zoroastrier und Jude.
Sprich doch mit den am Gerechten Trunkenen;
Sonst erleidest du Schaden, und Schaden nutzt keinem.
Ersehnst du das Zeichen des Gerechten, wende dich den Menschen zu;
Wisse, dass Er die Qibla jedes Schöpfers und jedes Geschöpfes ist.
Auf dem Pfad Qāsems bist du dem Wissen fern;
Du hältst das Nichtsein für Sein und das Sein für Nichtsein.

[208]
Unser Herz ist Spiegel von Äußerem und Inneren, seltsam
Dass unser Zeuge Sein Gesicht nicht im Spiegel zeigte.
Nein, nein, solange er nicht rein ist, wird nie zeigen,
Der Seelenspiegel, die Eigenschaften von Zeuge und Bezeugtem.
Auf Deinem Weg verlieren die Liebenden den Kopf;
O Glück der Liebenden! Bravo, würdiger Wunsch!
Der Pilger bereute den Weg zur Kaʿba und kehrte zurück,
Weil er keinen Wein gekostet hatte, ging in die Wüste.
Prediger, genug von dieser Geschichte, die keiner dir glaubt!
O nicht einmal unser goldenes Herz genügt Seinem Eichmaß.
Sprecht von Kerze und Motte nicht länger
Mit unserem Asketen – er ist weder Aiyāz noch Maḥmūd.
Auf dem Liebeskummerweg zieht der arme Qāsem Tag und Nacht,
Dich ersehnend, von Tür zu Tür und von Ort zu Ort.

[209]
O Du, des' Liebe mir in beiden Welten Ziel und Wunsch,
Entwerde ich auch auf dem Sinai, die Vereinigung mit Dir ward versprochen.
Deine Güte offenbarte sich jenen, die die Welt lieben, durch
Tränen, die von der Wimper auf das goldene Gesicht flossen.
Mein Instrument gleicht bei der schwermütigen Zusammenkunft der Harfe;
Wie Räucherholz verbrenne ich im Feuer Deiner Liebe.
Die schwermütigen Schlösser an den Türen des Glücks
Lassen sich allein mit den Schlüsseln Deiner Leitung öffnen.
Sieh das traurige Herz doch endlich einmal an;
Denn der Trennungsschmerz zerstörte es.
Nein, nein! Du wünschst, dass mein Herz die Trennung schmerzt,
Also erfreue ich mich der Trennung, bin zufrieden mit dem Schmerz.
Da Qāsems Herz sich mit dem von Dir auferlegten Schicksal zufrieden gab,
Wurde ihm aller Nutzen zum Schaden und aller Schaden zum Nutzen.

[210]

Das Wasser des Lebens, das Alexander ersehnte,
    Erreichte eines Tages Ḫiḍrs Seele und Ḫiḍr ward zufrieden.
Was ist das Wasser des Lebens? Ewiges Leben!
    Hör zu, O Ḫwāǧeh, beim Bezeugen sind wir selbst Bezeugte!
Am Anfang sagte Er umsichtig: *Wir verteilen*;
    Hilf uns, Gott! Gott ist gütig und der Geliebte.
Unser Herz ist verrückt nach Deiner welterobernden Güte;
    Solange Welt und Weltenhälter sind, wird es so bleiben.
Wir haben Ruhe von Sein und Nichtsein;
    Erzählt uns nichts von diesem Sein und Nichtsein.
Sobald dir gewiss wird, dass Fordernder und Gefordertes eins ist;
    Endet das Fordern und die Pfade sind verschlossen.
Dich ersehnend nahm Qāsemī Abstand von der Welt;
    Gott weiß, dass Er das Ziel ist.

[211]

Wer weise handelt, steht an der Spitze;
    Weisheit hilft voran, nicht Anstrengung und Bemühung.
Halte wie ein vernünftiger Mensch deine Zunge im Zaum,
    Denn die Unwissenden sind neidisch und die Verleugner engstirnig.
Höre auf den Bauern, der Weises spricht:
    Wer guten Samen säht wird keine schlechte Ernte haben.
Die Erdenbürger ersehen das Wasser des Lebens,
    Aber es wird jenem zuteil, dem es bestimmt.
Mir sind Sein und Nichts gleich;
    Wozu sollte ich also Märchen lauschen?
Aus Güte gib meinem Herzen Zuflucht;
    Zu Rang und Ehre der Schelme mit gepriesenem Ende.
Tausende Herzen und Seelen opfert Qāsemī Dir,
    Denn Du bist der gewisse Sonnenschein, Zeuge und Bezeugter.

[212]
Trefflicher Rechtsgelehrter, was macht der Theologe bloß?
Er sprach unsinnig vom Gerechten und hörte nicht zu.
Selig machten ihn nur die Sinne, nicht der Seele Kern;
Er sah das Abbild der Welt, doch nicht den Geliebten.
Jeden Moment scheint vom Freund neuer Glanz;
Der Weg der Liebe ist voller Beigaben.
Unsere Gedanken wurden verschleiert auf dem Pfad zum Freund;
Deine Liebe kam, zerriss den Schleier unserer Gedanken.
Solltest du keinen Zugang finden, so ist dein Schloss stahlhart;
Für dieses Schloss fand in der Welt noch keiner einen Schlüssel.
Vom Gerechten zum Gerechten ist der Pfad rein und hell;
Wer zu dieser Helligkeit gelangt, wird selbst erleuchtet.
Wie Qāsemī ist eine ganze Welt von Deinem Antlitz erstaunt;
Trunken vor Lust zu Dir sind König wie Sklave.

[213]
Der ewige Morgen erschien im lichtvollen Osten;
    Vom lichtvollen Antlitz des Freundes erreichte uns ein Strahl.
Die Tage der Trennung vom Freund sind unzählbar;
    Wieder begann ein neuer Morgen, ein neuer Tag.
Wo immer das lichtvolle Antlitz des Freundes sich zeigte,
    Sind Ǧunaid und Bāyezīd die Leiter des Weges.
O Herz, sprich nicht von der Trennung!
    Begleitete den Freund, den Leiter und Geleiteten.
Wo immer man einen Wein mit göttlichem Tropfen trank,
    Erhob sich von den Seienden der Schrei: *Bravo!*
Das Herz war vom Vorhang des Denkens verschleiert;
    Wie Deine Liebe kam, zerriss der Vorhang des Denkens.
Dich ersehnend verließ Qāsem die Welt;
    O weh, nicht eine Blume aus diesem Garten pflückte er.

[214]
Vom Horizont der Größe erschien der Morgen des Glücks
Erst versanken wir in seiner Illusion, doch dann kam der Wahrheitskönig.
Durch Deine berühmte Pracht erblühte die Welt;
Der prächtige Sultan hisste abermals die Liebesflagge.
Seine Schwermutshand spielt auf dem Herz; und jede Saite
Begreift sekündlich die Bedeutung der Herzschlagader.
Der Seelenschenk spendet dem Kelch beständig Wein;
Es jammert der Herzmusikant: *Gibt es denn noch mehr?*
Auf dem Basar der Liebe macht Gewinn, wer
Die Freude der Welt gegen Unglück und Trauer veräußert.
Im Reich der Vereinigung empfängt man den Herzensmüden,
Der die Last des Tadels der ganzen Welt ertrug.
Den Weg zur Einheit nimmt nicht, wer im Ersehenen nicht
Mit Herz und Seele allen Atomen Untertan wird.
Das Schloss an der Tür der Weisheit ist nutzlos;
Wer sein Selbst aufgab, dem kam ein Schlüssel zu.
Die Vereinigung mit Gott fand Qāsem, jäh fand er sie;
Denn mit dem Schwert des *keinen* trennte er sich von der Welt.

[215]
Unser Haus ward ein Paradies, denn der Geliebte traf ein;
  Das Auge ward sehend, wie es nach Yusūf von Kanaan duftete.
Wo sollte ich die Geschichte von Zoleiḫās Liebe verstecken?
  Sie verbreitete sich doch von den Wüsten Ägyptens bis nach Ṣanʿān.
Zuvor herrschte ewige Aufruhr in der Stadt der Seelen;
  Nun ist die Stadt sicher, die Flagge des Sultans ward gehisst.
O Schenk, auf dass Du nicht mehr von den Vernünftigen sprichst, wisse:
  Vergangen ist der Vernünftigen Zeit, nun sind die Trunkenen dran.
O Schenk, reich uns einen Kelch um den andʾren, denn durch des Freundes Gunst
  Sind wir nicht länger von Ihm getrennt, das Glück zeigte sich gnädig.
Wie lange willst du noch reden, Prediger, schäme dich vor Gott!
  Die Zeit der Seele ist vergangen, die Zeit des Geliebten gekommen.
Wie lange möchtest du noch jammern, Qāsemī? Sprich nicht von Liebeskummer!
  Die Schmerzen sind vergangen, nun ist die Zeit der Heilung.

[216]
Nun werden meine Schmerzen geheilt,
    Durch Liebe bin ich erlöst.
Gott sei Dank! Durch Seine Güte
    Erreichte der verlorene Yusūf Kanaan.
Der Dämon wich aus diesen Weiten,
    Salomos glänzender Prunk zog ein.
Mein Herz ging Ihn ersehenend den rechten Weg;
    Geradewegs erreichte es die Quelle des Lebens.
Der Schmerz, vom Geliebten getrennt zu sein,
    Ist nun endlich vorüber.
Der Trennungsschmerz fügte meinem Herzen
    Unsäglich viel Unglück und Kummer zu.
Qāsemī ward gerettet vor der Trauer des Pharao,
    Die Freude des Moses erreichte ihn.

[217]

Moses erreichte auf dem Sinai das klare Licht;
    Damit war ihm vergönnt, sich mit dem Freund zu vereinigen.
Die Erdenbürger sind fröhlich, es ist Freudenzeit,
    Denn es ist Zeit für den Mahdī zu Weltende.
Wir sind erleichtert, froh und heiter ist unser Gemüt,
    Weil des Freundes Gunst beide Welten beglückte.
Adam ist Gottes Geheimnis und Iblīs war blind;
    Wer das Geheimnis sieht, gelangt zum versteckten Schatz.
Das Geheimnis, das die Seienden mit der Seele ersehnen,
    Hat uns Gott sei Dank umsonst erreicht.
Unvermittelt besuchten wir das Tavernenreich,
    Da des Freundes Anziehung unser Herz unvermittelt erreichte.
Qāsemī, ein jeder, der Ohr und Herz besitzt, hörte
    Den Ruf Seiner Vereinigung, der das Sein erreichte.

Nachwort

1. Autor und Werk

Qāsem Anwār, mit vollem Namen Moʿīn al-Dīn ʿAlī b. Naṣīr b. Hārūn b. Abū al-Qāsem Ḥoseinī Tabrīzī – bekannt auch unter den Namen Qāsem-e Tabrīzī und Mīr Seiyed Qāsem[1] – wurde im Jahre 757/ 1356 in Sarāb[2] (Täbris) geboren. Laut Daulatšāh Samarqandī, einem Dichter und Hagiographen timuridischer Abstammung des 16. Jhd., war er seyyidischer Abstammung und gehörte einer bedeutenden Täbriser Familie an.[3] Auf die seyyidische Abstammung weist auch der Titel „Šāh" hin, der seinem Namen gelegentlich vorangestellt wird.[4]

Qāsem Anwār wurde bald zum Schüler (Pers. *morīd*) von Ṣadr al-Dīn Mūsā (1305-1391/92), dem 3. Leiter (Pers. *morād*) des vom Ahnherren der Safawidendynastie, Ṣafī al-Dīn (1252-1334) gegründeten Sufiordens in Ardabil; dort übte er sich in Askese und Armut.[5] Er soll vier Mal die Pilgerfahrt nach Mekka vollführt haben, zwei Mal davon barfuß und fast nackt.[6] Obwohl in vielen Berichten von seiner enthaltsamen Lebensweise gesprochen wird, soll er sich gegen Ende seines Lebens den irdischen Freuden zugewandt haben – dies erklärte er selbst damit, dass er zu dieser Zeit nicht länger Gotteslieber, sondern der Geliebte Gottes sei.[7] In seinem Werk finden sich, gemäß der Art der meisten mystischen Dichter seiner Zeit, sowohl Lobpreisungen des ersten Kalifen Abū Bakr (ca. 573-635) als auch des vierten Kalifen und schiitischen Imam ʿAlī ibn Abī Ṭālib (ca. 600-661) – vor

1 Nūr ad-Dīn ʿAbd ar-Raḥmān Ǧāmī, Nafaḥāt al-Uns, moqaddameh, taṣḥīḥ wa taʿlīqāt Dr. Maḥmūd ʿĀbedī, Tehrān, 1370 Š.: 590; Mūlānā Faḫr al-Dīn ʿAlī Kāšefī, Rašaḥāt ʿayn al-Ḥayāt, moqaddameh wa taṣḥīḥ wa ḥawāšī Dr. ʿĀlī Asġar, Tehrān, 1356 Š., Bd. I: 165.

2 Bei Daulatšāh: Sorḫāb; The Tadhkiratu Sh-Shuara, Memoirs of the Poets of Dawlatshah Bin Ala'u D-Dawla Bakhtishah Al-Ghazi of Samarqand, hrsgg. von Edward G. Brown, Leiden, 1901: 346.

3 Daulatšāh, 1901: 346.

4 Ẕabīhallah Ṣafā, Tārīḫ-e adabiyāt dar Īrān, ǧeld-e čahārom, Tehrān, 1364 Š.: 26.

5 Daulatšāh, 1901: 346; Ǧāmī, 1370 Š.: 590.

6 A. Sprenger, A Catalogue of the Arabic, Persian and Hindustany Manuscripts of the Libraries of the King of Oudh, Vol. I, Calcutta, 1854: 532.

7 Daulatšāh, 1901: 350.

allem aber des islamischen Propheten Muḥammad.[8] Zu Qāsems Titel „Anwār" ist in *Maǧālis al-ʿUššāq* ein Bericht überliefert[9]: Demnach träumte dem Dichter, in der Freitagsmoschee von Täbris stünde der islamische Gesandte Muḥammad mit einer Kerze, an welcher sich die Propheten und Gesandten in der Moschee ihre Kerzen anzündeten Qāscm Anwār tat es ihnen gleich. Qāsems Ordensleiter, Ṣadr al-Dīn Mūsā, interpretierte den Traum so, dass sein Schüler das göttliche Licht, das er empfangen hatte, an andere weitertragen solle und gab ihm den Titel (al-)Anwār – *der Lichtspender*. Dieser Bericht findet sich in einem sehr viel späteren Werk, *Ṭarāyiq al-Ḥaqāyiq*, von Maʿsūm ʿAlīšāh in leicht veränderter Form;[10] demnach sah Ṣadr al-Dīn Mūsā selbst im Traum, Qāsem würde Licht spenden und gab ihm demnach den benannten Titel. Dass Sufischeichs die Träume ihrer Schüler interpretierten, war eine durchaus gängige Praxis; gleichermaßen leuchtet ein, dass die Form des Traums nicht selten herangezogen wurde, um ein Ereignis oder den Rang einer Persönlichkeit ex post zu legitimieren oder zu stärken. Ganz besonders effektiv waren in diesem Zusammenhang Träume vom islamischen Propheten Muḥammad, die als Wahrträume galten.[11] Übrigens wurde der Ort, an dem Qāsem Anwār seinen Traum erblickt haben soll, noch im 17. Jhd. besucht.[12]

In diesem Zusammenhang ist die spätere Rezeption des Verhältnisses zwischen Qāsem Anwār und Ṣadr al-Dīn Mūsā interessant. In der Safawidenzeit (1501-1722) wurden im Abstand nur eines Jahres zwei divergierende persische Übersetzungen eines Werks namens *Maǧālis al-Nafāyis* angefertigt, in dem sich ein Bericht über Qāsem Anwār findet. Die eine ist aus der Feder des *Ḥakīm Šāh* Muḥammad Qazwīnī, die andere stammt von Faḫr Herawī. Qazwīnī berichtet, dass Qāsem al-Anwār nach der Beendigung seines Aufenthalts in Ardabil von Ṣadr ad-Dīn Mūsā dessen Sufigewand (Pers. *ḫerqeh*) erhalten haben soll.[13] Bekannt ist außerdem, dass der erste

8 Qāsem-e Anwār, Kolliyāt-e Ašʿār, bā taṣḥīḥ wa moqābeleh wa moqaddameh-ye Saʿīd-e Nafīsī, Tehrān, 1337 Š.: 362; 192, 193, 351, 352.

9 Qāsem-e Anwār, 1337 Š.: Einleitung, S. 24.

10 Maʿsūm ʿAlīšāh, Ṭarāyiq al-Ḥaqāyiq, beh taṣḥīḥ Moḥammad Ǧaʿfar Maḥǧūb, Tehrān, 1382 S. H., Vol. II: 323.

11 Vgl. dazu: Annemarie Schimmel, Die Träume des Kalifen: Träume und ihre Deutung in der islamischen Kultur, München, 1998: 16, 25.

12 Vgl. A. H. Morton, «The Ardabīl Shrine in the Reign of Shāh Ṭahmāsp I (Concluded)», in: Iran, Vol. 13 (1975): 46.

13 Amīr ʿAlīšīr Nawāʾī, Taḏkereh-ye Maǧāles al-Nafāyes, beh saʿī wa ehtemām-e ʿAlī Asġar Ḥekmat, Tehrān, 1363 S.H.: 183.

Safawidenkönig Ismāʿīl (1487-1524) das Grab des Poeten besichtigt haben soll.[14]

Ǧāmī berichtet, Qāsem Anwār sei nach seinem Aufenthalt bei Ṣadr al-Dīn Mūsā zum Schüler von Ṣadr al-Dīn ʿAlī Yamanī geworden.[15] Ein interessanter Hinweis, den Ǧāmī an dieser Stelle anbringt, ist, dass Qāsem Anwār dem letzteren stärker folgte und zugeneigt war.[16] Der Hinweis auf Yamanī findet sich nur in dieser Quelle;[17] möglicherweise wurde dieser Punkt in den späteren Werken bewusst übergangen, um den Schwerpunkt auf die Beziehung des Dichters zu Ṣadr al-Dīn Mūsā zu legen. Zwar wird Ṣadr al-Dīn Mūsā in einigen Gedichten Qāsem Anwārs erwähnt[18] und damit eine reale Bekanntschaft der beiden sehr wahrscheinlich; über ihr genaue Verhältnis sind allerdings keine gesicherten Informationen erhalten. Möglich erscheint anhand der Quellenlage, dass die Safawiden versuchten, sich den Dichter historisch anzueignen, ihn also eng mit ihrer eigenen Tradition zu verbinden – was wiederum einen Hinweis auf die Bedeutung und Beliebtheit von Qāsem Anwār zur Safawidenzeit wäre.

Qāsem Anwār warb zunächst in Gilan – wo er Gīlakī erlernte –, später setzte er seine Tätigkeit als *dāʿī*, religiöser Werber, in Khorasan fort.[19] In Nischapur traf er auf Widerstand der lokalen, von Daulatšāh Samarqandī als „äußerlich" (*ẓāherī*) bezeichneten, ʿUlamā und war gezwungen, weiter nach Herat zu ziehen,[20] wo er über 50 Jahre (1377/78-1426/7) wirken sollte. In Herat gelangte der Mystiker zu hoher Popularität und damit verbundenem Einfluss; er war mit den dort aktiven Sufiorden wie der Ḫalwatīyeh, der Naqšbandīyeh, der Neʿmatallāhīyeh etc. bestens vernetzt. So berichtet Ǧāmī, dass Qāsem Anwār eine Weile lang mit Maulānā Ẓahīr al-Dīn Ḫalwatī in einem Orden gelebt habe.[21] Selbst unter den timuridischen Prinzen besaß er zahlreiche Anhänger.[22]

Man beschuldigte den Dichter im Jahre 1426/7, an der versuchten Ermordung von Timurs Sohn Šāhroḫ durch Aḥmad Lor,[23] einem Anhänger des

14 Ṣafā, 1364: 190.

15 Ǧāmī, 1370: 590.

16 Ebenda.

17 Allerdings wird Yamanī bei Ḫwāndmīr, der seine Informationen von Ǧāmī übernimmt, ebenfalls erwähnt; Ġiyāṯ ad-Dīn Ḫwāndmīr, Tārīḫ-e Ḥabīb as-Siyar fī aḫbār-i afrād-i bašar, ba moqaddame-ye Ostād Ǧalāl ad-Dīn Hamāʾī, Tehrān, 1333, Vol. IV: 10.

18 Vgl. Qāsem-e Anwār, 1337: Einleitung, S. 64 und Text, S. 240

19 Daulatšāh, 1901: 346; Ṣafā, 1364: 255.

20 Daulatšāh, 1901: 346.

21 Ǧāmī, 1370: 590.

22 Daulatšāh, 1901: 346.

23 Kamāl ad-Dīn ʿAbd ar-Razzāq Samarqandī, Maṭlaʿ as-Saʿdain wa maǧmaʿ-e Baḥrain,

Sufiordens Ḥurūfīyeh[24], beteiligt gewesen zu sein. Von Ǧāmī wird der Vorfall wie folgt geschildert: In einer Moschee stach ein Mann mit einem Messer auf den König ein; später stellte sich heraus, dass dieser Mann mit Qāsem Anwār in Verbindung stand. Man sagte, Qāsem hätte ihn vielleicht dazu angestachelt.[25] Dass der Literat tatsächlich Mitglied der Ḥurūfīyeh war, wird trotz vermeintlicher entsprechender Hinweise in seinem Werk von manchen Forschern bezweifelt;[26] stattdessen nimmt man an, es habe sich um einen Vorwand gehandelt, um den unangenehmen Mann aus Herat zu entfernen.[27] In der Literatur werden insgesamt drei mögliche Gründe genannt, die zur Entfernung Qāsem Anwārs aus der Stadt führten:[28] 1) Groll, den Šāhroẖs Sohn Mīrzā Baisonqor gegen ihn hegte; 2) Mangelnder Respekt des Dichters gegenüber Šāhroẖ und seinen Söhnen;[29] 3) Wachsende Popularität des Dichters in Herat als Störfaktor. Dieser letzte Punkt, der entscheidend zu sein scheint, spiegelt sich in Daulatšāh Samarqandīs Bericht wieder; er schreibt, dass Verschwörer zu Šāhroẖ meinten: „Es ist nicht gut, diesen Seyyed in der Stadt zu haben, denn die meisten jungen Leute sind seine Schüler geworden [...].“[30]

Qāsem Anwār machte sich also gezwungenermaßen auf die Flucht, die ihn über Balch nach Samarkand,[31] an den Hof von Oloġ Beig führte – laut Daulatšāh Samarqandī war davor ein Gespräch zwischen dem Dichter und Šāhroẖs Sohn Baisonqor nötig. Letzterer überzeugte Qāsem Anwār angeblich mittels zweier vom Dichter selbst stammender Verse, zu gehen.[32] Qāsem Anwār hielt sich dann einige Jahre bei Oloġ Beig auf, der sich dem Kreis seiner Bewunderer anschloss.[33] Dass Oloġ Beig tatsächlich einen Dīwān Qāsem Anwārs besaß, erfahren wir aus einer Handschrift, die ehemals Oloġ Beig gehörte und sich derzeit *McGill Library* in Montreal befindet. Diese

beh ehtemām-e Dr. ʿAbd al-Ḥosseyn-e Nawāʾī, Tehrān, 1372 Š., Vol. II: 384.

24 Zur Ḥurūfīyeh siehe: Hellmut Ritter, «Studien zur Geschichte der islamischen Frömmigkeit, II. Die Anfänge der Ḥurūfīsekte», in: Oriens, Vol. 7, No. 1 (Jun. 30, 1954): 1-54.

25 Ǧāmī, 1370: 590.

26 Ṣafā, 1364: 258.

27 Roger Savory, «Kasim-i, Muʿin al-Dın ʿAli Husayni Arabi Tabrizi (1335-1433)», in: N. Hanif, ed., Biographical Encyclopaedia of Sufis: Central Asia and Middle East, New Delhi, 2002: 231.

28 Ebenda: 232.

29 Vgl. Ḫwāndmīr, Vol. IV: 10.

30 Daulatšāh, 1901: 346; Nawāʾī, 1363: 6, 183; vgl. auch: Roger M. Savory, «A 15th-century Safavid Propagandist at Herat», in: The Semi-Centennial Volume of the Middle Western Branch of the American Oriental Society, Indiana, 1969: 189-197.

31 Ǧāmī, 1370: 590.

32 Daulatšāh, 1901: 347; Ḫwāndmīr, Vol. IV: 10.

33 Ḫwāndmīr, Vol. IV: 11.

Handschrift umfasst sowohl den Dīwān des Dichters als auch jenen von Kamāl al-Dīn Mas'ūd Ḫoǧandī.[34]

Später zog es Qāsem Anwār wieder nach Herat, wo er angeblich abermals von einflussreichen Persönlichkeiten bewundert und besucht wurde.[35] Die Tatsache, dass Qāsem Anwār die Stadt wieder verließ, mag allerdings Zweifel an dieser Aussage aufkommen lassen. Der Dichter machte sich nämlich in hohem Alter auf nach Ǧām, genauer gesagt, in ein Dorf namens Ḫarǧerd.[36] Dort soll er sich im Garten eines Dorfvorstehers aufgehalten haben. Diesen kauften ihm seine Freunde nach einer Weile und Qāsem Anwār ließ auf dem Gelände einige Gebäude errichten.[37] Dort empfing der Mystiker Schüler und befreundete Scheichs; laut Ḫwāndmīr ging auch Qāsem Anwār gelegentlich Scheichs in nahegelegenen Orten besuchen.[38] Während Daulatšāh das Jahr 835/ 1434 als Sterbedatum angibt,[39] sprechen die anderen Quellen von 837/ 1436[40] Folgt man letzterem Datum, wäre der Dichter 80 Jahre alt geworden.

Darüber, dass Qāsem Anwārs Grab sich in einen beliebten Pilgerort verwandelte, an den viele Menschen kamen, gibt es zahlreiche Berichte.[41] Auf Befehl von Šāhroḫs Wesir, Amīr 'Alī-Šīr Nawā'ī, wurde in dem Garten zu Ḫarǧerd ein Grabmal errichtet.[42] Das Grabmal wurde später zerstört; das heute noch erhaltene Grab stammt aus der Qadscharenzeit (1799-1925), was abermals zeigt, dass Qāsem noch vor nicht allzu langer Zeit Bewunderer besaß.[43]

Dichtung macht indes nur einen Teil von seinem Werk aus. Außer seinen eigenen Gedichten scheint er eine Zusammenfassung des *Būstān* – das erste und eines der wichtigsten Werke des persischen Dichters Sa'dī (1190-1291) – verfasst zu haben. Neben wissenschaftlichen und religiös-mystischen Werken ist eine historische Abhandlung über Timur (1336-1405) bemerkenswert. Zu den Qāsem Anwār zugeschriebenen Werken gehören:

- *Dīwān-e Aš'ār* [Diwan]
- *Ḫolāṣeh-ye Būstān* [Zusammenfassung des *Būstān* von Sa'dī]
- *Resāleh-ye ḥūrāyeh* [Abhandlung über 'Irfān]

34 McGill Library, MS BW Iwanow 0063.
35 Daulatšāh, 1901: 347.
36 Ǧāmī, 1370: 590.
37 Daulatšāh, 1901: 348.
38 Ḫwāndmīr, Vol. IV: 5-6.
39 Daulatšāh, 1901: 348.
40 Ǧāmī, 1370: 590; vgl. auch: Ṣafā, 1364: 258.
41 Daulatšāh, 1901: 349.
42 Ebenda.
43 Für eine Abbildung, vgl. Bernard O'Kane, «Tāybād, Turbat-i Jām and Timurid Vaulting», in: Iran, Vol. 17 (1979): Plate VId.

- *Resāleh-ye bayān-e ʿelm* [Wissenschaftliche Abhandlung]
- *Resāleh-ye soʾāl wa ǧawāb* [Religiöse Abhandlung]
- *Resāleh-ye bayān-e wāqeʿeh (Amīr Teymūr)* [Historische Abhandlung über Timur]
- *Resāleh-ye maqāmāt al-ʿārefīn* [Kurze Abhandlung in Reimform über mystische Terminologie.]
- *Resāleh-ye anīs al-ʿāšeqīn* (*Risālat al-amāna*) [Abhandlung über ʿIrfān]

2. Struktur der Ghaselen

Qāsem machte von unterschiedlichen Poesiestilen Gebrauch. Die berühmteste unter ihnen ist die Ghasele (Pers. *ġazal*), die sich nicht nur im Orient nach wie vor großer Beliebtheit erfreut sondern im 19. Jahrhundert auch in die europäische Poesie eingegangen ist. Bei den hier edierten Gedichten handelt es sich nicht um sämtliche Ghaselen Qāsem Anwārs, sondern um einen Teil derselben, nämlich um die Buchstaben *Alif* bis *Dāl*, d.h. den ersten bis neunten Buchstaben des neupersischen Alphabets. Ghaselen bezeichnen eine zweizeilige lyrische Dichtform arabischen Ursprungs, die sich in der klassischen persischen Dichtung, insbesondere in der mystischen Dichtung, großer Beliebtheit erfreute und in Iran seit dem 11. Jhd. als Gattungsbegriff verwendet wird. In Iran setzte sich die Ghasele mit Paarreim in den ersten beiden, einen Langvers bildenden Halbversen durch, wobei alle nachfolgenden zweiten Halbverse denselben Reim aufweisen. Sicher lehnte sich Qāsem hier an die großen Vorbilder der mystischen Dichtung, den genannten Saʿdī und vor allem Ḥāfiẓ (ca. 1320-1389) an. Der Einfluss des letzteren geht so weit, dass die Gedichte von Ḥāfiẓ und Qāsem in manchen Handschriften – so auch in der vorliegenden – abwechselnd aufgeführt sind. Wie Ḥāfeẓ bringt auch Qāsem in einer der letzten beiden Halbverse jeweils seinen Namen zum Ausdruck, wobei er sich, je nachdem, wie es ins Versmaß passt, als Qāsem, Qāsemī oder Qāsem Anwār bezeichnet. Diese Namensnennung (Arab. *taḫallus*) ist ein typisches Merkmal von Ghaselen.

Die hier edierten Ghaselen besitzen zwischen fünf und fünfzehn Zeilen (Gedicht 37/ 10, 172). Abgesehen von den mystischen Begriffen sind sie sprachlich relativ schlicht gehalten. Einige Forscher meinen in Qāsems sehr einfach und damit dem Zeitgeist in gewisser Weise entgegenstehenden Ghaselen Ähnlichkeiten zur Dichtung Ǧalāl al-Dīn Muḥammad Rūmīs (1207–1273) zu erkennen, die bedingen, dass der Dichter sich von seinen Zeitgenossen abhebt.[44] An zahlreichen Stellen, insbesondere dort, wo Qāsem sich bei Koranversen bedient, sind arabische Begriffe oder Halbsätze vorhanden. Während manche Gedichte Qāsems sich als Gemisch des Persischen und Türkischen ausweisen,[45] sind in den hier edierten Ghaselen keinerlei türkische Elemente vorhanden. Manche Gedichte scheinen eine Rezitation nahezulegen. Besonders nahe liegt diese Annahme bei Gedicht Nr. 7 – man kann sich lebendig vorstellen, wie die Derwische durch die Straßen gezogen sein mögen und das Gedicht rezitierend Geld erbettelten.

Häufig macht Qāsem von Wortspielen Gebrauch. Diese basieren entweder auf Begriffen, die im Persischen eine identische Schreibweise, aber – aufgrund der Vokalisierung oder aufgrund der Mehrdeutigkeit des Wortes selbst – von unterschiedlicher Bedeutung sind. Ein Beispiel hierfür findet sich in Gedicht 3. Dort taucht das Wort *Quds* auf, der entweder im Sinne von „Heiliges", „Heiligtum" gebraucht werden kann, oder aber die Stadt Jerusalem bezeichnet. Gleichermaßen spielt der Dichter in Gedicht 43 mit den äußerlich identischen, aber unterschiedlich vokalisierten Begriffen Zucker (Pers. *šekar*) und Dank (Pers. *šokr*). So schreibt er:

> Man sagt, Qasemi sei ganz zum Zuckerhändler geworden;
> Er antwortet: Ja, Gott sei Dank für diesen Laden!

In der ersten Zeile wird also von *šekar*, in der zweiten von *šokr* Gebrauch gemacht – eine Finesse, die sich im Deutschen nicht wiedergeben lässt.
Um ein letztes Beispiel zu nennen: Der arabisch-persische Begriff *Salām* bedeutet grundsätzlich „Frieden", wurde und wird aus diesem Grund auch zur Begrüßung und im Sinne von „Gruß" benutzt. In Gedicht 75 liest sich (vgl. auch Gedicht 183):

> Du sagtest: Wir wollen Qāsem einmal grüßen.
> Vor Begeisterung über den Gruß ist mein Herz das *Dār al-Salām*.

Gottes Gruß (*salām*) macht Qāsems Herz in diesem Gedicht zum „Haus des Salām", also zum Haus des Grußes oder Haus des Friedens. Dār al-Salām ist – im Sinne von „Haus des Friedens" – aber ein Titel der Stadt Bagdad. All diese Bedeutungen waren dem Leser vollkommen klar.

---

44 Ṣafā, 1364: 260.

45 Vgl. die Studie von G. M. Meredith Owens, «The Turkish Verses of Qāsim Al-Anvār», in: Bulletin of the School of Oriental and African Studies 25, No. 1 (February 1962): 155-161. Die Autorin widmet sich dort vier persisch-türkischen Gedichten, deren Edition Saʿīd Nafīsī in seinem Kolliyāt-e Qāsem-e Anwār (Teheran, 1337 H.) Probleme bereitete.

3. Inhalt

Dass der Autor ein Mystiker ist, spiegelt sich in jedem seiner Gedichte wider. Die Ghaselen sind mit dem typischen Vokabular der mystischen Gottessuche ausgestattet, von dem in der Folge die wichtigsten Begriffe kurz erläutert werden sollen. Freilich erhebt diese Untersuchung keinen Anspruch auf Verallgemeinerbarkeit, umfasst sie doch nur einen Teil der Ghaselen des Dichters. Indes zeigt sich bei den vorliegenden Gedichten, dass bestimmte Begriffe immer wiederkehren und einheitlich verwendet werden.

a) Personen

Qāsem referiert in seinen Gedichten gleichermaßen auf historische und religiöse als auch auf literarische Figuren. Die am häufigsten auftretende historisch-religiöse Gestalt ist Moses/ Mūsā. Der im Islam als Prophet verstandene Moses ist in den hier edierten Gedichten achtzehn Mal genannt und tritt damit häufiger auf als jede andere Persönlichkeit. Wo er erwähnt ist, wird in der Regel auf zwei Schlüsselereignisse referiert: 1) Auf den Berg Sinai, auf dem Moses verlangte, Gott zu sehen; 2) Auf Moses Konflikt mit dem ägyptischen Pharao. Mit dem ersteren Ereignis ist Moses Bitte „Lass mich dich sehen" und Gottes Antwort „Du sollst mich nicht sehen" verbunden (Gedicht 30, 101, 167), die sich im Koran, Sure VII, 143 finden. Dem mystischen Gottessucher waren diese – bei Qāsem auf Arabisch rezitierten – Verse so vertraut, dass es nicht einmal der Erwähnung des Moses benötigte, um zu verstehen, was gemeint ist (vgl. Gedicht 63 und 167). Obwohl Gott Moses Bitte abschlug, war Moses ihm auf dem Berg Sinai so nah wie nie, ward im nächtlichen Gebet an Gott trunken (vgl. Gedicht 35, 138, 217) – was zur Metapher der stets auf dem Berg Sinai weilenden Mosesseele oder dem Mosesherz des mystischen Gottessuchenden führte (Gedicht 69, 76, 103, 113, 116). Auch wo nur der Berg oder die Wüste Sinai angesprochen ist (vgl. Gedicht 171 und 209), ist auf diese Thematik referiert. Gleiches gilt für die die „Wüste des Glaubens" (Wādīye-e Īmān) (Gedicht 10, 14, 138), in der Moses den Brennenden Dornbusch gesehen und Gottes Stimme gehört haben soll. Allein in Gedicht Nr. 3 scheint Moses etwas polemisch diskreditiert zu werden – der Autor fragt, wo denn Moses und Jesus seien, will damit sagen, dass ihre Macht nichts bedeute, sondern allein die Macht des immer präsenten *einen* Gottes. Als Gegenspieler des Pharao tritt Moses sehr viel seltener auf (vgl. Gedicht 10); dort ist gesagt, dass angesichts göttlicher Liebe die weltliche Schwermut keinen Platz mehr in Moses Herz besitzt.

Auch Jesus/ ʿĪsā/ Masīḥ spielt bei Qāsem eine Rolle; er tritt in der typischen Position des Wunder vollbringenden Propheten auf. An mancher

Stelle werden diese Wunder positiv hervorgehoben (vgl. Gedicht 5, 171); an anderer werden Jesu Kräfte, wie bereits im Falle des Moses, mit dem Wesen des einen Gottes verglichen und können diesem freilich nicht standhalten: Jesu Odem, der Tote aufzuerwecken vermag, ist nichts gegenüber dem Duft des Geliebten (Gedicht 116). Eine weitere koranische Figur, die uns freilich auch aus Thora und Bibel bekannt ist, ist Josef/ Yusūf. Yusūf ist immer mit der Geschichte des „verlorenen Sohns“ assoziiert – im Koran verliert sein Vater Jakob/ Yaʿqūb (auch als „der Scheich/ der Alte aus Kanaan“ genannt) aus Trauer um seinen verlorenen Sohn in seiner „Trauerhütte“ die Sehkraft (vgl. Gedicht 158, 168), bis er an einem Hemd seines Sohnes den Duft desselben wahrnimmt und dergestalt – durch Gottes Macht – wieder die Sehkraft erlangt. Dieser Duft und Yusūfs sprichwörtliche Schönheit sind es, auf die in den Gedichten immer wieder referiert wird – wobei oft nicht einmal der Name Yusūf genannt werden muss. Wo von Duft die Rede ist, denkt der Gottessucher Yusūf immer schon mit. Der biblischen Erzählung gemäß verliebte sich Frau des ägyptischen Beamten Potiphar (der als Sklaven gekauft hatte) in Yusūf; diese Geschichte ging unter dem Namen Yusūf und Zoleiḫā in die persische Literatur ein (vgl. Gedicht 215). Auch wo vom „Grübchen“ die Sprache ist (Gedicht 31), ist auf die Geschichte von Yusūf angespielt, der bekanntlich in einen Brunnen geworfen wurde – der dem schönen Grübchen ähnelt.

Salomo/ Sulaimān ist eine weitere Figur, der wir in den Gedichten begegnen. In Gedicht 82 und 158 ist von seinem berühmten Siegel die Rede, mit dem er dem Glauben vieler Muslime zufolge Dämonen befehligte. Zudem gilt Salomo als mächtiger König und Sinnbild für ein großes Reich, was sich im Ausdruck „Salomo der Zeit“ spiegelt: Wer sich mit Gott vereinigt, ist der Salomo seiner Zeit (vgl. Gedicht 81, 88). Vereinzelt tauchen Adam und Eva/ Ādam wa Ḥawwā auf. Adam und Eva werden – als erste Menschen – symbolisch als diejenigen Menschen verstanden, die Gott so nahe waren wie kein anderer. Aber auch sie verlieren in den Gedichten ein Stück ihres Mythos – der Gottessuchende ist, auf dem Weg zur Vereinigung oder vereinigt mit Gott – Gott genauso nahe wie sie und muss ihnen ihren Rang nicht mehr neiden (vgl. Gedicht 2, 72).

Ganz eindeutige Verweise auf spezifisch muslimische Persönlichkeiten sind nicht häufig; allerdings wird oft von Wortspielen Gebrauch gemacht, die zweideutig sind. So ist Maḥmūd einerseits ein Titel des Propheten Muḥammad, bedeutet andererseits aber „gepriesen“. Während die eingeweihten Leser solche oszillierenden Bedeutungen fraglos in ihrer Mehrdeutigkeit verstanden, müssen sie bei der Übersetzung zu kurz kommen. Als Beispiel mag Gedicht 36 dienen, in dem es um die Vereinigung mit Gott mittels des „gepriesenen Kelches" – oder eben Muḥammads Kelch – geht. An anderer Stelle ist er mit seinem Titel Aḥmad genannt (Gedicht 49). Auch auf das Pferd des Propheten, Burāq, auf dem er seine Himmelsreise unternommen haben soll, wird referiert (vgl. Gedicht 84). Dort steht es metaphorisch für die Leidenschaft zu Gott, die einen flink zur Vereinigung mit demselben befördert. Auch findet sich ein Verweis auf Muḥammads Stamm, den Banī Muṭallib (Gedicht 123). Da die islamischen Mystiker sich keiner der beiden „Konfessionen", d. h. Schiitentum oder Sunnitentum zurechnen lassen, verwundert weiterhin nicht, dass Persönlichkeiten beider Strömungen auftreten. So lesen wir einerseits vom Mahdī, dem letzten Propheten, der schiitischem Glauben zufolge bei Weltende erscheinen wird – übrigens u. a. in Begleitung von Jesus – und von ʿAlī ibn Abī Ṭālib, dem vierten Kalifen und ersten schiitischen Imam. Ähnlich wie bei Salomo kann der Gläubige auch der ʿAlī seiner Zeit werden (Gedicht 11), wenn er den Pfad zur Vereinigung verfolgt. An anderer Stelle wird ʿAlī mit einem seiner Titel (*Maulā* [Leiter], *Ḥeidar Ṣafdar* [mutiger Löwe] oder *Ḥeidar Karrār* [angriffslustiger Löwe]) angesprochen (Gedicht 14, 122, 166). Auch wo vom Löwen die Sprache ist, schwingt deshalb im Hintergrund oft ʿAlī mit.

Andererseits treten auch sunnitische Persönlichkeiten auf: So der 1. Kalif Abū Bakr, der 2. Kalif ʿUmar b. al-Ḫaṭṭāb und der 3. Kalif ʿUṯmān b. ʿAffān. Dabei wird ersterer stets als „Höhlengefährte" angesprochen, begleitete er der Überlieferung zufolge doch den Propheten Muḥammad in jene Höhle nahe Mekka, in welcher ihm die koranische Offenbarung herabgesandt wurde (vgl. Gedicht 49, 54 und 67). Tatsächlich meint der Begriff „Höhlengefährte" also nicht den historischen Kalifen, sondern bezieht sich auf etwas bzw. jemandem, das/ der einem sehr nahe ist. Den Schiiten der Lebzeit des Autors verhasst, polemisiert Qāsem in Gedicht 122 auf den ersten Blick scheinbar gegen den 2. und 3. Kalifen, bezeichnet die beiden als Anbeter von Hubal, einer vorislamischen Gottheit des Stammes der Quraiš, die bei Qāsem „Götze" genannt wird. Ähnlich ergeht es den vorislamischen, damals in Mekka verehrten Gottheiten Lāt und ʾUzzā (Gedicht 116). Freilich ist dies so zu verstehen, dass all diese Gottheiten nur Namen für den einen Gott sind, ist doch alles eins; wie wir später noch sehen werden, ist der Begriff Götze – wie regelmäßig in der mystischen Dichtung – nicht negativ, sondern positiv konnotiert. So werden die Kalifen ʿUmar und ʿUṯmān dann in Gedicht 162 auch als Gottesdiener bezeichnet. Die Ḫāriǧiten oder „Absonderer" werden in Gedicht 122 erwähnt: Es handelt sich bei ihnen um eine Gruppe, die sich nach der Ermordung von ʿUṯmān zunächst ʿAlī ibn Abī Ṭālib anschlossen, sich dann aber von ihm absagten. Qāsem ergreift in dem betreffenden Gedicht eindeutig für ʿAlī Partei, sagt er doch, dieser war trotz des Verhaltens der Ḫāriǧiten siegreich. Im selben Gedicht distanziert er sich auch von einer weiteren Gruppe von „Absonderern", der Muʿtazila; dabei handelte es sich um eine Strömung innerhalb des Islams, die unter Einfluss der griechischen Philosophie stand und insbesondere zwischen dem 9. und 11. Jhd. stark war. Im Gedicht ruft Qāsem dazu auf, sich nicht wie diese auf die eignen Sinne zu verlassen.

Gleichermaßen verhasst ist dem Dichter der als Abū Ǧahl (ca. 570-624) bekannt gewordene Widersacher Muḥammads; in Gedicht 47 ist es sein Unwissen (arab. *ǧahl* bedeutet „Unwissen" und *ǧāhilīya* ist die „Zeit der Unwissenheit", also die Zeit vor dem Islam), das gleichermaßen die ganze Welt erobert hat. Im Gegensatz dazu ist Salmān al-Fārisī/ Fārsī („Salmān, der Perser") oder Salmān-e Pāk („Salmān, der Reine") positiv konnotiert; er, der erste persische Konvertit und angebliche Frisör des Propheten tritt in den Gedichten 47, 89 und 162 in seiner Eigenschaft als der reine und treue Muslim auf. Wie in Gedicht 89 tritt Salmān ob des Reims bzw. Wortspiels oftmals in Kombination mit Salomo/ Sulaimān auf. Seine historische Existenz ist allerdings umstritten. Eine weitere Figur aus der Frühzeit des Islam ist Abū Ḏar al-Ġifārī al-Kinānī (gest. 652), eine der ersten vier oder fünf Personen, die zum Islam konvertierten (Gedicht 47, 162) und in den Gedichten mit Schmerz assoziiert ist. Eine ähnliche Position nimmt Ǧaʿfar-e Ṭaiyār (ca. 590–629), ein Bruder von ʿAlī und ebenfalls einer der frühen Konvertiten, ein. Ǧaʿfar, der uns in Gedicht 18 begegnet, ist gleichermaßen für seine ausgesprochene Großzügigkeit als auch dafür berühmt, die Ritualgebete sehr lang und ausführlich durchgeführt zu haben. Zu den erwähnten historischen Persönlichkeiten gehört schließlich auch Alexander der Große (356-323 v. Chr.). Alexander war dafür berühmt, nach dem Wasser des Lebens gestrebt zu haben (vgl. Gedicht 210).

Auf die Geschichte von Maḥmūd von Ġazna und seinen türkischen Sklaven Aiyāz wird in Gedicht 70 und 208 referiert. Aiyāz ist dabei das „Modell des hingebungsvollen Sklaven, der durch seinen absoluten Gehorsam das Herz des Herrschers gewinnt, bis gewissermaßen ein Rollentausch eintrifft [...]."[46] Ihre Geschichte schwingt auch überall dort mit, wo von König und Sklave die Rede ist (vgl. Gedicht 212). Der letzte König der Seldschukendynastie taucht mit Muʿizz al-Dunyā wa al-Dīn Abū al-Ḥāriṯ Aḥmad Sanǧar (1064 oder 1086-1157) in Gedicht 69 auf; er wird dort – wie auch der chinesische Kaiser – als Gläubiger bezeichnet. Interessanterweise ist einmal (Gedicht 31), ohne ihn direkt zu nennen, vom iranischen Aufständler al-

46 Annemarie Schimmel, Stern und Blume: Die Bilderwelt der persischen Poesie, Wiesbaden, 1984: 102.

Muqanna' (gest. 779/780) die Rede. al-Muqanna' wehrte sich gegen die Herrschaft der Abbasidenkalifen; in der persischen Dichtung wird ihm das Wunder bzw. der Trick zugeschrieben, einen falschen Mond aus einem Brunnen in der Stadt Naḫšab hervorgeholt zu haben. Anwār meint in seinem Gedicht, in dem er auf dieses Wunder referiert, jedoch Gott selbst, der sich auf wundervolle Weise zeigen soll.

Qāsem verweist in seinen Gedichten zudem auf mehrere berühmte Mystiker. An erster Stelle ist hier sicher Manṣūr al-Ḥallāǧ (857-922) zu nennen. Der den Herrschenden unbequeme Gottessucher wurde für seinen Satz *Ana al-Haqq*, der soviel wie „Ich bin Gott" bedeutet, berühmt und ob seiner Verlautbarungen und Ansichten am 26. März 922 in Bagdad hingerichtet. Dies machte ihn zum Erzmärtyrer, zu einem Mystiker, der im Glauben an die totale Einheit alles Seienden aus purer Gottesliebe starb. Als solcher wird er auch von Qāsem verehrt (vgl. Gedicht 49, 130 und 191). Interessanterweise scheint Qāsem die vermeintliche Verehrung Manṣūrs nicht in allen Fällen geheuer gewesen zu sein: So kritisiert er in Gedicht 103 den Prediger, der sich mit Worten Manṣūrs schmückt, im Inneren aber der Gottesliebe entbehrt. Scheich Aḥmad-e Ǧāmī (1048-1141) wird in Gedicht 146 erwähnt; bei ihm handelt es sich um einen berühmten Mystiker, dessen Grab sich ganz in der Nähe von Qāsem befindet. Weiterhin erwähnt werden (Gedicht 10, 213) die Dichter und Mystiker Bāyezīd Bisṭāmī (803-875), Saif Farġānī (gest. 749 H.) und der Bagdader Mystiker Ǧunaid (gest. 910). Mit Taifūrī ist wohl abermals die auf Bisṭāmī zurückgehende Tradition gemeint. Scheich Ṣan'ān ist dafür berühmt, ein gläubiger Muslim gewesen zu sein; als er sich jedoch im Traum in eine Christin verliebte und sie anschließend suchte, ward er ob seiner Liebe zum Heiden – und damit immer noch ein hoher Gottesliebender. Mit dem „Dufthändler" (Arab./ Pers. *'Aṭṭār*) könnte ein Verweis auf den berühmten persischen Dichter Farīd al-Dīn 'Aṭṭār (1136-1220 oder 1221) gemeint sein (Gedicht 46, 166). Uwais al-Qaranī (7. Jhd.) gilt als erster Sufi überhaupt (Gedicht 80). Der *Seelenspiegel* (arab. *saǧanǧil al-arwāḥ*) aus Gedicht 148 ist der Name eines Buchs über Magie von Maḥmūd b. Muḥammad Dehdār (11. Jhd.).

Um eine legendäre Gestalt handelt es sich bei Ḫiḍr, (Gedicht 40, 210); der unsterbliche, (unerkannt) unter den Menschen weilende Prophet ist im Koran nicht direkt genannt, doch wird mit dem in Sure XVIII erwähnten „Gottesknecht" identifiziert, der Moses auf dem Weg zum Zusammenfluss der beiden Ozeane begleitete. In Gedicht 40 steht er für die den Menschen errettende Liebe; in Gedicht 210 wird er – der Unsterbliche – mit der Quelle des ewigen Lebens, in der er gebadet haben soll, in Zusammenhang gestellt, und über die Quelle des Lebens mit Alexander, der diese Quelle ja gesucht haben soll. Der mythische Herrscher Ǧamšīd aus Firdausis *Buch der Könige* und sein „weltzeigendes Glas", der *Ǧām-e Ǧam*, tauchen in Gedicht 139, 169 und 175 auf. „Für die späteren Dichter ist das „weltenzeigende Glas" oft der Weinbecher, der ihm neue Erkenntnis vermittelt, oder es wird zum Symbol der inneren Einsicht; denn der Weise erkennt, dass alles in ihm selbst liegt."[47] Rostam, die vielleicht bekannteste Figur aus dem Buch der Könige, tritt in den Gedichten immer als Symbol für physische Stärke auf (Gedicht 162 und 182). Ferīdūn (Gedicht 81) ist ein mythischer, mächtiger König aus dem *Buch der Könige*. Der gefallene Engel Iblīs tritt in den Gedichten 49 und 217 auf.

Schließlich finden sich berühmte literarische Liebespaare in den Gedichten: Am häufigsten begegnen wir Laila und Maǧnūn (4, 20, 39, 115, 117). Maǧnūn, der seinem Namen nach „Verrückte", ist Sinnbild per excellence für den Liebenden, der sich seiner Gefühle nicht erwehren kann und darüber Gott nahe ist, vergisst er auch den Koran. Der persische Dichter Neẓāmī-e Ganǧawī (1141-1205/1209) errichtete ihnen mit seinem Epos *Leilī wa Maǧnūn* ein bleibendes Denkmal. Gleiches gilt für die Geschichte des Liebespaars Ḫosrau und Šīrīn (vgl. Gedicht 58 und 170), die vor Neẓāmī schon von Firdausi beschrieben wurde: Der sasanidische Herrscher Ḫosrau Parwīz verliebte sich demzufolge, wie auch sein Rivale Farhād, in die armenische Prinzessin Šīrīn. Auch bei Wāmeq und ʾOḏrā (Gedicht 170) handelt es sich um ein berühmtes literarisches Liebespaar. Der Frauenname Salmā tauchte bereits in der vorislamischen arabischen Dichtung auf und steht gleichermaßen für eine Geliebte.

b) Mystische Konzepte

Im Zentrum aller Gedichte steht das passionierte Ersehnen des Freundes (Pers. *yār/ dūst*) oder Geliebten (Arab./ Pers. *maʿšūq*) – allein Gott ist der Liebe wert.[48] Da das Persische in der Regel keine grammatikalisch Markierung von männlichen oder weiblichen Substantiven kennt, bleibt stets offen, ob es sich bei diesem Freund oder Geliebten um eine Frau oder um einen Mann handelt. Da das Deutsche keine entsprechende Form bereithält, wurde bei der Übersetzung die männliche Form gewählt.

Äußerlich weisen die Metaphern oft auf eine Frau hin, deren Antlitz, Haar und Lippen begehrt werden, die aufgrund ihrer schlanken Statur zum Beispiel

47 Schimmel, 1984: 88.

48 yār kann in der ʿIrfān-Terminologie auch eine göttliche Eigenschaft, die allem Seienden eignet, oder das Bezeugen des Wesens der Wahrheit bezeichen. Dūst meint auch der zeitliche Vorausgang göttlicher Liebe zum Menschen gegenüber der menschlichen Liebe zu Gott.

mit einer Zypresse verglichen wird (vgl. Gedicht 6, 92, 137, 193 und 194), welcher der Liebende (Arab./ Pers. *ʿāšiq*) auf Schritt und Tritt nachfolgt. Auch wo von einem hell wie die Sonne strahlenden Mondgesicht die Rede ist, wird eindeutig auf eine Frau verwiesen; diese soll ihre Haare aus dem Gesicht streichen, auf dass der Liebende ihr Antlitz zu sehen vermag (vgl. Gedicht 15, 29, 76, 165). Allein schon das gelockte, schwarze Haar – das Antlitz dergestalt weiß wie „ein Römer unter Sansibaren" (Gedicht 65) – duftet wie Jasmin, besser als jede Blume und bringt den Verliebten zur Ekstase (Gedicht 17, 39, 52, 83, 94, 172). Ob dieser Eigenschaften wird das Haar gelegentlich als Herzensräuber und Plünderer tituliert, es bringt die Welt in Aufruhr (vgl. Gedicht 15, 39, 41, 57, 59, 125).[49] Tatsächlich sind diese Attribute freilich positiv, auch wenn der noch nicht an sein Ziel gelangte Liebende natürlich unter seiner Liebe leidet: Die Wehmut bzw. der Liebeskummer (Pers. *ġam*) gehört zu den häufig verwendeten Termini; sie stellt ein Band zwischen Liebendem und Geliebtem dar. Dem Liebenden ist das Haar seines Geliebten die Qibla, Gebetsrichtung (Gedicht 173). Der Duft des Haares kann den Liebenden durch die Brise erreichen (vgl. Gedicht 94, 133, 159), wodurch ungesagt sogleich eine Verbindung zu Salomo und der Königin von Saba hergestellt ist, waren sie doch in der persischen Dichtung ein berühmtes Liebespaar und erreichte Salomo die Nachricht der Königin ob des schönen Wortspiels oft durch die Brise (Arab./ Pers. *ṣabā*). Auch das Auge des Geliebten – eine Narzisse (Pers. *narges*) evoziert den Gedanken an eine Frau.

Freilich meinten die Mystiker mit dem/ der Geliebten keine irdische Gestalt (auch wenn die Gedichte sich immer auch in dieser Bedeutung problemlos lesen lassen), sondern Gott. Für sie war Gott, der Ewige, *nicht* in der Zeit Geschaffene, die Quelle, schlichtweg alles, was ist (vgl. Gedicht 20, 111, 201). Gott ist der Sultan oder König des Seins, das pure Licht: Alles, was zwischen „Fisch und Himmel" geschieht, ist Gottes Werk. Mit „Fisch und Himmel" ist auf eine alte Vorstellung angespielt, nach der die Welt von einem Stier ruht, der seinerseits auf einem Fisch steht – so meint die Formel schlicht das ganze Universum. Ist von sieben Himmeln die Rede, so spiegelt sich hier abermals eine vorislamische Vorstellung vom Aufbau der Welt (vgl. Gedicht 1 und 36). Insofern gehen die Mystiker über den von ihnen oft erwähnten Monotheismus (Arab./ Pers. *tauḥīd*) hinaus. Streng genommen ist ihr Gott ein Solipsist – und dennoch ist die Schöpfung so stark ihrem Selbst verhaftet, dass sie sich von Gott getrennt fühlt. Aber Gott, sein Strahlen und seine Güte, spiegeln sich in jedem einzelnen Atom auf Erden, also auch im

49 Auch Gott selbst wird als „plündernder Türke" bezeichnet, vgl. Gedicht 15.

Menschen, insofern er ein reines, „spiegelglattes“ Herz besitzt (Gedicht 22, 33, 41, 44, 59, 64, 71, 75, 77, 83, 94, 95, 96 etc.).

Sich mit Gott zu vereinigen, ihn zu sehen, zu treffen, ist Ziel des Liebenden. Solange er noch bei sich Selbst ist, kann es ihm nicht gelingen. Hier deutet sich schon das Grundproblem des Gottessuchenden an: Weil er kein sehendes Auge besitzt, seinem Selbst (Arab./ Pers. *nafs*) noch nicht entworden ist, ist Gott im „Schleier“ (vgl. Gedicht 23, 24, 26, 103 etc.), er ist ein „versteckter Schatz“ (vgl. Gedicht 45 und 87). Zwar fordert der Liebende vom Geliebten, den Schleier abzuwerfen oder, anders ausgedrückt, die Tür zur Vereinigung zu öffnen (Gedicht 25, 27 und 59), die Trennung endlich zu beenden, doch tatsächlich liegt das Problem freilich beim Liebenden. Er muss den mühsamen Pfad oder Weg (Pers. *ṭarīqat/ rāh*) der Gottessuche einschlagen, mehrere Stationen oder Zustände durchleben, von der kaputten Weltenkarawanserei ablassen, bis er zur Vereinigung mit Gott gelangen kann, bis das Herz den Schleier zu zerreißen vermag oder er den Schlüssel/ Schatz findet (vgl. Gedicht 28, 87, 162). Um mit Gott eins zu werden und wie Manṣūr al-Ḥallāǧ rufen zu können „Ich bin Gott“, muss also das Selbst zerstört werden. So heißt es in Gedicht 24: „Frag nach dem zerstörten Herzen, denn Schätze liegen im Zerstörten“ – eine offenbar an Rūmī angelehnte Formel.[50] Eine andere Metapher, die oft im selben Sinn verwendet wird, ist jene von Motte und Kerze – die Motte schwirrt um das göttliche Licht und muss in ihm verbrennen. Das Schwirren dauert aber – deshalb wird dem Gottessucher auch einige Geduld abverlangt (vgl. Gedicht 147), denn, wie es im Koran heißt: „Gott ist mit denen, die geduldig sind“ (Sure II, 153). Manchmal wird die Situation derer, die noch nicht auf dem Pfad sind, mit einem Betrachter des Meers (der Gottesliebe, der Einheit oder der Barmherzigkeit) verglichen, der dieses nicht aus eigener Erfahrung erkennt, sondern immer nur vom Strand aus sieht (vgl. Gedicht 51, 73).

Mittel auf dem Weg sind die Anstrengung (arab. *iǧtihād*)[51] und das ständige Gedenken (Arab./ Pers. *ḏikr*) Gottes (vgl. Gedicht 11, 31, 55, 58, 62, 71, 76, 159 etc.). Indem der Verliebte in jedem Wort Gott anruft (oder nach ihm jammert), gleicht er Vögeln (wie der Nachtigall) und Instrumenten; Qāsem erwähnt Ney (Flöte), Harfe, Robāb (Schalenhalslaute), Rūd (Saiteninstrument), ʿŪd (Kurzhalslaute), Orgel und Tanbūr (Langhalslaute), die allesamt

50 Vgl. Annemarie Schimmel, Mystische Dimensionen des Islam: Die Geschichte des Sufismus, Frankfurt a. M. und Leipzig, 1995: 272.

51 Rechtsbegriff aus der islamischen Theologie mit der Bedeutung sich anstrengen, um hinsichtlich eines konkreten Problems auf Grundlage der islamischen Normen zu einem eigenen Verstandesergebnisses zu gelangen. Im Gedicht ist freilich keine Anstrengung des Verstandes, sondern Anstrengung auf dem Weg zu Gott gemeint.

zu Gott sprechen (Gedicht 16, 24, 25, 26, 29, 30, 43, 159, 18 etc.). Jedes der Instrumente birgt in seinem Klang ein Geheimnis und bewirkt, dass die Aufmerksamkeit des Herzens des Suchenden zum Göttlichen hingerichtet wird.[52] Wo allerdings von der Trompete die Rede ist (Gedicht 102), ist auf das Jüngste Gericht angespielt. Ein anderes Mittel, das – wie bei Qāsems großen Vorbildern – ausgesprochen häufig vorkommt, ist Wein (Pers. *šarāb*, *mei*, *bādeh*). So wird der göttliche Schenk (Pers. *sāqī*) inständig angefleht, den göttlichen Wein oder Kelch (Pers. *sāġar/ ǧām/ piyāleh/ sabū*) zu reichen. Der Vereinigungswein ist Mittel zum Ziel: Er meint keinen irdischen, sondern feurigen göttlichen Wein, der göttliche Wahrheit und Liebe enthält, aus der Kūṯar-Quelle[53] stammt und religiös erlaubt, *ḥalāl* ist (vgl. Gedicht 1, 72). Er versetzt den Liebenden in Brand, in einen Rausch, in mystischen Reigen (Arab./ Pers. *semāʿ*), in welchem er dem Schöpfer nahe ist und die Geheimnisse erkennt. Demnach ist dem Liebenden die Schenke (Pers. *meiḫāneh/ sāqīḫāneh*) ebenso viel wert wie eine Moschee – sie ist Gebetsplatz, ja auf gleicher Höhe mit der Kaʿba (vgl. Gedicht 42, 70, 74, 108, 130). Ob der Qualität des Weines sind die Liebenden nicht nur Weintrinker, sondern aufrichtige Weinsteintrinker (Pers. *dordnūšān*) – sie trinken bis zum letzten Rest. Da der Wein rote Farbe besitzt, steht er in den Gedichten in unmittelbarer Beziehung zu anderen roten Dingen – dem Rubin (Arab./ Pers. *laʿl*) und damit Badaḫšān, einer Region, in der man den Rubin ausbeutete (Gedicht 158 und 164). Weiterhin gehören die roten Lippen des Geliebten, aber auch das Herz in diese Reihe. Schließlich wird der Wein manchmal mit dem oben genannten Meer verglichen – so vermag man sich das Liebesmeer Gottes, von dem jeder Tropfen abermals ein Meer umfasst, einzuverleiben – wer Gott liebt, dessen geringster Schluck umfasst ein Meer, dessen kleinste Mücke ist ʿAnqā, das arabische Äquivalent des persischen Vogels Sīmorġ, der von Gott perfekt geschaffen wurde (vgl. Gedicht 14, 42, 44, 47, 55, 119, 174 etc.). Seit ʿAṭṭārs Werk *Manṭiq al-Ṭair* galt der weiße Falke (Gedicht 70, 103, 106, 112 und 146) als Sinnbild für den treuen Vogel, der immer wieder auf den Arm seines königlichen Besitzers zurückkehrt. Wo allgemein ein Vogel erwähnt

52 Qāsem scheint in seinem eigenen Leben der Musik übrigens sehr affin gewesen zu sein; vgl. Aygul Malkeyeva, «Musical Instruments in the Text and Miniatures of the "Bāburnāma"», in: RIdIM/RCMI Newsletter, Vol. 22, No. 1 (Spring 1997): 17.

53 Kūṯar bedeutet wörtlich „im Überfluss Gutes“ (vgl. Koran, CVIII, 4); über das, was der Begriff bezeichnen soll, herrscht Streit. Genannt wird immer wieder ein Fluss im Himmel, möglich ist aber auch, dass Kūṯar mit (göttlichem) Wissen, dem Koran oder der Prophetie in Zusammenhang steht. Wo vom Kūṯar-Schenk die Sprache ist, kann auch ʿAlī gemeint sein.

ist, wird er in der Regel als Symbol für die Seele zu verstehen sein (vgl. Gedicht 49, 114 und 164).

Freilich stießen die Mystiker mit ihren Gedanken nicht nur auf Zuneigung. An zahlreichen Stellen diskreditiert Qāsem vermeintlich gottgefällig lebende Menschen (Asket, Rechtsgelehrter, Ḫwāǧeh [etwa „Großer", „Ehrwürden"], Ratgeber, Sufi), die Gott seiner Meinung nach in Wirklichkeit so fern sind, wie sie es nur sein könnten. Sie prahlen und heucheln nur, sind „Ringe an der Tür" (d. h. machen Lärm und klopfen, ohne je eintreten zu können, vgl. Gedicht 61 und 62) entbehren aber in ihrem Inneren jeglichen Glaubens. Ganz deutlich manifestiert sich dies in Gedicht 4, wo es heißt:

Dein Liebesfeuer verbrannte Frömmigkeit und Askese;
Es übergab die Blätter der Fatwas und religiösen Lernens dem Wind.

Für Qāsem steht das Prinzip der Liebe über aller theologischen Auseinandersetzung mit Gott, aber auch über der Selbstgeißelung. Gleichermaßen fremd sind dem Autor traditionelle Objekte der Frömmigkeit, wie z. B. Rosenkränze, dienen sie nur zum Schein. Selbst Koran und Scharia stehen nicht über der göttlichen Liebe (vgl. Gedicht 1, 20, 175). In Gedicht 78 nimmt er den Begriff Scharia (Pers. *šarīʿat*) jedoch wörtlich als „Pfad", der zu Gott leitet, nicht als Sammlung von Vorschriften und Geboten. Die Scharia ist „gewisses Wissen" (arab. *ʿilm al-yaqīn*), d. h. nur die erste der insgesamt drei Stationen auf dem Weg des Mystikers zu Gott.[54] Weiter benutzt Qāsem dort einen Verweis auf *ḥabl al-matīn*, ein „festes Band", um die Scharia zu beschreiben; der Begriff findet in Form von Band Gottes im Koran (Sure III, 103) Erwähnung und kann auch den Koran selbst bezeichnen. Im Gedicht ist wohl eine enge und feste Verbindung zu Gott gemeint.

Und in Gedicht 204 wird die Tatsache, dass Gott dem Menschen den Koran lehrte, als Hinweis darauf interpretiert, dass der Mensch ein vernunftbegabtes Wesen ist – hier möchte man fast an die altgriechische Philosophie denken, die in de Mystik freilich keinen Platz hatte. Auch den Muslimen heilige Orte werden mystisch umgedeutet. Die *al-masǧid al-aqṣā* (al-Aqsa-Moschee), ihrem Namen nach die fernste Moschee, meint zunächst jene auf dem Tempelberg zu Jerusalem. Gedicht Nr. 3 ist der Suche nach ihr gewidmet; dabei ist nicht mehr das irdische Gebäude, sondern die Liebe zu Gott und die Vereinigung mit ihm gemeint. Gleiches gilt für die Kaʿba, auch (al-)Bait al-Ḥarām, „das heilige Haus", genannt: Für den Gottessucher hat die wahre Kaʿba ihren Sitz nicht in

54 Dieser Station, bei der Gott „geschaut" wird, folgt die Station ʿayn al-yaqīn, die Schau der Gewissheit, und die Station haqq al-yaqīn, die wahre Gewissheit. Vgl. Sure CII und Sure LVI, 95.

Mekka, sondern im Herzen. So ist es egal, ob man Kaʿba, Schenke oder Götzentempel – wie den Shiva-Tempel in Somnath (Indien) – besucht, solange das Herz bei Gott ist (vgl. Gedicht 2, 25, 33, 42, 71, 74, 108, 130, 141, 183 und 208). Und auch die vermeintlichen Ungläubigen in Maranğ, einer indischen Festung, welche symbolisch für die Grenze zwischen Muslimen und Nicht-Muslimen stand, verehren in Wirklichkeit Gott (Gedicht 158). Demnach ist auch der Begriff „Götze" nicht negativ konnotiert – auch Götzen sind nur Erscheinung von Gottes Schönheit, ja Gott selbst wird auch als Götze angesprochen (vgl. Gedicht 63, 124, 130, 145 und 166). Die in Gedicht 34 angesprochene Laila al Bara'at meint die „Nacht der Vergebung", in welcher den Muslimen ihrem Glauben zufolge besondere Barmherzigkeit von Gott zuteil wird.

Qāsem selbst bezeichnet sich als Schelm (Pers. *rend,* vgl. Gedicht). Über den persischen Begriff, dessen adäquate Übersetzung schwerfällt, ließen sich lange Abhandlungen schreiben.[55] Auch als Derwisch beschreibt er sich (Gedicht 7, 121, 141); alternativ wird auch die Bezeichnung *Šillahī* (Gedicht 7) benutzt, was möglicherweise „Mann Gottes" bezeichnet. Immer wieder taucht auch der Vergleich mit dem Löwen auf, der sich, wie oben beschrieben, auf ʿAlī beziehen kann (vgl. Gedicht 10, 61, 62, 82, 158). Zudem zählt er sich zu den Leuten des *ʿIrfān*, der mystischen Gottessuche (Gedicht 10, 83, 114, 126, 154, 163, 181). Das Reich des ʿIrfān scheint dabei identisch mit Gottes Reich – die Wurzel *ʿrf* hat mit Erkenntnis zu tun, die in diesem Falle auf die Einheit alles Seienden abhebt. Freilich sind jene, die die Wahrheit erkennen, rar – selten wie „roter Schwefel" (Gedicht 60 und 61), aus dem man glaubte Gold herstellen zu können.

c) Verweise auf den Koran

An einigen Stellen bezieht Qāsem sich – mal mehr, mal weniger explizit – auf Koranstellen, die im Folgenden genannt und kontextualisiert werden.

Sure II, 117 [Gedicht 19, 49, 54, 127]: „Sei! und es ward" (arab. *kun fa-yakūn*). Diese Formel, von Qāsem im arabischen Wortlaut verwendet, bezieht sich auf Gottes Schöpfungskraft, meint dann aber auch das Sein/ Seiende. Sie taucht im Koran insgesamt acht Mal auf (vgl. Sure III, 47; III, 59; VI, 73; XVI, 40; XIX, 35; XXXVI, 82; XL, 68).

55 Verkürzt bezeichnet der Begriff jemanden, der von allem Äußeren abgelassen hat, den Sufi-Weg bis zum Ende gegangen ist, die Geheimnisse der göttlichen Wahrheit verstanden und in ihr aufgegangen ist.

Sure III, 12 [Gedicht 161]: „Sag zu denen, die ungläubig sind: Ihr werdet besiegt und zur Hölle versammelt werden ein schlimmes Lager!“ Mit dem schlimmen Lager (arab. *bi's al-mihād*) ist also die Hölle gemeint. Wiederum verwendet Qāsem den arabischen Wortlaut.

Sure III, 190 [Gedicht 29]: „In der Erschaffung von Himmel und Erde und im Aufeinanderfolgen von Tag und Nacht liegen Zeichen für diejenigen, die Verstand haben [...]“ Wenn Qāsem in Gedicht 29 an die Verständigen (arab. *aulā al-albāb*) appelliert, so bedient er sich des in dieser Sure genannten Wortlauts.

Sure V, 54 [Gedicht 66, 201]: „Ihr Gläubigen! Wenn sich jemand von euch von seiner Religion abbringen läßt (und ungläubig wird, hat das nichts zu sagen). Gott wird (zum Ersatz dafür) Leute (auf eure Seite) bringen, die er liebt, und die ihn lieben, (Leute) die den Gläubigen gegenüber bescheiden sind, jedoch die Ungläubigen ihre Macht fühlen lassen, und die um Gottes willen kämpfen (w. sich abmühen) und sich (dabei) vor keinem Tadel fürchten. Das ist die Huld Gottes. Er gibt sie, wem er will. Gott umfaßt (alles) und weiß Bescheid.“

Die entscheidende Stelle ist hier die Liebe Gottes zu den Menschen, die der Liebe der Menschen zu Gott vorausgeht: Er liebt sie und sie lieben ihn (arab. *yuḥibbuhum wa yuḥibbūnahu*). Darauf verweist Qāsem in Gedicht 201, wenn er schreibt, dass die liebenden Menschen es waren, die diese Formel „besiegelten“. In Gedicht 66 fragt Qāsem hingegen, überzeugt von der Einheit alles Seienden, ob der Vers dann nicht bedeute, dass Gott sich selbst liebe, wo er doch alles ist, was ist.

Sure VII, 143 [Gedicht 30, 63, 101, 167]: „Und als Mose zu unserem Termin kam und sein Herr mit ihm sprach (oder: als Mose zu unserem Termin gekommen war und sein Herr mit ihm gesprochen hatte) sagte er: Herr! Laß mich (dich) sehen, damit ich dich anschaue! Gott (w. Er) sagte: Du wirst mich nicht sehen. Aber schau den Berg an! Falls er (bei meinem Erscheinen) fest auf seiner Stelle bleibt, wirst du mich sehen. Als nun sein Herr dem Berg erschien, ließ er ihn (durch seine bloße Gegenwart) zu Staub zerfallen. Und Mose fiel (wie) vom Blitzschlag getroffen (bewußtlos) zu Boden. Als er wieder zu sich gekommen war, sagte er: Gepriesen seist du! (Wie konnte ich danach verlangen, dich anzuschauen!) Ich wende mich (reumütig) dir wieder zu und bin der erste von denen, die (an dich) glauben.“

Was hier berichtet wird, ist Moses Wunsch, Gott zu sehen: Lass mich dich sehen (arab. *arinī*), dem Gott entgegnet: Du wirst mich nicht sehen (arab. *lan tarānī*). Tatsächlich hätte, wie der Vers zeigt, Moses dem Anblick

Gottes auch gar nicht standhalten können. So schreibt Qāsem, es gelte Gottes Antwort zu akzeptieren (Gedicht 30) bzw. die Frage erst gar nicht zu stellen (Gedicht 63). In Gedicht 167 wird der Antagonismus beider Aussagen aufgehoben – in Wirklichkeit kann Gott ja nur zu sich selbst reden, ist Sprecher und Adressat zugleich.

Sure VII, 172 [59, 60]: „Und (damals) als dein Herr aus der Lende (w. aus dem Rücken) der Kinder Adams deren Nachkommenschaft nahm und sie gegen sich selber zeugen ließ! (Er sagte:) Bin ich nicht euer Herr? Sie sagten: Jawohl, wir bezeugen es. (Dies tat er) damit ihr (nicht etwa) am Tag der Auferstehung sagt: Wir hatten davon keine Ahnung."

Entscheidend ist die arabische Formel *alastu*, „Bin ich nicht?" Im *alastu* drückt sich Gottes Selbstverständnis aus, das sich in Form einer Frage an die Menschen richtet. Andererseits schwingt darin abermals die Ewigkeit Gottes, der schon war, als es die Schöpfung noch nicht gab. Insofern bedeutet das Weilen in der Schöpfung eine Art Trennung von Gott, die ob der Einheit aller Dinge in Wirklichkeit keine ist. So sehnt sich der Gottessucher nach der Erfahrung des *alastu* d. h. eines Zustands, in dem allein Gott ist.

Sure VII, 179 [Gedicht 79]: „Wir haben ja viele von den Dschinn und Menschen für die Hölle geschaffen. Sie haben ein Herz, mit dem sie nicht verstehen, Augen, mit denen sie nicht sehen, und Ohren, mit denen sie nicht hören. Sie sind (stumpfsinnig) wie Vieh. Nein, sie irren noch eher (vom Weg) ab. Die geben (überhaupt) nicht acht." Auf das stumpfsinnige „Vieh" (arab. *al-anʿam*) referiert Qāsem an einer Stelle und meint damit die Sufis, die keine Ahnung von Gottes Liebe und Gottesliebe haben.

Sure VIII, 40 [Gedicht 112]: „Wenn sie sich aber abwenden (und euch weiter Widerstand leisten) müßt ihr wissen, daß Gott euer Schutzherr ist. Welch trefflicher Schutzherr und Helfer." Gott ist der treffliche Helfer (arab. *naʿam al-naṣīr*) per se und wird in Gedicht 112 als solcher betitelt: Allein Gott leitet das Herz.

Sure VIII, 17 [Gedicht 13]: „Und nicht ihr habt sie (d.h. die Ungläubigen, die in der Schlacht bei Badr gefallen sind) getötet, sondern Gott. Und nicht du hast jenen Wurf ausgeführt (oder: jenen (Pfeil)schuß abgegeben) sondern Gott. Und er wollte (mit alledem) seinerseits die Gläubigen etwas Gutes erleben lassen (?) (w. die Gläubigen einer guten Prüfung von sich unterziehen). Gott hört und weiß (alles)."

Hier ist ein historischer Bezug zur Schlacht von Badr (624), aus welcher Muḥammad und seine Getreuen siegreich hervorgingen. Im Vers mahnt Gott die Gläubigen vor Hochmut, waren es tatsächlich nicht sie, die den Sieg errangen, die die Pfeile abschossen, sondern Gott. Qāsem bezieht sich darauf, wenn er schreibt, dass es keinen Verursacher außer Gott gebe; folglich muss der Gläubige sagen „Gott hat geworfen" und nicht „Ich habe geworfen".

Sure XI, 98 [Gedicht 199]: „Pharao (w. Er) wird seinen Leuten am Tag der Auferstehung vorangehen. Er bringt sie dann (so wie ein Hirte seine Herde zu einer Wasserstelle bringt) zum Höllenfeuer hinab, eine schlimme Herde, die (da) hinabgebracht wird (?) (oder: eine schlimme (Wasser)stelle, zu der sie (da) hinabgebracht werden?)!"

Die „schlimme Stelle" ist in Gedicht 199 der Gedanke an den Rivalen.

Sure XVII, 1 [Gedicht 87]: „Gepriesen sei der, der mit seinem Diener (d.h. Mohammed) bei Nacht von der heiligen Kultstätte (in Mekka) nach der fernen Kultstätte (in Jerusalem) deren Umgebung wir gesegnet haben, reiste, um ihn etwas von unseren Zeichen sehen zu lassen (w. damit wir ihn etwas von unseren Zeichen sehen lassen) ! Er (d.h. Gott) ist der, der (alles) hört und sieht."

Qāsem verwendet den Beginn der Sure, die den Namen „die Nachtreise" trägt, in Gedicht 87 symbolisch für den Beginn einer Reise. Von diesem Beginn, also vom „Vom Gepriesen sei der, der mit Seinem Diener" bis zum Ziel der Reise, der Vereinigung mit Gott, schreibt Qāsem, sei der ganze Weg voller Gottessucher, voller Karawanen, die sich aufgemacht haben, um zu entwerden.

Sure XLIII, 32 [Gedicht 210]: „Verteilen (etwa) sie die Barmherzigkeit deines Herrn (unter den Menschen) ? Wir haben ihren Lebensunterhalt im diesseitigen Leben unter ihnen verteilt und den einen von ihnen einen höheren Rang verliehen als den anderen, damit die einen von ihnen die anderen sich dienstbar (?) machen würden. Aber die Barmherzigkeit deines Herrn ist besser als (all) das, was sie (an Geld und Gut) zusammenbringen!"

Gott ist es, der die Barmherzigkeit unter den Menschen verteilt. Um darauf hinzuweisen, genügt Qāsem in Gedicht 210 die Formel „Wir verteilen" (arab. *naḥnu qasamnā*).

Sure L, 30 [Gedicht 33, 214]: „(Das geschieht) am Tag (des Gerichts) da wir zur Hölle sagen: Bist du (jetzt) voll geworden? worauf sie sagt: Gibt es denn noch mehr (die ich aufnehmen soll)?"

Im „Gibt es denn noch mehr" (arab. *hal min mazīd*) spricht die Hölle zu Gott; trotz der Tatsache, dass sie bereits voll ist, kann sie nicht genug bekommen. Dieser Satz wird in Qāsems Gedichten ins Gegenteil verkehrt – die Liebenden können von Gott, vom göttlichen Wein nicht genug bekommen.

Sure LII, 4 [Gedicht 105]: „bei dem (von Wallfahrern) besuchten (?) Haus (oder: bei dem (wohl) instand gehaltenen Haus) (der Ka'ba)"
Das besuchte oder wohl instand gehaltene Haus (arab. *al-bait al-maʿmūr*) bezeichnet die Kaʿba. In Gedicht 105 bezeichnet Qāsem seine Seele mit ebendiesem Ausdruck, womit er darauf hinweist, dass diese von Gott besucht, von ihm durchdrungen ist – und damit öfter besucht wird als die Kaʿba, welche die Rechtsgelehrten so schätzen.

Sure LIII, 8 [Gedicht 3]: „Hierauf näherte er sich und kam (immer weiter) nach unten"
Es geht an dieser Stelle um den Koran, Gottes Wort, das Muḥammad offenbart wurde; Qāsem bezeichnet diesen Vorgang als seine al-Aqsa-Moschee, als das fernste Ziel, nach welchem es das Herz verlangt.

Sure LIII, 15 [Gedicht 97]: „(da) wo der Garten der Einkehr ist (?)"
Der Garten der Einkehr (arab. *ǧanna al-maʾwā*) ist das Paradies; in Gedicht 97 liegt das Paradies dort, wo der Freund, also Gott, ist.

Sure LV, 2 [Gedicht 204]: „er hat (dich) den Koran gelehrt."
Dieser Ausspruch wird von Qāsem als Beweis für die vernünftige Veranlagung des Menschen angeführt.

Sure LV, 29 [Gedicht 8]: „(Alle) die im Himmel und auf der Erde sind, wenden sich mit ihren Anliegen an ihn (w. bitten ihn). Er hat immer zu tun (w. Er ist jeden Tag mit etwas beschäftigt)."
Der letzte Satz (arab. *kull yaum huwa fī-l-šaʾn*) lässt sich auch als „Jeden Tag offenbart er sich" übersetzen; dies ist bei Qāsem eine Eigenschaft, die allein Gott, der „Sultan", besitzt.

Sure LVII, 4 [Gedicht 52]: „Er ist es, der Himmel und Erde in sechs Tagen geschaffen und sich daraufhin auf dem Thron zurechtgesetzt hat (um die Welt zu regieren). Er weiß, was in die Erde eindringt und aus ihr herauskommt, und was vom Himmel herabkommt und dorthin (w. in ihm) aufsteigt. Er ist mit euch, wo ihr auch seid. Gott durchschaut wohl, was ihr tut."

Qāsem deutet den Beginn des letzten Satzes, „Er ist mit euch" (arab. *huwa maʿakum*) als Zeichen dafür, dass alles eins ist. Ein Mensch, der sich durch Aufgabe seines Selbst mit Gott vereinigt, gelangt zu Gott – was nichts anderes bedeutet, als dass er in Ewigkeit bei ihm weilt, eins mit Gott ist.

Sure LXXVI, 1 [Gedicht 13] : „Hat es für den Menschen nicht einmal einen Zeitabschnitt gegeben, in dem er (noch) nichts Nennenswertes war?"

Die Verbform „hat es gegeben" (arab. *hal ʾatā*) steht im Koran zu Beginn des Satzes; in ihm verbirgt sich, wie Qāsem in Gedicht 13 äußert, ein Geheimnis, das es auf dem „Königsweg der Liebe“, dem Weg zu Gott, zu rezitieren gilt. Das Geheimnis nun ähnelt jenem des *alastu* (s. o.) – denn Gott war vor der Schöpfung, vor dem Menschen. Im Gegensatz zu letzterem ist Gott nicht geschaffen worden.

d) Hadithe

Qāsem scheint lediglich auf zwei berühmte Hadithe, also Aussprüche des Propheten und berühmter frühislamischer Persönlichkeiten, zu referieren. In Gedicht 181 und 195 wird auf den Hadith „kuntu kanz^{an} maḫfiy^{an}“ – „Ich war ein verborgener Schatz“ referiert, in welchem Gott ausdrückt, dass er, der verborgene Schatz, von der Schöpfung erkannt werden wollte.[56] Sicher hatten die Leser diesen Hadith auch dann im Sinn, wenn es um die oben behandelten Schätze ging, die im Verborgenen liegen. In Gedicht 194 wird auf den Muḥammad zugeschriebenen Hadith „Wer mich gesehen hat, hat Gott gesehen“ referiert.[57]

e) Vorislamische Elemente

Viele Vorstellungen, die sich in Sufismus und ʿIrfān ausdrücken, lassen sich zeitlich bis weit vor die Islamisierung zurückverfolgen. Oft ist ihr Ursprung in Iran zu suchen, wo insbesondere Mithraismus und Manichäismus starken Einfluss auf den später gelebten Islam hatten. So wundert es nicht, dass der islamische ʿIrfān tatsächlich erst nach der Eroberung Irans durch die Araber Gestalt annahm.

Bereits besprochen wurden in diesem Zusammenhang die alten, vorislamischen Vorstellungen vom Aufbau der Welt. Die Zahl sieben spielt nicht nur bei diesem eine Rolle, sondern auch auf dem mystischen Pfad, den zu bestehenden Prüfungen und dem Aufbau der Orden. Auch der Löwe ist ein vorislamisches Symbol, das einerseits mit der Sonne und Königtum (man denke an das noch bis vor der Islamischen Revolution verwendete Löwe-Sonne-Motiv), andererseits mit dem Gott Mithra verbunden war. Tatsächlich spricht einiges dafür, dass die Rolle, die Mithra im vorislamischen Iran einnahm, später in der Figur des ʿAlī aufging, der – wie wir sahen – ebenfalls oft als Löwe betitelt wird. Auch der Feuerkelch und das stets betonte Licht erinnern an vorislamische Vorstellungen.

Beim oft auftretenden Pīr-e Moġān, dem „alten Magus“ (Gedicht 9, 80, 84, 122, 134, 154, 193, 194) handelt es sich um den höchsten zoroastrischen Priester. Ihm hängen die unter ihm stehenden Magis (Pers. *Moġ*) an, von ihm

56 Vgl. Schimmel, 1995: 270.
57 Vgl. Ebenda: 315.

wollen sie lernen. In den Gedichten ist der Pīr-e Moġān oft identisch mit dem Schenk oder Anführer des Konvents, von dem sich die Novizen Wein erhoffen, der die oben genannten Wirkungen besitzt. So steht in Gedicht 154:

Der Pīr-e Moġān meint den Leiter des Weges, O Herz!
Ewiglich sei der Moġkonvent den Trunkenen Gebetsplatz.

Wein war Muslimen freilich verboten; die Tatsache, dass das Getränk in der ʿIrfān-Dichtung so prominent ist, wird sich nicht allein mit seiner metaphorischen Bedeutung erklären lassen. Hier mögen sich abermals Elemente des Mithraismus Weg gebahnt haben. Die ursprüngliche Bedeutung des Pīr-e Moġān ist in der mystischen Dichtung, wie wir sahen, eine andere: Oft wird er etwa mit ʿAlī gleichgesetzt. Allerdings mag der Begriff auch darauf hinweisen, dass sich Schenken zur Lebzeit von Qāsem freilich nicht in der Hand von Muslimen befanden – sondern möglicherweise von Juden, Christen und der immer kleiner werdenden zoroastrischen Minderheit. Mit seinen Gedichten steht Qāsem jedenfalls vollkommen in der Tradition seiner berühmten Vorgänger und zumindest in den Ghaselen findet sich kein Hinweis auf die in der Historiographie – aber auch modernen Forschung[58] – angebrachten „Anschuldigungen", Qāsem habe der Gruppe der Ḥurūfīs nahegestanden.

4. Rezeption

Ǧāmī schreibt, Qāsem Anwār habe zwei wichtige Taten vollbracht; zum habe er einen mystischen Dīwān geschrieben, zum anderen eine Reihe von Anhängern hinterlassen.[59] Dann fügt er hinzu, er selbst habe einige der Anhänger – die sich seiner Meinung nach außerhalb des Islams bewegten – getroffen. In diesem Zusammenhang erwähnt er zwei Erinnerungen: Ein alter Derwisch habe ihm erzählt, dass er Qāsem zwei Mal getroffen habe: einmal in Herat und einmal in Balch. Ein anderer Derwisch habe Qāsem in Samarkand im Rahmen einer Sitzung getroffen. Sobald der Name Abū Bakr fiel, habe Qāsem geweint; seine Schüler sagten darauf, er habe nun die Position Abū Bakrs erlangt. Weiter berichtet Ǧāmī, dass eine Gruppe Menschen von Ǧām nach Maschhad pilgerte und dabei an dem Ort vorbeikamen, an dem Qāsem begraben lag; aus der Ferne hätten sie ein helles Licht, das vom

58 E. Edwards, «A Manuscript of Works of Ḳāsim ul-Anvār», in: The British Museum Quarterly 8, No. 1 (Jul., 1933): 16.

59 Ǧāmī, 1370: 590.

Boden gen Himmel schien, strahlen sehen. Als sie sich ihm schließlich näherten, hätten sie bemerkt, dass das Licht von Qāsems Grab hervorging.[60]

Trotz manches in ihnen geäußerten Misstrauens zeigen die Quellen, dass Qāsems Gedichte sich auch nach seinem Tod großer Beliebtheit erfreuten. Im Bericht Daulatšāh Samarqandīs über das Leben von Qāsem Anwār werden z. B. zwei Ghaselen des Dichters zitiert.[61] Selbst für die künftige Rezeption von Ḥāfiẓ scheint Qāsem eine bedeutende Rolle gespielt zu haben. Erika Glassen geht sogar so weit zu vermuten, dass Ḥāfiẓ erst wegen dieser Bewunderung durch Qāsem in „häretischen" Kreisen populär wurde.[62] Für Qāsem selbst wird man davon auszugehen haben, dass der Dichter zu Beginn der Safawidenzeit bereits so beliebt war, dass er den Safawiden als probates Mittel erschien, den Dichter für ihre Zwecke zu benutzen – und damit die Bevölkerung auf ihre Seite zu bekommen. Anders lassen sich die genannten Geschichten über seine Verbindung zum Orden, aus dem die Safawiden hervorgingen, nicht erklären. In der Bibliothek des Iranischen Parlaments findet sich unter der Nummer 10-9597 gar eine Handschrift mit dem Titel *Nasab-e siyādat-e Qāsem-e Anwār* („Die Seiyed-Abstammung des Qāsem Anwār") – wohl ein Traktak, in dem versucht wird, dem Dichter eine Abstammung von einem der zwölf schiitischen Imame „anzuhängen", ihn also zu „schiitisieren". Dabei handelt es sich grundsätzlich um keinen außergewöhnlichen Vorgang – so wurde unter Herrschaft des zweiten Safawidenkönigs Tahmāsb (1514-1576) etwa ein Werk namens *Ṣafwa al-Ṣafā* verfasst, in dem die Abstammung des Ahnen der Safawidendynastie auf den 7. schiitischen Imam zurückgeführt wurde. Jedoch handelt es sich bei Qāsem um keinen König, der einer Legitimation benötigte. Insofern ist der Versuch, Qāsem an die schiitischen Imame anzubinden, ein weiterer Hinweis auf seine außerordentliche Bedeutung. Zudem wissen wir, dass safawidische Prinzen in Besitz von Qāsems Gedichten waren.[63]

60 Ǧāmī, 1370: 590.

61 Daulatšāh, 1901: 346, 347-348.

62 Erika Glassen, «The Reception of Hafiz: Textual Transmission in a Historical Perspective», in: Michael Glünz u.a. (Hrsg.), Intoxication: Earthly and Heavenly; Seven Studies on the Poet Hafiz of Shiraz, Bern, Berlin, Frankfurt a. M., New York, Paris, Wien, 1991: 47.

63 Der safawidische Prinz Bahrām Mīrzā besaß etwa einen Gedichtband, der neben Qāsems Gedichten auch Gedichte von Amīr Ḫusrau Dihlawī, Ǧāmī und Ḥālī beinhaltete; vgl. F. E. Karatay, Topkapi Sarayi Müzesi Kütüphanesi, Farsça Yazmalar Katalogu, Istanbul, 1961: Kat. 898.
Istanbul [1961], cat.no.898,

Freilich wurde Qāsems Werk auch in Kunst und Literatur rezipiert – selbst bis nach Indien. So ist im Album des Mogulherrschers Šāh Ğahān ist ein Blatt mit einer Ghasele von Qāsem enthalten.[64] Das Bild zeigt einen Derwisch, der einen Bären führt. Auch in einer Abschrift von *Mağālis al-ʿUššāq* des Sultan Ḥusain Mīrzā Bāiqarā (1438-1506), das aus dem ausgehenden 16. Jhd. stammt und in Schiras hergestellt wurde, befindet sich eine Miniatur, die auf das Leben von Qāsem verweist.[65] Auf dieser Miniatur ist der Dichter sitzend dargestellt.

Die moderne Rezeption des Dichters beginnt mit Edward Brown, der dem Dichter sowohl im Rahmen seiner historischen Literaturstudien Aufmerksamkeit gewidmet hat als auch eines seiner Gedichte in einem kleinen Band ausgewählter persischer Dichter übersetzt hat.[66] Saʿīd Nafīsī hat mit der Herausgabe der *Kolliyāt* einen Grundstein für die weitere Beschäftigung mit Qāsems poetischem Werk gelegt. Auf Grundlage dieser Ausgabe hat Raḥīm Salāmat Āḏar in *Šarḥ-e ṣad ġazal* hundert Ghaselen des Dichters analysiert. *Anīs al-ʿārefīn* wurde von Dr. Ḥasan Naṣīrī Ğāmī herausgegeben. Bei *Šūr-e Ešq* handelt es sich um einen modernen Kommentar und eine Analyse des genannten *Anīs al-ʿārefīn,* die durch Raḥīm Salāmat Āḏar und Moḥammad Rasūl Moḥadessī durchgeführt wurde.

5. Bedeutung der Ghaselen

Der Ghaselen und die vorliegende Handschrift stellen aus folgenden Gründen speziell für Islamwissenschaft, Iranistik und orientalische Kunstgeschichte einen bedeutenden Fund dar:

1. Die Dichtung von Qāsem Anwār, einem aktiven Scheich, kann Aufschluss über das Leben und Gedankengut eines äußerst prominenten Dichters der Timuridenzeit geben.
2. Sie hilft Forschern bei der Untersuchung des mystischen Islams und der damit verbundenen Terminologie.

64 Metropolitan Museum of Art; Acc.nr. 55.121.10.10; publiziert in: The Metropolitan Museum of Art, The Emperors´ Album, New York, 1987: 236, Abb. 76.

65 British Library, London; I.O. ISLAMIC 1138, f.81v. <http://imagesonline.bl.uk/index.php?service=search&action=do_quick_search&language=en&q=%238099> [abgerufen am 5. Mai 2013].

66 Edward G. Browne, Poems from the Persian, London, o. J.: 25-26.

3. Der Diwan ist auf Persisch verfasst und widersetzt sich damit dem damaligen Trend, auf Türkisch zu verfassen. Insofern bildet er ein wichtiges Stück Literaturgeschichte ab.
4. Die bislang vernachlässigte Dichtung Qāsem Anwārs gibt Aufschluss über die Ḥāfiẓ-Rezeption im 14./15. Jahrhundert, aber auch über die Einflüsse anderer mystischer Dichter auf die Dichtung jener Zeit.
5. Sie gibt weiterhin Aufschluss über die Sprachentwicklung, in der genannten Zeit verwendete Termini etc.
6. Die einzigartigen auf jeder Seite vorhandenen Illuminationen zeigen die iranisch-islamische Buchkunst in ihrer schönsten Form; neben hunderten Vogelarten sind die Gedichte auch mit Steinbock- und Hasendarstellungen verziert worden. Die Zeichnungen sind nicht nur für Kunsthistoriker von Interesse sondern ermöglichen auch dem interessierten Leser einen interessanten Einblick in die Kunst der Buchmalerei.
7. Die einzelnen Gedichte haben starken Aphorismus-Charakter und können interessierten Lesern als einfacher Einstieg zur Beschäftigung mit dem mystischen Islam dienen.

6. Bekannte Handschriften des Diwans

Im Folgenden wird eine Anzahl von Handschriften des Diwans genannt, von denen Kenntnis besteht. Sicherlich ist die Liste unvollständig. Indes mag sie schon jetzt zu zeigen, wie viele Handschriften existieren und wie hoch die Bedeutung des Dichters geschätzt werden muss.

- *University of St. Andrews*; Ref.no. GB 227 ms29(0); 129 Seiten; Verfassungszeit ungewiss; Dīwān.
- *Library of the Royal Asiatic Society of Great Britain and Ireland*; RAS Persian 299; 611 fol.; Gedichte und Prosa von von Qāsem al-Anwār und Neʿmatallāh Walī.
- Eine vom Auktionshaus Christie´s (Sale 5560, Lot 535) verkaufte, datierte Handschrift des Dīwān, die am 28. Juni 1492 vermutlich in Schiras vollendet wurde.
- *Französische Nationalbibliothek*, Paris
  - Dīwān: Sup. Pers. 717
  - Dīwān: Sup. Pers. 707
- *British Museum*, London
  - Dīwān: Or. 3304; verfasst im Jahre 1453/ 1454.

  - Dīwān, Anīs al-ʿĀrefīn und Anīs al-ʿĀšeqīn (Resāle-ye Amānah); Or. 11363; verfasst im Jahre 1457 von ʿUbaidullāh al-Kāteb al-Iṣfahānī.
  - Dīwān: Or. 1224; verfasst im 16. Jhd.
  - Dīwān: Add. 18874; verfasst im 15. Jhd.
  - Dīwān: Add. 7091; verfasst 1555/1556.
- *University Library*, Cambridge
  - Dīwān: Browne Collection V 35 (7); verfasst 1456/1457.
  - Dīwān: Browne Collection V 36 (7); 16. Jhd. (?)
  - Dīwān: Or. 760 (8)
- *Bodleian Library*: Sale 5; verfasst 1471/ 1472.
- *McGill Library*, Montreal; Dīwān von Qāsem Anwār und Kamāl al-Dīn Masʿūd Ḫoǧandī; MS BW Iwanow 0063.
- *Universitätsbibliothek Uppsala*; Dīwān; 125, O Nov. 775; verfasst im 15. oder 16. Jhd.
- *Nationalbibliothek der Tschechischen Republik*, Bratislava; TE26-560 (TEI P5 ENRICH)
- *Iranische Nationalbibliothek*, Teheran
  - Dīwān: 5-16872; mit einigen Ghaselen und Masnawīs.
  - Dīwān: 5-18701
  - Dīwān: 5-11030
  - Dīwān: 5-9862; mit Ghaselen und Rubaiyat.
  - Dīwān: 5-31404
  - Dīwān: 5-30118
  - Dīwān: 5-16982; mit Ghaselen, Rubaiyat; vermutlich aus dem 18. Jhd.
  - Kolliyāt: 5-12411; mit Ghaselen, Rubaiyat, Elegien... sowie Gedichten auf Türkisch und Gilaki; aus dem 16. Jhd.; wurde durch Saʿīd Nafīsī im 1333 S.-H. herausgegeben.
  - Gedichte: 5-23104
- *Bibliothek des iranischen Parlaments*, Teheran
  - Dīwān: 32220; 15. Jhd.
  - Dīwān: 10-21496; 17. Jhd.; abwechselnd Gedichte von Ḥāfiẓ und Qāsem Anwār
  - Dīwān: 10-29299; 15. Jhd.
  - Dīwān: 10-16164; 16. Jhd.
  - Dīwān: 15006; 17. Jhd.
  - Dīwān: 5683; 17. Jhd.
  - Dīwān: 5707
  - Dīwān: 14904; 15. Jhd.

    - Dīwān: 14911; 15. Jhd.
    - Dīwān: 9071; 19. Jhd.
    - Dīwān: 31776; 15. Jhd.
    - Auswahl aus dem Dīwān: 10-487
    - Auswahl von Ghaselen: 6730; 16. Jhd.
    - Kolliyāt: 10-33589, 15. Jhd.
    - Kolliyāt: 10-21240; 239 S. mit Kurzbiographie Qāsem Anwārs.
    - Kolliyāt: 891
- *Bibliothek der Sepahsālār-Schule*, Teheran
    - Dīwān: 202; abwechselnd Gedichte von Ḥāfiẓ und Qāsem Anwār.
    - Dīwān: 266
- *Albanische Nationalbibliothek*, Tirana
- *Abu Rayhan al-Biruni Institute of Oriental Studies*, Taschkent; Diwan; Inv.no. 2108; mit zwei Miniaturen aus dem 15. Jhd. im Stil der Herater Schule.
- *Marburger Staatsbibliothek* Ms. Orient. Oct. 2072 (Eilers, 1: 53-4, no. 58)

7. Die Handschrift in der Mamier-Kulturstiftung und ihre Edition

Die vorliegende Handschrift wurde 1972 während einer Hungersnot, bei der sich viele afghanische Familien gezwungen sahen, wertvolle Erbstücke auf dem Basar zu verkaufen, von Sammlern auf dem Basar in Kabul erworben. Laut deren Angaben befand sich die Handschrift in einem sehr schlechten Zustand – die Seiten waren ausgefranzt, der Buchdeckel und die Seiten wurden durch Schnüre, stellenweise auch durch Tesafilm zusammengehalten – allerdings war sie in ein Seidentuch eingewickelt und zwischen allen Seiten befand sich Transparentpapier, um Schrift und Illuminationen zu schützen. Die Handschrift wurde im Jahre 1974 im Schloss Karlsruhe restauriert; dabei wurde ein großes Stück am unteren (?) Rand der Seiten abgeschnitten und das Buch erneut gebunden. Dabei wurde versucht, die Elemente des alten Einbands, die zu retten waren, wiederzuverwenden; so ist der neue Einband (Höhe: 20,5 cm; Breite: 13,5 cm; Tiefe: 5 cm) aus stabilem Karton am Buchrücken mit hellbraunem Kunstleder überzogen, das sich bis ca. 2,5 cm auf beide Buchdeckel erstreckt. Daran schließt sich ein aus einzelnen Stücken des alten Einbands collagenförmig zusammengeklebter Überzug an, auf dem die Farben Schwarz, Rot und Gelb dominieren. In der Mitte beider Deckel liegt eine Art Sonne mit schwarzen Strahlen und gelb-rotem Zentrum. Was die Anordnung der Gedichte betrifft, so ist ersichtlich, dass es sich bei der heutigen Reihenfolge nicht um die ursprüngliche handelt; darauf weist sowohl die mangelnde alphabetische Anordnung als auch die Tatsache hin, dass das Buch wohl schon bei Erwerb nicht mehr die Originalbindung besaß. Auch scheint das Manuskript bereits vor dem Erwerb durch die Sammler in Afghanistan einmal restauriert worden zu sein: Darauf weisen einzelne hellbraunrötlichen Blätter hin, bei denen es sich wohl um einen Ersatz der ursprünglichen Seiten handelt; aus den neuen Seiten wurde ein Rechteck (Höhe ca. 14 cm; Breite ca. 8 cm) ausgeschnitten, auf das die zugeschnittenen Originalfolios der alten (zerstörten) Seiten aufgeklebt wurden, so dass die Aufklebung je auf einer Seite erkenntlich ist und auf der jeweiligen Rückseite die beschriebene Rückseite des Originalfolios erscheint. Es wird weiterhin zu anzunehmen sein, dass einige Seiten einzeln verkauft wurden.

Bei der Rekonstruktion der ursprünglichen Reihenfolge der Gedichte sind die anderen Handschriften, die zum Vergleich hinzugezogen wurden, indes nicht sonderlich erhellend – es finden sich kaum zwei Handschriften, in denen Qāsems Gedichte auf dieselbe Weise angeordnet wurden; hier steht der Forschung noch viel Arbeit bevor. Aus diesem Grund haben wir uns bei der vorliegenden Edition an der in Iran üblichen alphabetischen Anordnung der Ghaselen orientiert und die Ghaselen dementsprechend ediert. Die gut erhaltene MS Maǧlis 10-33589 in der Bibliohek des Iranischen Parlaments wurde beständig zum Vergleich herangezogen; wo sie sich von der Handschrift in der Mamier-Kulturstiftung unterscheidet, wurde dies im persischen Text vermerkt. Diese Handschrift stammt aus dem 15. Jahrhundert, wurde also wenige Jahre nach dem Tod des Autors von Ṣadr Qalandar kopiert.

Jede der 217 hellbraun-rötlichen Seiten beinhaltet ein Gedicht auf Vorder- und Rückseite, wobei normalerweise ein Gedicht von Qāsem auf der einen, eines von Ḥāfiẓ auf der anderen Seite steht. Die beschriebene Aufklebung der Originalfolios zeigt, dass die Gedichte von Qāsem und Ḥāfiẓ schon ursprünglich auf Vorder- und Rückseite eines Folios vorhanden waren. Jedes Gedicht ist vollständig in einen rechteckigen Rahmen eingefasst. Dieser Rahmen hat von oben und unten zwischen zwei und drei Zentimeter und von den Seitenrändern rund 2,5 Zentimeter Abstand. In wenigen Fällen gibt es im Abstand zwischen Seitenanfang und Rahmen Siegelabdrücke oder kurze Kommentare, die sich auf ein Wort beschränken.

Das Buch besitzt keinerlei Einleitung oder Vorwort; es beginnt unmittelbar mit dem ersten Gedicht. Die Illuminationen der ersten beiden Seiten – die äußerst schlecht erhalten sind- unterscheiden sich von allen anderen Seiten, da zwei blaue, in eine Kuppel mündende Zierbänder vorhanden sind. Damit scheint gesichert, dass es sich bei den beiden Seiten tatsächlich um den Beginn der Handschrift handelt. Zusätzlich zum gesamten Gedicht sind die einzelnen Verse jeweils ebenfalls in regelmäßige rechteckige Rahmen eingefasst; dies gilt für alle Gedichte bis auf die erwähnten abweichenden beiden Seiten, deren Verse in „Wolken“ eingefasst sind. Zwischen den einzelnen Rahmen sind Illuminationen in Form von kleinen bunten Blumen vorhanden. Grün, blau und rot sind dabei die meistverwendeten Farben. Alle Verse sind säuberlich horizontal geschrieben, aber in einigen Fällen sind die unteren, gegenüberliegenden Verse eines Gedichts in V-Form angeordnet. Manchmal umfasst ein Rahmen einen Vers, manchmal auch zwei. Es scheint, der Illuminator befolgte hierbei keine bestimmte Regel. In unserer Handschrift unterscheidet sich weiterhin die Qualität der Illuminationen; mancherorts ist die Farbe stark verblasst, an einigen Stellen sogar kaum mehr erkenntlich. Zu den besonderen Eigenschaften der Handschrift gehört die Abbildung zweier Vögel, die unten auf jeder Seite, rechts und links vom letzten Vers eines jeden Gedichts abgebildet sind. In den meisten Fällen handelt es sich um dieselbe Vogelart links und rechts; aber keine Abbildung gleicht derer auf einer anderen Seite. In zwei erhaltenen Fällen ist statt einem Vogel ein Hase bzw. eine Ziege abgebildet. Auf den ersten beiden Seiten fehlen Tiere.

Die Handschrift ist mit schwarzer Tinte in leserlichem *Nasta'līq* verfasst. Es handelt sich bei dieser Schriftform um eine Mischung der beiden Schriftformen *Nasḫī* und *Ta'līq*, die sich seit dem 15. Jhd. verbreitete und besonders bei literarischen Texten Verwendung fand, ganz besonders bei Gedichtsammlungen. Damit wäre also der Terminus *post quem* für die Handschrift gefunden. Ein Hinweis auf den Kopist und das Datum der Abschrift findet sich in der Handschrift nicht – beides mag im verloren gegangenen Teil der Handschrift enthalten sein. Die Handschrift in der *Iranischen Nationalbibliothek* (5-71404) stammt beispielsweise aus dem 15. Jhd. und wurde vom Kopisten Maḥmūd b. Ǧalāl-e Qomī verfasst. Eine andere in derselben Bibliothek (5-27077) von Sultan Muḥammad Ḫandān und Sultan Muḥammad-e Nūr. Letztere beiden gehörten zu den Sekretären des oben erwähnten Amīr Šīr Nawā'ī. Es war eine verbreitete Praktik, dass zwei oder mehr Leute an einer Handschrift arbeiteten; jedoch scheint dies bei unserer Handschrift nicht der Fall gewesen zu sein – die Schrift wirkt einheitlich. Der Kopist hat wie üblich zu seiner Zeit den persischen Buchstaben „geh“ überall wie „keh“ geschrieben; dies wurde in der Edition der modernen Schreibweise angepasst.

Weiterhin kann man auf die teilweise Zerstörung einiger Seiten hinweisen. Insbesondere ist ein Wasserschaden im oberen Teil zahlreicher Seiten zu bemerken. An manchen Stellen hat das Wasser die Tinte verwischt, so dass die oberen Verse oft nur schwerlich zu entziffern waren.

Anmerkungen zur Übersetzung

Nach langem Überlegen fiel die Entscheidung gegen eine deutsche Nachdichtung und damit für die Textnähe. Gleichzeitig wurde aber versucht, die Gedichte für die Allgemeinheit lesbar zu halten. Das Wesen der ʿIrfān-Dichtung aber auch die persische Sprache bringen es mit sich, dass Metaphern, doppelter und vielfacher Wortsinn etc. in einigen Fällen dennoch auf der Strecke bleiben müssen. Insofern werden die Leser um Milde gebeten. An Stellen, wo die Handschrift der *Mamier-Kulturstiftung* offensichtliche Fehler aufwies, welche sich in der Vergleichshandschrift nicht fanden, wurde gemäß der letzteren übersetzt; beide Versionen finden sich hingegen in der persischen Edition. Wo der Koran zitiert wurde, basiert die Übersetzung auf jener von Rudi Paret. Die Umschrift arabischer Begriffe orientiert sich grundsätzlich an den Regeln der Deutschen Morgenländischen Gesellschaft; da bislang keine einheitliche Umschrift des Neupersischen existiert, wurde versucht, bei der Transkription neupersischer Begriffe gleichermaßen persische Schreibweise als auch Aussprache zu berücksichtigen. Bekannte Eigennamen sind in deutscher Form wiedergegeben.

Gedicht von Ḥāfiẓ

Gedicht Nr. 204

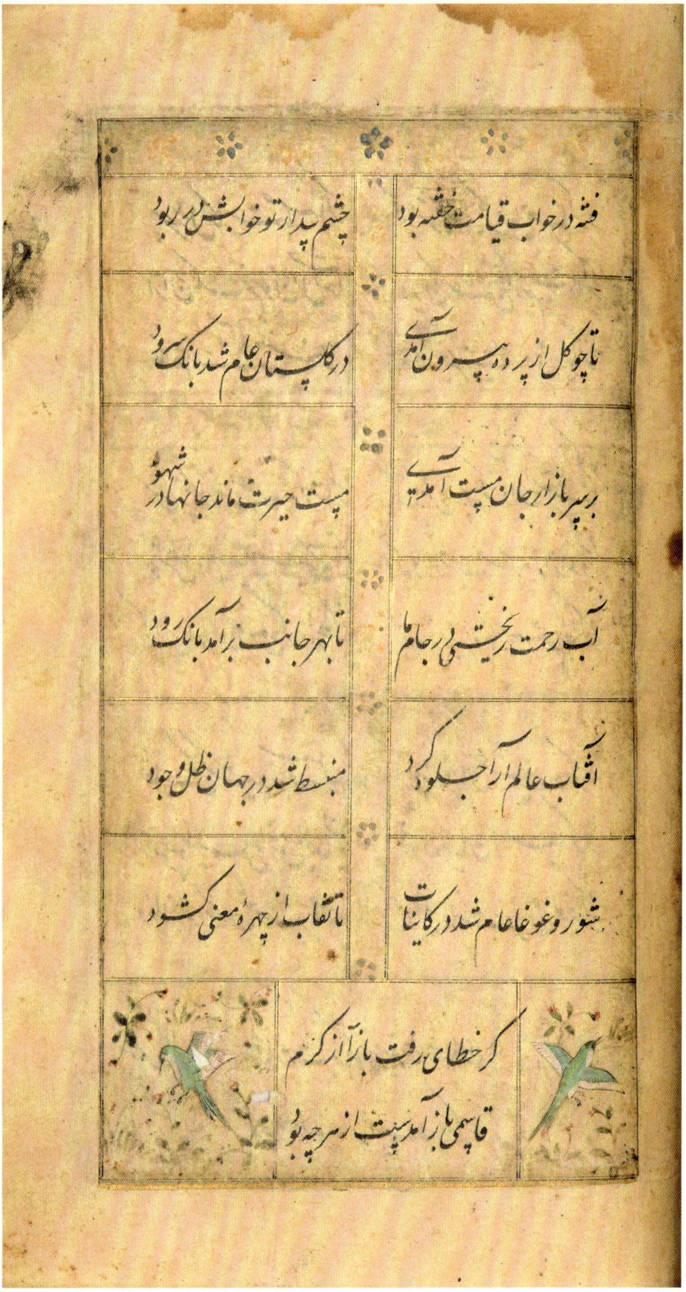

فتنه در خواب قیامت خفته بود
چشم بیدار تو خوابش در ربود

تا چو گل از پرده بیرون آمدی
در گلستان عالم شد بانگ سرود

بر سر بازار جان مست آمدی
مست حیرت ماند جانها در شهود

آب رحمت ریختی در جام ما
تا بهر جانب برآمد بانگ رود

آفتاب عالم آرا جلوه کرد
منبسط شد در جهان ظل وجود

شور و غوغا عام شد در کاینات
تا نقاب از چهره معنی گشود

گر خطای رفت باز آ از کرم
قاسمی باز آمدست از هر چه بود

Gedicht Nr. 187

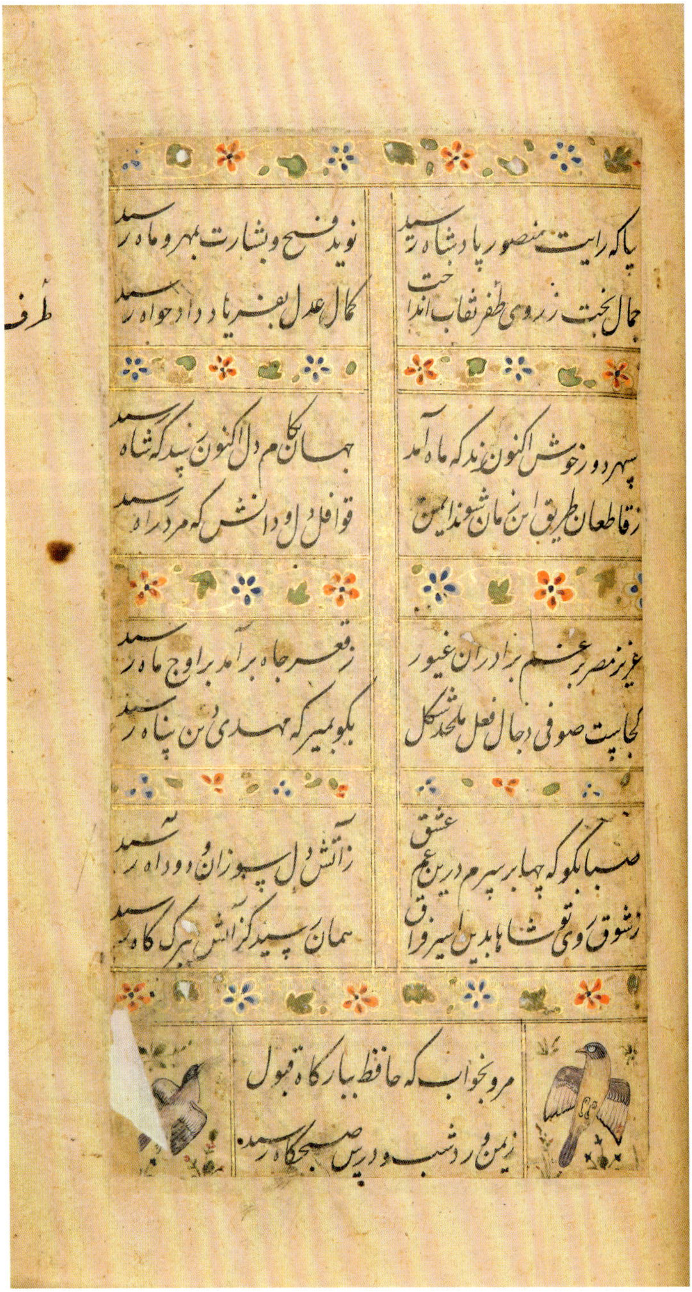
بیا که رایت منصور پادشاه رسید / نوید فتح و بشارت بمهر و ماه رسید
جمال بخت ز روی ظفر نقاب انداخت / کمال عدل بفریاد دادخواه رسید
سپهر دور خوش اکنون کند که ماه آمد / جهان بکام دل اکنون رسد که شاه رسید
ز قاطعان طریق این زمان شوند ایمن / قوافل دل و دانش که مرد راه رسید
عزیز مصر برغم برادران غیور / ز قعر چاه برآمد باوج ماه رسید
کجاست صوفی دجال فعل ملحدشکل / بگو بسوز که مهدی دین پناه رسید
صبا بگو که چها بر سرم درین غم عشق / ز آتش دل سوزان و دود آه رسید
ز شوق روی تو شاها بدین اسیر فراق / همان رسید کز آتش به برگ کاه رسید
مرو بخواب که حافظ ببارگاه قبول / ز ورد نیم شب و درس صبحگاه رسید

Gedicht von Ḥāfiẓ

در جملهٔ ذرات جهان لمعهٔ حسنی است
من با تو چه گویم که ترا پرتو حسن نیست
تو دیده بدست آر که تا باز ببینی
در جملهٔ ذرات جهان نور تجلی است

از فرط حجابست که آن مشرک نادان
در سجدهٔ لات آمد و پنداشت که عزیست
از دولت دیدار تو دایم شب و روز
موسی صفتیست این دل طور

ای طالب درگاه اگر واقف راهی
از غیر بپرهیز که آن غایت مقصودیست
جمعیم بدیدار تو وز فرقت تو دور
کانجا که تویی جمعیت صورت و معنیست

عشقیست که در مشرب ما آب حیاتست
عشقیست که در مذهب ما علت اولیست
کشتن عشاق تو شد فتوی
این قصه بر مفتی ما فتوی معنیست

از عشق تو شد زنده دل قاسم مسکین
با نکهت عشق تو چه حاجت دم عیسیست

Gedicht Nr. 116

چون صبح سعادت ز جبین تو هویداست | با رای تو صد گونه تولا و تمناست

تو ساقی جانهایی و جانها به تو شادند | در ده قدح باده که هنگام تولاست

در مجلس مستان خدا وقت سماعست | چون عشق مزید آمد و چون حسن هویداست

هر قصه که در وصف جمال تو جلالیست | با فکر زیادت نکنی نسبت سوداست

آنجای که جسمست بکلی همه اسمست | وانجای که جانست نه اسمست و نه مسماست

با عشق خدا باش که در صورت و معنیست | چون کار تو عشقست همه کار مهیاست

قاسم چه کنی گر نکنی روی به بحر

کین کثرت امواج همه از پی دریاست

Gedicht Nr. 51

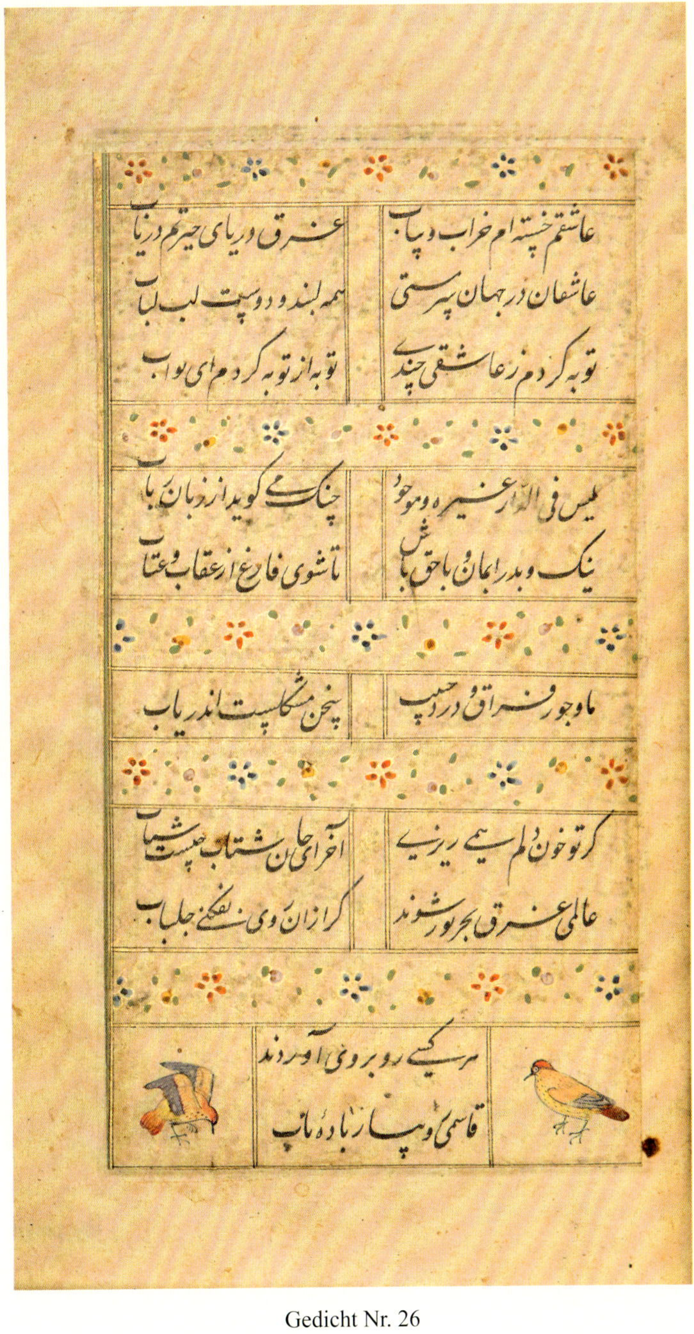

عاشقم خسته ام خراب و یباب — غرق دریای حیرتم دریاب
عاشقان در جهان پرستی — همه بلند و دوست لب لباب
توبه کردم ز عاشقی چندی — توبه از توبه کردم ای تواب
لیس فی الدار غیره موجود — چنگ می گوید از زبان رباب
نیک و بد را بجان و باحق باش — تا شوی فارغ از عقاب و عتاب
ما و جور فراق و درد حبیب — سخن مشکلست اندر یاب
گر تو خون دلم همی ریزی — آخر ای جان شتاب چیست شتاب
عالمی غرق بحر نور شوند — گر زان روی تو فکنی جلباب
هر کسی رو بروی آوردند
قاسمی و پیاله باده ناب

Gedicht Nr. 26

Gedicht Nr. 21

هر صبحدم پیغام خود گویم بزاری بادرا
تا عرض حال دل کند آن سرو حوری زادرا

پیش درش افتاده ام بر خاک ره چون سگان
زین باب دیدم در شرف اسباب پس افتادرا

گر رفت اشکم در زمین از تیرهای عشقش
آخر رسانید این الم تا آسمان فریادرا

خواهم که بر بنیاد دل بنیاد صبری افکنم
عشقش بهم بر میزند بنیاد این بنیادرا

تا ذکر آن لب و دهن شد در میان هر سخن
شیرین بخوب و مختصر میخواند این فرهادرا

دم زد ز آن لعل و چشم با ثبات نیست
آری گواه اندر نظر این اشک مردم زادرا

از چشم مستش قاسمی دارد دلی در موج خون
رحمی نشد بر صید خود آن دل سیه صیادرا

Gedicht Nr. 6

Gedicht Nr. 9

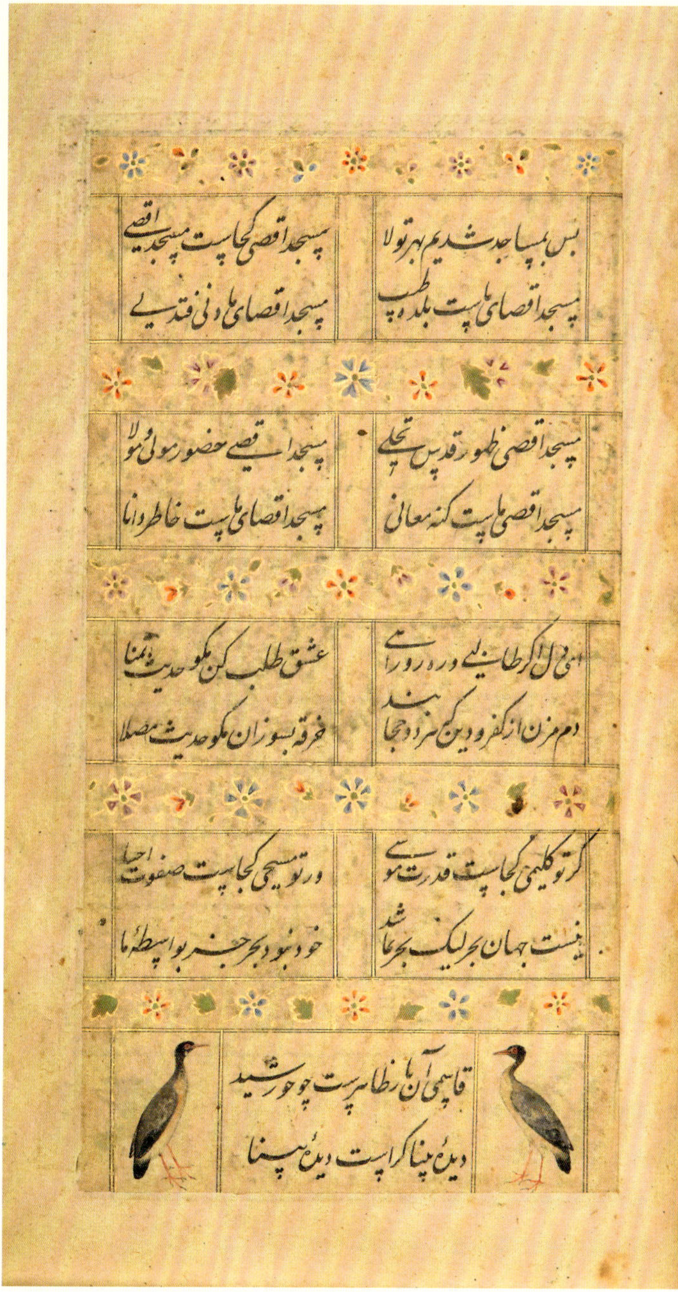
بس بساجد شدیم بهر تو لا
مسجد اقصی کجاست مسجد اقصی
مسجد اقصای ماست بلد طرب
مسجد اقصای ماست دنی فتدلی
مسجد اقصی ظهور قدس تجلی
مسجد اقصی حضور موسی و مولا
مسجد اقصی ماست کنه معانی
مسجد اقصای ماست خاطر دانا
ای دل اگر طالبی ورره رورای
عشق طلب کن مگو حدیث تمنا
دم مزن از کفر و دین که سر دو جا بند
خرقه بسوزان مگو حدیث مصلا
گر تو کلیمی کجاست قدرت موسی
ور تو مسیحی کجاست صفوت احیا
نیست جهان بحر لیک بحر شاهد
خود نبود بحر جز بواسطهٔ ما
قاسمی آن ناظر پرست چو خورشید
دین بینا گراست دین بینا

Gedicht Nr. 3

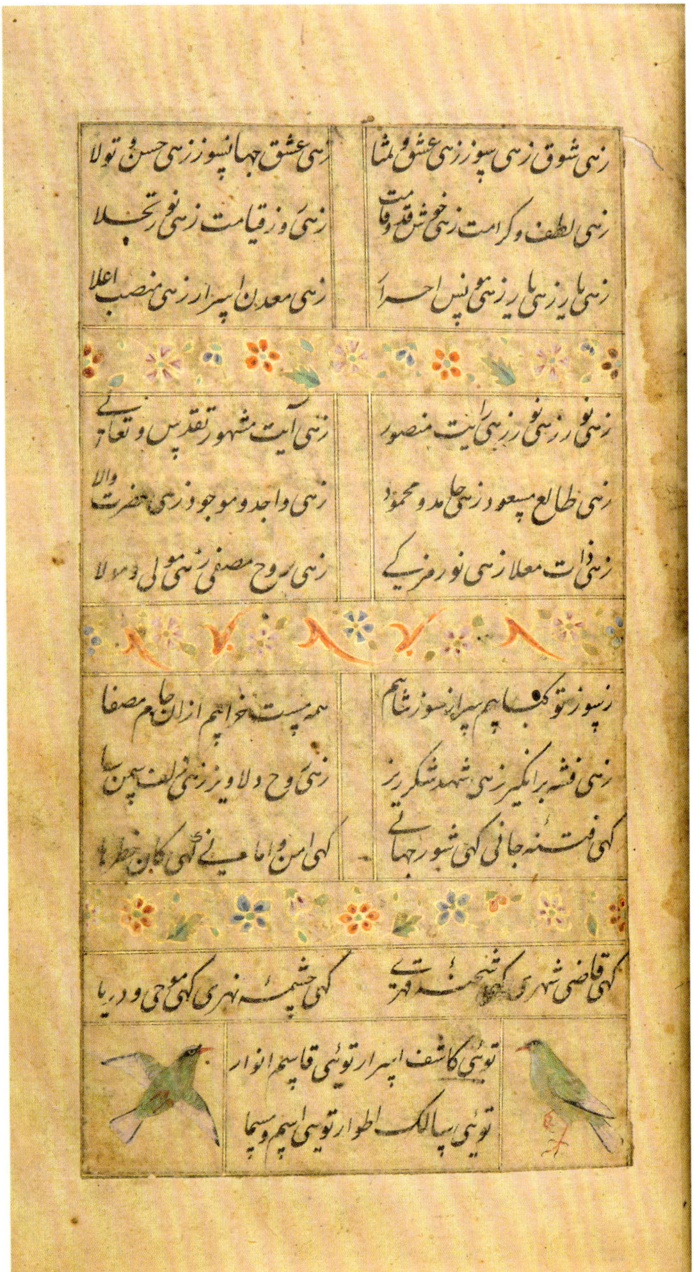

Gedicht Nr. 17

گریبان میدرم هردم که دامن درکشی از ما | که ما مشتاق دیداریم و رند و عاشق و شیدا

بچشم مست میگویند بگو ای ترک یغمائی
که آخر چیست مقصودت ز چندین غارت دلها

ازان خورشید رخسارت بپوش از زلف مشکین کن | که مشتاقان برون آیند از تاریکی شبها

چنان در عشق بگریستم که گر تیغم رود بر سر | بروز امتحان باشم چو شمع ایستاده بر جا

ز سر تا پا همه جانم که غرق عشق جانانم | همه عشقیست ارکانم ز پا تا سر ز سر تا پا

ز زلفت دل پریشانست گفتم گفت عاشق را | شراب لعل می باید علاج علت سودا

ز قانیم عشق می بارد ز واعظ زهد و رعنائی
که بعد المشرقین آمد میان شیخ و مولانا

Gedicht Nr. 15

شراب آتشین آمد ز دست ساقی جانها
بنوش این جام آتش را توکلنا علی المولا

شراب ارغوانی درکش مترس از آب و از آتش
برقص آ یک زمان خوش خوش ببین در زجودت صهبا

کمالات تو از خود جو که بحر وحدتی تو
تویی ناموس این صهبا تویی قاموس این دریا

تو آن شاه جگرسوزی که سلطانی و فیروزی
کمینه جرعه‌ات دریا کمینه چشمه‌ات عنقا

مترس از حیله دشمن قدم در عشق محکم زن
درا در وادی ایمن که من هم بودم این صحرا

ز من بشنو سخن آسان تو فرصت را غنیمت دان
ز عاشق یاد گیر این جان مکن [illegible]

تو جان جان جانانی ز چشم خلق پنهانی
برون آی از در خانه که بربستند محملها

بهر جای که آن یارست من سر بر بودم دلشا
و کنا حیث ما کانوا و کانوا حیثما کنا

همیشه قاسم مسکین تو امیدوار د
تویی حاضر تویی ناظر تویی پنهان تویی پیدا

Gedicht Nr. 14

دوش از مسجد سوی میخانه آمد پیر ما
چیست یاران طریقت بعد ازین تدبیر ما

ما مریدان روی سوی کعبه چون آریم چون
روی سوی خانهٔ خمار دارد پیر ما

عقل اگر داند که دل در بند زلفش چون خوشست
عاقلان دیوانه گردند از پی زنجیر ما

در خرابات مغان ما نیز هم منزل شویم
کین چنین رفتست در روز ازل تقدیر ما

روی خوبت آیتی از حسن بر ما کشف کرد
زان زمان جز حسن خوبی نیست در تفسیر ما

با دل سنگینت آیا هیچ در گیرد شبی
آه آتشبار و سوز ناله شبگیر ما

تیر آه ما ز گردون بگذرد حافظ خموش
رحم کن بر جان خود پرهیز کن از تیر ما

Gedicht von Ḥāfiẓ

Doppelseite mit Gedicht von Anwār (Nr. 11, links) und Ḥāfiẓ

Literaturverzeichnis

Abu Rayhan al-Biruni Institute of Oriental Studies of the Academy of Sciences of the Republic of Uzbekistan: *The Treasury of Oriental Manuscripts*, Tashkent, 2012.

Browne, Edward G.: *A supplementary hand-list of the Muhammadan manuscripts, including all those written in the Arabic character, preserved in the libraries of the University and colleges of Cambridge*, Cambridge, 1922.

Idem: *A Descriptive Catalogue of the Oriental Mss. Belonging to the Late E. G. Browne*, completed and edited by Reynold A. Nicholson, Cambridge, 1932.

Idem: *Poems from the Persian*, London, o. J.

[Daulatšāh] *The Tadhkiratu Sh-Shuara, Memoirs of the Poets of Dawlatshah Bin Ala'u D-Dawla Bakhtishah Al-Ghazi of Samarqand*, hrsgg. von Edward G. Brown, Leiden, 1901.

Edwards, E.: «A Manuscript of Works of Ḳāsim ul-Anvār», in: *The British Museum Quarterly* 8, No. 1 (Jul., 1933): 16-17.

Ǧāmī, Nūr ad-Dīn ʿAbd ar-Raḥmān: *Nafaḥāt al-Uns*, moqaddameh, taṣḥīḥ wa taʿlīqāt Dr. Maḥmūd ʿĀbedī, Tehrān, 1370 Š.

Glassen, Erika: «The Reception of Hafiz: Textual Transmission in a Historical Perspective», in: Michael Glünz u.a. (Hrsg.), *Intoxication: Earthly and Heavenly*, Seven Studies on the Poet Hafiz of Shiraz, Bern, Berlin, Frankfurt a. M., New York, Paris, Wien, 1991: 41- 52.

Ḫwāndmīr, Ġiyās ad-Dīn: *Tārīḫ-e Ḥabīb as-Siyar fī aḫbār-i afrād-I bašar*, ba moqaddame-ye Ostād Ǧalāl ad-Dīn Hamāʾī, Tehrān, 1333 Š.

Karatay, F. E.: *Topkapi Sarayi Müzesi Kütüphanesi, Farsça Yazmalar Katalogu*, Istanbul, 1961.

Malkeyeva, Aygul: «Musical Instruments in the Text and Miniatures of the "Bāburnāma"», in: *RIdIM/RCMI Newsletter*, Vol. 22, No. 1 (Spring 1997): 12-22.

Maʿsūm ʿAlīšāh: *Ṭarāyiq al-Ḥaqāyiq*, be taṣḥīḥ-e Moḥammad Ǧaʿfar Maḥǧūb, Tehrān, 1382 Š.

Meredith Owens, G. M.: «The Turkish Verses of Qāsim Al-Anvār», in: *Bulletin of the School of Oriental and African Studies* 25, No. 1 (February 1962): 155-161.

Morton, A. H.: «The Ardabīl Shrine in the Reign of Shāh Ṭahmāsp I (Concluded)», in: *Iran*, Vol. 13 (1975): 39-58.

The Metropolitan Museum of Art: *The Emperors' Album*, New York, 1987.

Nawāʾī, Amīr ʿAlīšīr: *Taḏkereh-ye Maǧālis al-Nafāyis*, beh saʿī wa ehtemām-e ʿAlī Asġar Ḥekmat, Tehrān, 1363 Š.

O'Kane, Bernard: «Tāybād, Turbat-i Jām and Timurid Vaulting», in: *Iran*, Vol. 17 (1979): 87-104.

Qāsem-e Anwār: *Kolliyāt-e Aš'ār*, bā taṣḥīḥ wa moqābeleh wa moqaddame-ye Sa'īd-e Nafīsī, Tehrān, 1337 Š.

Rieu, Charles: *Catalogue of the Persian Manuscripts in the British Museum*, Vol. II, London, 1881.

Ritter, Hellmut: «Studien zur Geschichte der islamischen Frömmigkeit, II. Die Anfänge der Ḥurūfīsekte», in: *Oriens*, Vol. 7, No. 1 (Jun. 30, 1954): 1-54.

Ṣafā, Ẕabīhallah: *Tārīḫ-e adabiyāt dar Īrān*, ğeld-e čahārom, Tehrān, 1364 Š.

Samarqandī, Kamāl ad-Dīn 'Abd ar-Razzāq: *Maṭla' as-Sa'dayn wa mağma'-e Baḥrayn*, beh ehtemām-e Dr. 'Abd al-Ḥosseyn-e Nawā'ī, Tehrān, 1372 Š.

Savory, Roger M.: «A 15th-century Safavid Propagandist at Herat», in: *The Semi-Centennial Volume of the Middle Western Branch of the American Oriental Society*, Indiana, 1969: 189-197.

Idem: «Kasim-i, Mu'in al-Din 'Ali Husayni Arabi Tabrizi (1335-1433)», in: N. Hanif, *Biographical Encyclopaedia of Sufis: Central Asia and Middle East*, New Delhi, 2002: 231-232.

Schimmel, Annemarie: *Stern und Blume: Die Bilderwelt der persischen Poesie*, Wiesbaden, 1984.

Idem: *Mystische Dimensionen des Islam: Die Geschichte des Sufismus*, Frankfurt a. M. und Leipzig, 1995.

Idem: *Die Träume des Kalifen: Träume und ihre Deutung in der islamischen Kultur*, München, 1998.

Sprenger, A.: *A Catalogue of the Arabic, Persian and Hindustany Manuscripts of the Libraries of the King of Oudh*, Vol. I, Calcutta, 1854.

دیوانِ غزلیات

قاسم انوار

از حرف الف تا دال

تصحیح: خسرو کیان راد

ترجمه به آلمانی

سارا کیان راد